책을 펴내며

동물은 사람과 함께 살아가면서도 때때로 위협적이다. 그래서 옛 조상들은 동물을 사랑하는 마음과 두려운 마음을 동시에 느꼈고, 이를 표현하는 방법으로 몇몇 동물을 신령하게 여겼고, 그 중 특정 동물을 섞어 상상 속에만 존재하는 동물을 만들어 신성시했다. 식물은 실용작물이자 관상용으로 사용하면서도 거대한 나무와 아름다운 꽃을 단순히 사람에게 유용한 식물이 아닌 천계와 인간계를 잇는 매개체로 믿어졌다.

이러한 동식물에 대한 상상력은 역사 속 곳곳에 기록되어 있다. 기록에는 상상의 동물이 실존 동물인 것처럼 적혀있고, 인간에게 도움을 주거나 신의 뜻을 전하는 수단으로 사용한 흔적이 남아있다. 상상력으로 그려진 모습들은 문헌기록뿐만 아니라 벽화, 도자기, 회화 등 유물에서도 쉽게 접할 수 있다. 하지만 역사 속에 남아 있는 동식물의 신령한 모습들은 대중적으로 알려지지 못해 쉽게 접할 수 없다.

이 책에서는 역사 속에서 찾아볼 수 있는 신령한 동물과 식물 이야기를 학술적 측면을 기반으로 설화와 각 지역 마을에서 전래되는 이야기를 쉽고 재미

있게 전달하기 위해 노력했다. 신비한 능력을 가진 동식물 이야기는 역사와 밀접한 관계가 있어 그들의 이야기를 통해 역사를 배울 수 있고, 알려지지 않은 숨겨진 역사 이야기를 찾을 수 있다. 또한 가족과 같은 동식물이 갖고 있는 능력과 과거 조상들이 경험한 동식물의 모습을 통해 선사시대부터 조선시대까지 당시 사람들의 동식물의 이해도와 인식을 파악할 수 있다.

제작자는 본 책에서 이를 상세하고 흥미롭게 풀어내는데 초점을 두어 어려운 역사자료를 누구나 이해할 수 있도록 서술했고, 역사 속 기록된 신령한 동식물의 이야기를 모두 담아내기 위해 노력했다. 한 권으로 읽는 신령한 동식물 사록는 '신령한 동물'과 '신령한 식물'로 나누어 소개했다. 제작자는 흥미롭고 재미있는 역사를 쉽게 전달하기 위해 노력했다.

강예달이 쓰다.

목차

책을 펴내며

고대 역사 속 신령한 동물들　　　　　　　　　　　　　　　8

곰・호랑이・용・새・삼족오・붉은 까마귀・비둘기・참새・오리

나라와 우주를 수호하는 사신　　　　　　　　　　　　　　64

청룡・백호・주작・현무

백제 금동대향로의 신비로운 동물들　　　　　　　　　　　108

산형 모형 뚜껑 속 동물들

봉황・다섯 봉우리 위 다섯 마리의 새・독수리・외수・멧돼지・사슴・코끼리
원숭이・사자・사람 얼굴을 한 동물

연꽃모양 몸체의 동물들

황새・도마뱀・악어・족제비와 수달・상상의 동물

나라의 수호신, 십이지신   142

쥐 • 소 • 호랑이 • 토끼 • 용 • 뱀 • 말 • 원숭이 • 닭 • 개 • 돼지

태평성대를 알리는 신통한 동물, 사령   202

용 • 봉황 • 거북이 • 기린

조선시대 신이한 동물들   248

학 • 기러기 • 박쥐 • 까치 • 두꺼비

물 속 신통한 동물들   270

고래 • 물고기 • 잉어 • 목어

우리나라를 지켜온 신목　　　　　　　　　　　　　　282

박달나무 • 소나무 • 오얏나무 • 은행나무 • 회화나무 • 향나무 • 복숭아나무
버드나무 •　매화나무 • 대나무

마을을 지키는 나무들　　　　　　　　　　　　　　346

느티나무 • 팽나무 • 음나무 •　물푸레나무 • 갈참나무

인간계와 천상계를 잇는 성체, 꽃　　　　　　　　360

모란 • 국화 • 연꽃 • 난초 • 봉선화 • 목화 • 철쭉 • 해당화

참고문헌　　　　　　　　　　　　　　　　　　　　396

제1장

고대 역사 속 신령한 동물들

고대 역사 속 신령한 동물들

　동물은 자연의 일부이자 사람과 더불어 살아가는 존재이다. 야생에서 만난 동물은 자기보호와 생존을 위해 사람을 공격하지만, 가축으로 길들여진 동물은 사람에게 여러 도움을 준다. 사람에게 도움을 주거나 위협하기도 하는 존재인 동물은 우리와 떼려야 뗄 수 없는 사이이다. 그래서 사람들은 동물을 귀하게 생각해 애지중지 키우기도 하고, 야생에서 만난 동물들로부터 자신을 지키거나 동물을 사냥하기 위해 날카로운 도구들을 만들기도 했다.

　사람은 자신에게 이로운 것을 선망하거나 존경하며 신성한 대상으로 보고, 해로운 것을 공포스럽게 생각하며 두려워하거나 퇴치해야 할 대상으로 인식한다. 이 인식은 동물에게도 적용된다. 선조들은 삶을 풍족하게 해주는 동물과 위협하는 동물을 모두 공경의 대상으로 생각해 '신'으로 숭배하거나 신성한 능력이 있다고 믿었다. 이러한 믿음은 고대에 성행한 '토테미즘totemism' 신앙의 기반이 되었다.[1]

토테미즘이 보편적이었던 신석기시대 이후 고조선古朝鮮부터 부여扶餘, 고구려高句麗, 신라新羅, 가야伽倻, 동예東濊, 삼한三韓(마한馬韓, 진한辰韓, 변한弁韓) 등 고대 국가들도 동물신을 숭상했다. 고대에는 나라에서 믿고 받들던 동물들을 건국신화나 왕조 출현의 상징으로 삼아 정치적으로 사용했다. 이러한 고대의 전통이 고스란히 전래되어 고려高麗·조선朝鮮시대에도 특정 동물들을 하늘이 왕에게 보내는 신호나 나라와 백성을 수호하는 신 등으로 여기며 고대보다 포괄적인 방향으로 숭배했다.

그렇다면 각 나라마다 어떤 동물을 신으로 믿었는지, 그리고 동물들을 어떻게 믿었고 어떤 이야기가 전래되는지를 살펴보고자 한다.

---

1 토테미즘은 특정 동식물 또는 자연물을 신으로 믿는 종교 형태이다.

곰

고조선

곰은 우리나라 최초 국가인 고조선의 단군신화檀君神話에 등장한 동물로, 역사적 의미가 깊다. 단군신화의 곰은 백 일 동안 마늘과 쑥을 먹고 햇빛을 보지 않으면 인간이 될 수 있다는 환웅의 말을 듣고 호랑이와 함께 동굴에 들어갔다. 호랑이는 규칙이 힘들어 도망쳤고, 곰은 꿋꿋이 지키다가 삼칠일三七日 만에 인간 여성이 되었다.[1] 인간이 된 곰은 아이를 갖고 싶어 하늘과 땅을 잇는 나무인 신단수 아래에서 기도했다. 곰의 기도를 들은 환웅이 곰을 위해 잠시 인간이 되어 혼례를 올렸다. 곰과 환웅 사이에 아이가 태어났는데, 이 아이가 후에 고조선을 세운 단군왕검이다.

단군신화에서 동물이 등장한 것을 단순히 건국신화의 신성함을 강조

---

1 삼칠일은 중요한 일이 발생한 날로부터 7일을 세 번 지낼 때까지(총 21일) 금기를 지키거나 특별한 의미를 두는 기간을 뜻한다. 단군신화에서 언급된 삼칠일은 금기의 신성기간으로 주술·종교적 의미를 지니고, 민간에서는 출산과 같이 중요한 일이 발생할 때 부정을 몰아내고 소원을 성취시키는 중요한 기간으로 삼칠일을 지켜왔다.

하기 위해서라고 이해할 수도 있다. 하지만 당시 신석기新石器-청동기시대靑銅器時代 사람들이 곰을 어떻게 인식했는지를 살펴보면 단군신화와 우리나라 역사에서 곰이 얼마나 중요한 존재인지 알 수 있다.

곰은 고대 사람들에게 위협적인 동물이었다. 고대 사람들은 작은 동물 위주로 사냥하거나 공격성이 낮은 동물을 사냥했다. 사냥은 주로 산속에서 행해졌다. 산속에는 작은 동물뿐만 아니라 날렵하거나 몸집이 큰 동물들도 살고 있었고, 대다수는 사람을 공격하는 공격성을 갖고 있었다. 특히 공격성이 강한 곰은 사냥하는 사람들을 위협하거나 죽이기까지 했다. 고대에는 곰을 숭배의 대상으로 삼아 해를 끼치지 않기를 빌었다. 고조선시대는 의식주를 주로 숲속에서 해결했기 때문에 곰과 만날 상황이 빈번했고, 거주지에 곰이 출몰하는 경우도 많았다. 그래서 고조선인들은 숲의 절대자인 곰을 숭배하여 안전을 보호받고자 했던 것으로 보인다.

낙랑군

낙랑군樂浪郡은 한나라가 위만조선衛滿朝鮮을 멸망시키고 그 지역을 통치하기 위해 세웠던 지방행정구역이다.[2] 한나라는 곰을 길상吉祥과 벽

....
2 위만조선은 위만이 집권한 고조선을 말한다. 위만은 중국 연나라 사람으로 연나라가 한나라와 대립하고 있을 때 도망쳐 나와 기자조선(중국 은나라 사람인 기자가 단군조선에 이어 건국한 나라)의 준왕을 쫓아내고 새로운 조선을 세운 사람이다.

고대 역사 속 신령한 동물들

사僻邪의 의미로 문양이나 장식에 자주 사용했다.[3] 한나라의 큰 영향을 받은 낙랑은 위만조선의 영향을 받은 지역이기도 하여 고조선부터 이어 온 곰 신앙과 한나라의 곰 인식이 통합되어 곰을 나라를 상징하는 동물로 받아들였다.

낙랑에서 곰을 신령한 동물로 믿었다는 사실은 낙랑지역에서 발견된 금동, 청동으로 만든 곰 모양 유물들을 통해 확인할 수 있다. 청동기 시대에 제작된 것으로 추정되는 곰 유물들은 대다수 꾸미개나 상다리, 받침대로 사용된 것을 보아 생활용품보다는 제사나 귀중한 물건의 장식용으로 사용되어 고위계급들만 사용했던 것으로 추정된다.

금동 곰모양 상다리, 낙랑, 국립중앙박물관 소장

---

3 길상은 좋은 징조라는 의미이며, 벽사는 귀신을 물리치는 능력을 말한다.

백제

백제의 곰 신앙은 백제 건국 이전부터 있었던 지역 부족들의 신앙이 그대로 전래된 토속신앙으로, 현전하는 전설과 곰을 모시는 사당을 통해서 확인할 수 있다. 백제 곰 신앙 중 가장 유명한 전설은 공주의 곰나루 전설이다.

첫 번째 전설

옛날 지금의 공주시 웅진동 곰나루 근처 연미산에 큰 굴이 있었다. 이 굴에는 커다란 암곰이 한 마리 살았다. 어느 날 곰이 지나가는 잘생긴 남자를 보고 그를 물어 굴속에 가뒀다. 곰은 남자를 굴에 두고 숲으로 사냥을 나갔고, 짐승을 잡으면 굴속으로 가져와 남자와 함께 먹었다. 곰과 함께 굴속에서 살아야 했던 남자는 도망치려고 기회를 보고 있었다. 하지만 곰이 밖으로 나갈 때마다 바위로 굴 입구를 막아 빠져나갈 수 없었다.

이렇게 2년을 곰과 함께 산 청년은 곰과 정을 나누었고 곰은 새끼를 낳았다. 그리고 1년 후 곰이 둘째를 낳았다. 곰은 남자가 자식들과 어울려 즐겁게 노는 것을 보고 점차 그를 믿게 되었다. 여느 때와 같이 사냥하러 나가던 곰은 이번에는 전과 달리 굴 입구를 막지 않았다. 사냥터에서 한참 사냥하던 곰은 멀리 남자가 강변 쪽으로 도망가는 걸 봤다. 곰은 서둘러 굴로 돌아가 두 새끼를 데리고 강변으로 달려갔다.

남자는 이미 배를 타고 강을 건너고 있었다. 강가에 도착한 곰은 남자를 향해 돌아오라고 울부짖었다. 하지만 남자는 곰의 애원에도 강을 건넜다. 이를 보고 있던 곰은 새끼와 함께 강물에 빠져 죽었다. 이후 사람들은 남자가 건너온 나루를 '고마나루' 또는 '곰나루'라고 불렀다.

두 번째 전설

옛날 공주 고을에 어떤 청년이 살고 있었다. 하루는 고을에 있는 산에 올라갔다가 길을 잃었다. 배도 고프고 몸도 피로해진 그는 어느 바위 굴속에서 쉬고 있었다. 그때 한 처녀가 동굴 앞을 지나가다 청년을 만났다. 청년은 처녀에게 사정을 말하고 먹을 것을 달라고 애원했다. 처녀는 웃으며 산속에는 입에 맞는 게 없다며 사슴고기와 과일을 구해줬다. 청년은 처녀의 호의에 감사하며 하룻밤을 같이 보내고 부부의 연을 맺었다.

꿈 같은 시간을 보냈지만 처녀의 집이 어딘지 의심스러웠던 청년은 어느 날 처녀가 나간 뒤 쫓아갔다. 멀리까지 온 처녀는 갑자기 곰으로 변해 나무를 부수면서 사슴의 뒤를 따라 개울을 건넜다. 청년은 그 모습을 보고 겁을 내며 인가를 찾아 달아났다. 이 사실을 알게 된 곰은 사람으로 변신해 청년을 찾으러 갔다. 청년은 큰일났다고 생각해 서둘러 산 아래로 내려갔다.

도저히 인간의 모습으로 쫓아갈 수 없다고 판단한 처녀는 다시 곰으로 변신해 쫓아갔다. 청년은 하는 수 없이 산 아래 금강에 뛰어들었다. 곰도 역시 강물에 뛰어들었는데 헤엄칠 수 없어 소리 지르다 빠져 죽고 말았다. 이래서 이곳을 곰내, 곰나루 또는 고마나루라고 불렀다.

곰나루 전설은 고대 곰 토템에 얽힌 전설로, 이와 같은 설화를 이물교구설화異物交媾說話라고 부른다. 이물교구설화는 사람이 동물이나 식물과 육체적인 관계를 맺는 설화로 동식물 숭앙관념을 반영한 전설이다.

공주시에 곰 이물교구설화가 전래된 것은 공주가 수도였던 백제의 토테미즘 신앙이 '곰'이기 때문이다. 이를 증명하듯 공주의 옛 이름 웅주熊州와 웅진熊津(지금의 공주)도 곰 웅 한자를 쓰고 있다.

백제는 곰나루 전설 속 곰을 원한을 품고 세상을 떠난 신으로 믿어 곰신을 위해 나루터 근처에 웅진사熊津祠라는 사당을 세우고 국가적으로 제사를 지냈다. 제사는 주로 곰나루터에 깃든 곰의 원한을 풀고 마을의 안녕을 기원하기 위해 행해졌다. 백제의 곰신은 강신의 위력을 갖고 있어 강의 범람과 물에 관련된 자연재해를 막기 위한 방편으로 제사가 시행되었던 것으로 보인다.[4] 백제가 곰신을 숭배했다는 사실은 공주시 웅진동에 있는 웅진사터에서 곰 모양 석상이 발견되면서 밝혀졌다. 이 석상은 백제시대 때 제작되었을 가능성이 높아 학자들은 곰석상이 곰나루의 곰신을 위해 만들어졌다고 추측하고 있다.

또 공주 지역에 곰내라는 개천, 곰냇골이라는 마을이 있는 등 지역 일대에 곰 신앙과 관련된 이름들이 발견되었다. 1968년 석장리 집자리 유적 부근에서 구석기시대 곰 머리 모양 조각이 출토되면서 백제 이전인 구석기시대부터 곰을 신으로 믿고 있었다는 증거가 드러났다.[5]

---

4   윤용혁, 「공주지방 곰신앙 자료의 一整理-百濟時代의 熊神崇拜」, 『역사와 담론』 7, 1979.
5   신종원, 「단군신화에 보이는 곰의 실체」, 『한국사연구』 118, 2002.

돌곰, 백제, 국립공주박물관 소장

고대 역사 속 신령한 동물들

호랑이

고조선

　우리나라 역사에서 오랫동안 신령한 동물로 전해지는 동물은 호랑이다. 호랑이가 영묘한 동물이라고 최초로 기록한 설화는 단군신화이다. 단군신화 속 호랑이는 곰과 달리 마치 끈기가 부족해 인간이 되지 못한 동물로 묘사되었지만, 인간이 되지 못한 채 호랑이로 남은 데에는 다른 이유가 있다.

　한반도의 지형은 태백산맥을 중심으로 70%가 산과 숲으로 형성되어 있어 호랑이가 많이 서식했다. 그 탓에 산 밑에 마을을 형성하며 살던 사람들은 호랑이의 공격을 자주 받았다. 사람들은 호랑이가 사람을 위협하는 이유가 산을 지키기 위해서라고 생각했고, 그 결과 호랑이는 산을 지키는 수호신인 산신이자 사냥의 신으로 승격되었다.

원삼국시대

　고조선부터 시작된 호랑이 산신신앙은 고대의 주요 신앙으로 자리잡았다. 고대 중국 역사서인 『삼국지三國志』 「위서魏書」 <동이전東夷傳>의 '예전濊傳'에는 현재 만주 지역에 거주했던 우리나라 고대 민족인 예맥濊貊의 역사가 기록되어 있다.[6] '예전'에는 '예맥 민족들은 항상 10월에 제천祭天[7]을 드리고 낮부터 밤까지 가무와 음주를 즐기며 무천舞天[8]을 행했다. 또 호랑이신을 위해 제사를 지냈다常用十月節祭天 晝夜飮酒歌舞 名之爲舞天 又祭虎以爲神.'라고 적혀있다.[9]

　원삼국시대原三國時代 때에도 호랑이 모양 청동유물이 발견되었다. 원삼국시대는 철기시대鐵器時代부터 삼국시대가 정립되기 전(기원전 2세기-기원후 3세기 무렵)까지의 시기로 한반도에 고대국가가 등장하기 전인 부족국가시대를 말한다. 현재까지 주로 대구, 경상북도 경산, 경상남도 밀양 등지에서 원삼국시대 청동 호랑이모양 띠고리가 출토되었는데 이 일대는 산이 많은 곳이라 호랑이가 자주 출몰했다. 즉 원삼국시대의 대구, 경산, 밀양은 마을을 위협하는 호랑이를 산신을 받아들여 호랑이 모양 장식품이나 제사용품을 만들어 사용한 지역이라고 볼 수 있다.

6　예맥은 만주지역에 거주했던 우리민족의 명칭이다. 예와 맥으로 나누어 보기도 하고, 하나의 부족이라고 보기도 한다.
7　제천은 하늘에 제사를 지낸다는 뜻이다.
8　무천은 하늘을 위해 춤을 추는 제사를 말한다.
9　『삼국지』권30, 「위서」 30, <동이전>, 예전.

호랑이모양허리띠고리, 국립청주박물관 소장

청동호랑이모양허리띠고리, 국립경주박물관 소장

청동호랑이모양허리띠고리, 국립김해박물관 소장

고대 역사 속 신령한 동물들

고구려

고대국가가 호랑이를 어떻게 인식하는지는 『삼국사기三國史記』와 『삼국유사三國遺事』에 잘 나타난다. 고구려에서는 호랑이를 큰 일이 생길 징조로 인식하는 경향이 있었다. 고구려 태조왕太祖王(고구려 제6대왕, 재위 53년-146년)은 호랑이 꿈을 꾼 뒤 이를 나라의 큰 일이 생길 징조로 이해해 점쟁이를 찾았다.

> 왕이 밤에 꿈을 꿨는데 표범 한 마리가 호랑이 꼬리를 물어뜯어서 끊어졌다. 깨어나 이 꿈이 길흉인지 사람들에게 물었더니 어떤 사람이 대답했다.
> "호랑이는 백수百獸의 으뜸이고, 표범은 같은 종류의 작은 동물입니다.[10] 꿈을 해석해보니 대왕의 후손을 끊으려고 모의하는 자가 있는 것 같습니다."
> 왕이 기뻐하지 않고 우보右輔[11] 고복장高福章(?-147)에게 꿈 이야기를 얘기했다.
> "내가 어젯밤 꿈에 본 것이 있는데, 점쟁이 말이 이와 같으니 어찌하면 좋겠는가?"
> "선하지 않은 일을 하면 길이 변해 흉이 되고, 선한 일을 하면 재앙이 복이 됩니다. 지금 대왕폐하께서 나라를 집처럼 근심하고 백성을 자식같이 사랑하고 계시니 작은 이변이 있더라도 염려할 것이 있 겠습니까?"
>
> 『삼국사기』 권15, 「고구려본기」 3, 태조왕 90년.

고구려에서는 호랑이를 최고의 동물로 생각했고, 왕을 상징한다고 여

---
10 백수는 모든 동물을 뜻한다.
11 우보는 고구려 국방장관을 말한다.

졌다. 따라서 위 사료는 태조왕이 호랑이의 꼬리가 끊어진 꿈을 심각하게 받아들여 점쟁이를 찾았고, 점쟁이가 왕의 미래를 걱정하는 것을 통해 호랑이가 왕을 의미하고 있음을 확인할 수 있다.

백제

백제에서는 호랑이를 나라에 문제가 발생했을 때 나타나는 신수로 기록했다.

> 기원전 6년(온조왕 13년) 봄 2월에 수도에 늙은 할미니가 남자로 둔갑했고, 호랑이 다섯 마리가 성안으로 들어왔다.
> 『삼국사기』 권23, 「백제본기」 1, 온조왕 13년 2월.

> 501년(동성왕 23년) 봄 정월에 수도에 노파가 여우로 둔갑해 사라졌다. 남산에서 호랑이 두 마리가 싸웠는데 잡지 못했다.
> 『삼국사기』 권26, 「백제본기」 4, 동성왕 23년 1월.

위의 기록에서는 늙은 할머니가 남자나 여우로 변신해 백제에 들어왔고, 그때마다 호랑이가 등장했다고 나온다. 온조왕溫祚王(백제 제1대 왕, 재위 BC 18-AD 28)대 기록에서 등장하는 할머니는 산신으로 산의 수호동물인 호랑이와 함께 성 안에 나타났다. 동성왕대는 남산을 지키는 두 마리가 싸웠다는 내용을 기록했는데, 이는 동성왕東城王(백제 제24대 왕, 재위 479-501)대 백제의 상황이 평탄치 않음을 표현하는 내용이었다.

499년(동성왕 21년)부터 백성들이 굶주림으로 백제를 도망치거나[12] 전염병이 돌아 나라에 큰 위기가 있었다.[13] 이러한 상황임에도 동성왕은 500년(동성왕 22년)부터 임류각臨流閣이라는 누각을 만들고, 연못을 파 특이한 짐승을 기르는 등 무리한 공사와 사치를 하며 재정을 낭비했다. 이에 신하들은 수 차례 항의를 했지만 동성왕은 대궐 문을 닫아버리며 귀를 닫아버렸다.[14] 이후 신하들은 남산을 지켜야 할 호랑이가 서로 다투는 데 잡지 못하고 있다는 비유를 통해 나라의 기강을 무너뜨리는 왕을 비판했던 것으로 보인다.

신라

신라는 고구려, 백제와 달리 유독 궁궐에 호랑이가 나타났다는 기록이 많다.

> 673년(문무왕 13년) 호랑이가 대궁 뜰에 나타났다.
> 『삼국사기』 권7, 「신라본기」 7, 문무왕 13년 6월.

---

12   『삼국사기』 권26, 「백제본기」 4, 동성왕 21년.
13   『삼국사기』 권26, 「백제본기」 4, 동성왕 21년 10월.
14   『삼국사기』 권26, 「백제본기」 4, 동성왕 22년.

768년(혜공왕 4년) 6월 우물과 샘이 모두 마르고 호랑이가 궁궐에 들어왔다.

『삼국사기』 권7, 「신라본기」 9, 혜공왕 4년 6월.

770년(혜공왕 6년) 6월 29일에 호랑이가 집사성執事部에 들어와서 집사성 사람들이 호랑이를 잡아 죽였다.

『삼국사기』 권9, 「신라본기」 9, 혜공왕 6년 6월 26일.

843년(문성왕 5년) 호랑이 5마리가 신궁神宮에 나타났다.

『삼국사기』 권11, 「신라본기」 11, 문성왕 5년 7월.

『삼국사기』의 「신라본기」에서는 호랑이가 궁궐, 집사성執事部, 신궁神宮에 나타났다고 기록되어 있다. 집사성은 신라 때 국가 기밀과 정무를 맡던 행정 최고 관서였고, 신궁은 시조에게 제사를 지내는 거룩한 장소였다.[15] 집사성의 경우 궁궐 깊은 곳에 있으며, 신궁은 왕실 제사를 지내는 곳으로 보안이 철저한 곳이었다. 즉 궁궐, 집사성, 신궁은 외부인이나 호랑이가 들어오기 어려운 장소이기 때문에 실제 호랑이가 나타났는지 확인할 수 없다. 따라서 『삼국사기』에 기록된 호랑이는 왕궁에서 발생한 신비한 상황을 신령한 동물인 호랑이로 묘사하여 서술했을 가능성이 높다.

---
15 신궁은 나라를 건국한 박혁거세와 선대 왕을 모시는 곳이지만, 천신과 산신에게 제사를 지낼 때도 신궁에서 지냈다.

『삼국유사』에는 신라인이 호랑이의 덕을 본 일화가 적혀있다.

호원사 설화[16]

신라는 매해 음력 2월이 되면 8일부터 15일까지 도성의 남자와 여자들이 흥륜사興輪寺의 탑을 가운데 두고 돌면서 복회福會를 가지는 풍속이 있었다.[17] 음력 2월 8일, 원성왕元聖王(신라 제38대 왕, 재위 785-798)대 귀공자 김현金現(?-?)이라는 자가 밤이 깊도록 홀로 탑을 돌고 있었는데 한 여성이 염불하며 따라 돌았고 서로 마음이 맞아 눈길을 보냈다. 두 남녀는 탑 돌기를 마치자마자 사람 눈길이 닿지 않는 곳으로 들어가 정을 통했다.

일을 마치고 여성이 먼저 자리를 떠나려고 하자 김현이 그를 따라갔다. 여성이 따라오지 말라고 말했지만, 김현은 억지로 여성의 뒤를 따라갔다. 어느 산의 기슭에 도착해 한 초가집으로 들어가니 어떤 노파가 여성에게 물었다.

"데리고 온 사람은 누구냐?"

여성은 사정을 얘기했다. 그러자 노파가 대답했다.

"좋은 일이지만 없는 것만 못하구나. 하지만 이미 일어난 일이니 혼내진 않겠다. 대신 그를 은밀한 곳에 숨겨라. 너의 형제들이 미워할까 두렵구나."

여성은 노파의 말대로 김현을 구석진 곳에 숨겼다. 잠시 후 호랑이 세 마리가 포효하며 돌아왔는데 사람 말을 할 줄 알았다.

"집에 비린내가 나는데? 먹을 거리가 집에 있나 보군."

"무슨 미친 소리를 하느냐?"

---

16 『삼국유사』 권5, 「감통」 7, 김현감호.
17 복회는 복을 빌기 위해 절에서 탑 주위를 돌면서 부처의 공덕을 찬미하고 제각기 소원을 비는 행사이며, 원성왕대에 가장 활발했다고 한다.

"무슨 소리를 하는 거요?"

노파와 여성은 호랑이들을 꾸짖었다. 이때 하늘에서 외치는 소리가 들렸다.

"너희들은 만물의 목숨을 많이 해쳤다. 너희 중 하나를 죽여서 악행을 징계할 것이다."

하늘의 말에 세 호랑이가 겁을 먹었다. 여성은 하늘의 말을 듣고 입을 열었다.

"세 오빠가 만약 멀리 피하고 스스로 뉘우친다면 내가 벌을 대신 받겠소."

호랑이들은 여성의 말에 기뻐하며 머리를 숙이고 도망가 버렸다. 여성은 호랑이들이 떠난 걸 보고 김현에게 돌아갔다.

"처음에 저는 낭군이 우리 집을 보고 놀랄까 두려워 따라오지 말라고 거절했습니다. 지금 숨김 없이 속마음을 펼치겠습니다. 전 낭군과 같은 종족이 아니지만 하룻밤의 즐거움과 혼인의 즐거움도 경험했습니다. 하지만 세 오빠의 악행으로 하늘이 이미 우리 가족을 미워하여 집안에 재앙을 내렸고, 저는 그것을 감당하게 되었습니다. 저는 내일 저자에 들어가 사람을 심하게 해칠 겁니다. 그러면 나랏일 하는 사람들이 저를 잡으려 들 테지요. 그때 낭군께서는 겁내지 말고 성 북쪽의 숲 속으로 오십시오. 거기서 제가 기다리고 있겠습니다. 그럼 그때 저를 죽여 나랏일 하는 사람에게 파십시오."

"사람이 다른 사람을 좋아하는 것은 인류의 도리이나 다른 류와 사랑을 나누는 것은 떳떳한 일은 아닙니다. 하지만 이미 이렇게 그대와 만나고 정을 나눈 것은 필히 하늘이 나에게 준 행복입니다. 그런데 어찌 배필의 죽음을 팔아 벼슬을 바라겠습니까?"

여성이 김현의 말을 듣고 대답했다.

"자책하지 마십시오. 저의 죽음은 하늘의 명령이고 제가 바라는 것입니다. 저의 죽음은 낭군에게 경사로운 일을 주고, 우리 일족에게는 복이 되며 나라사람들에게는 기쁨을 줍니다. 한 번 죽어 세 가지 이로움을 얻을 수 있는데 어찌 하늘의 뜻을 거역하겠습니까? 다만 저를 위해 절을 짓고 그 절에서 불경을 읽어 좋은 결과를 얻는 데 도움을 주신다면 낭군의 은혜는 잊지 않겠습니다."

여성의 말에 두 사람은 울면서 헤어졌다.

다음날 사나운 호랑이가 성 안에 들어와 사람을 공격하는데 사람의 힘으로 감당할 수 없었다. 원성왕이 이를 듣고 명령을 내렸다.

"호랑이를 잡는 자에게 2급의 작을 주겠다."

김현은 대궐에 나아가 '소신이 할 수 있습니다.'라고 아뢨다. 이에 왕이 그에게 먼저 관작을 주고 성공을 기원했다.

김현이 칼을 쥐고 숲 속으로 가자, 먼저 도착한 호랑이가 여성으로 변신하여 반갑게 웃으며 맞이했다.

"어젯밤 낭군과 함께 나눈 대화를 잊지 말아주세요. 오늘 내 발톱에 상처를 입은 사람들은 모두 흥륜사에 있는 간장을 바르고 그 절의 나발 소리를 들으면 나을 겁니다."

여성은 김현이 들고 있던 칼을 빼앗아 스스로 목을 찔렀고 쓰러지자마자 호랑이로 돌아갔다. 김현은 숲을 나와 말했다.

"호랑이를 잡았다."

김현은 곧바로 여성이 말한 대로 상처 입은 자들을 흥륜사에 데려가 치료했다. 호랑이에게 당한 사람들의 상처가 모두 나았다. 김현은 벼슬에 오르자 경주 황성동 절을 지어 호원사虎願寺[18]라 이름 지었고, 범망경梵網經을 읽으며 스스로 목숨을 끊어 벼슬을 얻는데 도움을 준 호랑이의 은혜에 보답했다.[19] 김현은 죽기 전에 이 이야기를 적은 책을 완성해 세상에 알렸다. 이 이야기를 논호림論虎林이라 이름 지었다.

....
18 호원사는 경상북도 경주시 황성동에 있는 실제 존재하는 절이다.
19 범망경은 불교의 경전 중 하나이다.

『삼국유사』에 기록된 내용은 김현이 호랑이의 도움으로 관직에 오르게 된 이야기이다. 여기서 등장하는 호랑이는 하늘 신의 명령으로 죽음을 맞이해야 하는 존재면서도 김현과 사랑을 나눈 여성으로 표현된다. 전체적인 줄거리는 동물과 사람의 애절한 사랑 이야기처럼 보이지만, 김현이 산신에게 은덕을 받아 관직을 얻게 되었고 이를 보답하기 위해 호원사라는 절을 세웠다는 내용이 중요하다.

고대에는 산신을 호랑이와 여성으로 인식했다. 이러한 사상이 잘 드러나는 이야기가 바로 <호원사 설화>이다. 고대에는 신이 동물이나 사람으로 변신해 사람들을 돕거나 하늘의 뜻을 전하곤 했는데, 산신은 주로 여성으로 변신하여 세상에 나타났다. 이러한 전설은 주로 신라시대에 자주 등장했다. 산의 영향을 크게 받은 신라는 다른 나라보다 산신 신화가 많았고, 대다수의 산신을 호랑이나 여성으로 보고 있었다. 즉 <호원사 설화>는 신라가 믿던 신앙이 잘 나타나는 이야기이며 호랑이에 대한 인식을 확인할 수 있는 중요한 내용이다.

용

고대에는 실존하는 동물 외에도 상상의 동물인 영수靈獸가 존재한다고 믿었다. 그 중 대표적인 동물이 '용'이다. 용은 우리나라뿐만 아니라 동양과 서양에 모두 존재하는 동물인데, 지역과 문화에 따라 모습이 다르게 묘사된다.

동양의 경우 거대한 뱀이나 도마뱀의 형태를 하고 있다. 몸은 잉어 비늘로 덮여 있고 네 개의 발에 다섯 발가락이 있다. 머리는 낙타 모양이며 뿔은 사슴 모양, 귀는 소, 눈은 토끼, 코는 돼지, 목은 뱀, 배는 큰 조개, 손은 호랑이, 발톱은 매와 닮았다. 비늘은 총 81개이고 목 아래의 비늘은 거꾸로 달려있다. 목소리는 구리 쟁반이 울리는 소리와 같고, 턱 밑에는 구슬이 있다. 동서양의 용 모두 하늘을 자유롭게 날아다니는데, 동양의 용은 날개가 없다. 그리고 용의 색은 청색, 붉은색, 황색, 흰색, 검은색으로 나눠진다.

용은 상상의 동물이기 때문에 실제로 만났다는 기록보다는 왕족의 일화나 꿈속, 신비로운 일이 일어날 때, 인물이 시련을 겪는 일화나 왕이 되는 과정에서 등장하는데 나라마다 용이 등장하는 모습이나 역할과 능력이 달랐다. 고대 국가들은 대체로 용을 신비로운 동물이자 신령한 '신'으로 믿었으며, 특히 물의 신으로 받아들였다. 그래서 용을 수신으로 여겼다. 나라마다 '물'이 있는 장소가 달랐기 때문에 바닷가 근처에서는 바다 신으로, 산이나 대지에서는 강 신으로 믿었다.

고구려

고구려는 용을 신령하고 성스러운 존재로 믿었다. 고구려 건국신화인 주몽신화에서는 고구려 역사상 최초로 용과 관련된 이야기가 등장한다. 그렇다면 주몽신화에서 용은 어떤 모습, 역할을 하고 있는지 살펴보자.

주몽신화[20]

황제 헌원씨軒轅氏가 하늘에 오르려 할 때 턱에 수염 난 용이 황제의 뒤를 따랐다.[21] 하지만 시간이 흘러 점점 사람들의 인정이 없어지고 지나치게 사치스러워져 혼란스러워졌다. 성인이 간혹 세상에 나가기는 했지만, 신령한 자취를 보인 적은 적었다. 기원전 58년 4월, 북두칠성이 사방을 가리킬 때 하늘의 아들인 해모수가 처음 하늘에서 내려왔다. 해모수는 다섯 용이 끄는 수레를 탔고 따르는 사람 백여 명은 고니를 타고 털깃 옷을 화려하게 입었다. 맑은 풍악 소리가 울리고 색구름이 뭉게뭉

20　『동국이상국집』 권3, 「고율시」, 동명왕편.
21　헌원씨는 중국 고대 전설 속에 등장하는 황제로 중국에 곡물 재배를 전파했고 문자, 음악 등을 만들었다.

게 떴다. 대낮에 사람이 푸른 하늘에서 내려온 일은 옛적부터 없었다. 보통 하늘 사람은 아침에 인간 세상에서 살고 저녁에 천궁으로 돌아가곤 했다. 옛사람에게 듣기로는 하늘에서 땅까지 거리가 이억만 팔천칠백팔십 리라고 한다. 사다리로도 오르기 어렵고 날개로 날아도 쉽게 지친다. 그래서 해모수는 용을 타고 오르락내리락 했다.

성 북쪽에 청하淸河(압록강)가 있는데 그곳을 다스리는 하백의 세 딸이 아름다웠다. 첫째는 유화, 둘째는 훤하, 막내는 위화이다. 압록강 물결 헤치고 나와 웅심 물가에서 놀았다. 그들의 가냘픈 모습이 아름다웠다. 해모수가 나가서 사냥하다 보고 눈짓을 보내며 마음에 두었다. 곱고 아름다운 것을 좋아함이 아니라 참으로 뒤를 이을 아들을 낳기 위함이었다. 해모수가 신하들에게 말했다.

"얻어서 왕비를 삼으면 후사를 둘 수 있다."

세 여자는 해모수가 오는 것을 보고 물에 들어가 한참 동안 서로 피했다. 궁전을 지어 함께 와서 노는 것을 엿보려 한 해모수가 말 채찍으로 한 번 땅을 그으니 구리 집이 홀연히 세워졌다. 해모수는 구리 집에 들어가 비단 자리를 눈부시게 깔아 놓고 금술 잔에 맛있는 술을 차려 놓았다. 여자들이 스스로 들어와 서로 마시고 바로 취했다. 해모수가 세 여자가 크게 취할 것을 기다려 급히 나가 막으니 여자들이 놀라 달아나다가 맏딸 유화가 왕에게 붙잡혔다. 하백이 크게 노하여 사자를 시켜 급히 달려가서 고했다.

"너는 어떤 사람이기에 감히 경솔하고 방자한 짓을 하는가?"

"나는 천제의 아들입니다. 높은 집안과 혼인하기를 청합니다."

하백은 해모수의 답을 듣고 다시 사자를 보내 말을 전했다.

"네가 만일 천제의 아들이고 내 딸에게 구혼할 생각이 있으면 마땅히 중매를 시켜 말할 것이지 지금 갑자기 내 딸을 잡아 두다니! 어찌 그리 무례한가?"

하백의 말에 해모수가 부끄러워하며 하백을 뵈려고 했지만 궁실에 들어갈 수 없었다. 그래서 유화를 놓아 보내고자 했지만 이미 해모수와 정이든 유화는 떠나지 않으려 하며 결혼 허락을 받는 방법을 알려주었다.

"만일 용거龍車가 있다면 아버지의 나라에 이를 수 있다."[22]

해모수가 하늘을 가리켜 말하자, 조금 뒤 오룡거五龍車가 공중에서 내려왔다.[23] 해모수가 유화와 함께 수레를 타니 풍운이 일어나며 하백의 궁에 도착했다. 하백은 찾아온 해모수에게 예를 갖추어 맞이했지만 그가 궁에 들어오고 나자 분노하며 말했다.

"혼인은 큰 일이다. 중매와 폐백의 법이 있거늘 어째서 방자한 짓을 하여 내 가문을 욕되게 하는가! 그대가 상제의 아들이라면 신통한 능력이 있을 테니 시험해 봐야겠다."

넘실거리는 푸른 물결 속에서 하백이 잉어로 변하자, 해모수는 수달로 변신해 하백을 쫓았다. 잉어로 변신했던 하백이 두 날개를 민들이 꿩이 되어 훌쩍 날아가자, 해모수는 신령한 매로 변신해 날쌔게 쫓아갔다. 다음에 하백이 사슴이 되어 달아나면, 해모수가 승냥이가 되어 쫓았다. 하백은 해모수에게 신통한 재주가 있음을 알고 그제야 해모수를 인정해 술자리를 벌여 서로 기뻐했다. 하백은 해모수가 만취한 틈을 타 그를 가죽 수레에 싣고 유화도 수레에 함께 태웠다. 수레가 물 밖에 나오기 전, 술이 깬 해모수는 놀라 유화의 황금비녀로 가죽을 뚫고 밖으로 나와 홀로 붉은 소를 타고 하늘로 돌아가 아무런 소식이 없었다. 하백은 해모수와 함께 천상으로 가지 못한 유화에게 크게 노했다.

"네가 내 훈계를 따르지 않아서 마침내 우리 가문을 욕되게 했다."

하백은 신하들을 시켜 딸의 입을 옭아 잡아당기어 입술의 길이가 석 자가 되게 하고 노비 두 사람만을 주어 우발수 가운데로 추방했다. 우발은 못 이름인데 지금 태

....
22 용거는 신선이 타는 용 수레이다.
23 오룡거는 용 다섯 마리가 끄는 수레이다.

백산 남쪽에 있다.

어부가 물 속을 보니 이상한 짐승이 돌아다녔다.

"그물 속에 물고기를 도둑질하는 짐승이 있는데, 이 짐승이 무슨 짐승인지 알 수 없습니다."

금와왕金蛙王(동부여의 왕)은 어부에게 그물을 꺼내라고 명했다. 어부가 그물을 꺼내자 바로 찢어져버렸다. 다시 쇠그물을 만들어 당겨서 돌에 올려놓으니 짐승은 여성이 되었다. 돌에 앉은 여자를 끌어당겨 얻었는데, 얼굴이 심히 무서웠다. 입술이 길어 말을 못하니 세 번 자른 뒤에야 입을 열었다. 금와왕은 여성이 해모수의 왕비인 것을 알고 이내 별궁에 두었다. 해를 품고 주몽을 낳았으니 이해가 계해년이었다.

현전하는 주몽신화 중에서 용이 가장 두드러지는 판본은 『동국이상국집東國李相國集』의 「동명왕편」이다. 주몽신화에서 용은 하늘의 동물과 물의 신 두 가지 모습으로 등장한다. 먼저 해모수가 타고 온 용들은 하늘의 상징이자 하늘 신을 모시는 동물로 표현되었다. 즉 하늘에서 용은 하늘과 땅을 오가는 해모수의 교통수단이며, 하늘 세계에 사는 신들을 모시는 동물이었다.

반면 지상에서 용은 동물보다는 신에 가까운 존재였다. 지상의 용으로 묘사되는 인물은 유화로, 강의 신인 하백의 딸이자 주몽의 어머니이다. 하백의 분노로 인간 세계로 떨어진 유화는 물가에서 어부에게 잡혀 금와왕에게 가게 된다. 여기서 어부는 유화를 잡을 때 쇠그물을 사용했고, 금와왕에게 보고할 때 이상한 짐승을 보았다고 말한다.

이 시대에는 물고기를 잡을 때 일반적으로 노끈으로 된 그물을 사용했고, 쇠그물은 거대한 물고기나 동물을 잡을 때 썼다. 또한 물고기와 물가 주변에 사는 동물을 자주 접할 어부가 유화를 보고 이상한 짐승이라고 한 것은 생전 보지 못한 존재를 봤다고 추측할 수 있다. 학자들은 어부의 발언을 토대로 유화의 모습이 인간세계에 존재하지 않는 특별한 동물, 즉 거대한 짐승의 형태를 하고 있는 '용'이라고 해석했다.

학자들이 유화를 용으로 본 것은 물의 신이 용이며 하백이 백룡이라고 믿었던 고대사람들의 인식 때문이다. 이에 학자들은 유화가 물 속에서 용의 모습으로 있었다고 생각했다. 그렇다면 고구려는 하늘의 용과 지상의 용 중 어떤 용을 더 중요하게 생각했을까? 고구려는 하늘과 땅에 모두 신이 존재한다고 믿었다. 그 중 고구려는 땅의 신, 지모신을 더 중요하게 생각했다. 고구려의 지모신은 주몽의 어머니이자 하백의 딸인 유화였다.

농경사회인 고대국가에서는 농사의 주요 자원인 물과 땅을 하늘보다 더 중요시 생각했고, 농사의 주체이자 땅과 물의 신인 유화를 하늘신인 해모수보다 더 높은 신으로 인식했다. 이에 따라 유화를 상징하는 물의 '용'을 더 숭상했다. 고구려가 물을 더 중요하게 인식했던 이유에는 지리적인 요인도 있었다. 고구려는 산악지대에 자리를 잡아 다른 나라보다 농사가 어려웠다. 때문에 물과 대지에 연관된 유화를 숭배했던 것으로 보인다.

고구려가 용을 중요한 동물로 인식했다는 내용은 『삼국사기』 「고구려본기」의 동명성왕대인 기원전 35년(동명성왕 3년) 3월에 황룡이 공령鶻嶺에 나타났다는 기록에서 확인할 수 있다.[24] 공령은 평안남도 성천군 흘골산 남쪽에 있는 고개로 고구려의 정예군을 키우는 곳으로 알려져 있다. 황룡이 나타난 시기는 동명성왕이 나라를 세운지 3년 되던 해로 아직 나라가 불안정한 시기였다. 이때 동명성왕의 군대가 있던 지역에서 황룡이 나타났다고 전해진다. 이는 용이 동명성왕에게 도움을 주기 위해 등장한 것으로 고구려에서는 상서로운 동물 중에서도 특히 용이 왕을 돕는 존재로 인식되었음을 알 수 있는 대목이다.

백제

백제는 고구려계 왕족이 나라를 세우면서 자연스럽게 고구려의 문화를 이어받았다. 기록에서 처음 용이 등장한 시기는 기루왕己婁王(백제 제3대 왕, 재위 77-128)대이다.

> 97년(기루왕 21년) 4월에 용 두마리가 한강에 나타났다.
> 『삼국사기』 권23, 「백제본기」 1, 기루왕 21년 4월.

한강은 백제를 성장시킨 강이자 고구려, 신라가 탐내던 강이었다. 고구려와 신라는 한강을 얻기 위해 백제를 공격했고, 백제는 한강을 지키

---
24 『삼국사기』 권13, 「고구려본기」 1, 시조 동명성왕 3년 3월.

기 위해 두 나라의 공격을 막아내며 버텼다. 한반도의 주요 강인 한강에서 용 두 마리가 나온 것은 강의 신성함을 나타내기 위함이 아니라 기루왕의 왕권과 정치권력을 높이기 위한 수단이었다.

기루왕은 신라와 대립해 영토를 넓히려고 노력했지만, 오히려 신라에게 영토를 빼앗겼고 중국의 말갈이 백제를 자주 침범하고 약탈해 곤욕을 겪었다. 즉 기루왕대에는 다른 왕조보다 유독 천재지변과 기이한 일이 자주 일어나 백성들이 고통을 받던 시기였다. 고대 사람들은 천재지변이 자연적으로 나타나는 현상이 아니라 왕이 잘못된 통치를 하고 있을 때 일어난다고 생각했다. 백제 백성들 역시 잦은 재해와 외부의 침입이 기루왕의 잘못으로 발생했다고 여겼을 것이다. 그래서 기루왕은 백성들의 마음을 얻기 위해 상서로운 일이 생겼을 때 또는 위대한 왕이 나타났을 때 등장하는 용, 그것도 두 마리의 용이 백제를 지탱하는 한강에서 나타났다고 소문을 냈을 가능성이 높다.

고이왕古爾王(백제 제8대 왕, 재위 234-286)대에도 기루왕대 기록처럼 용이 왕궁에 나타났다는 기록이 있다.

> 238년(고이왕 5년) 왕궁의 문기둥에 벼락이 치자 황룡이 그 문에서 날아갔다.
> 『삼국사기』 권24, 「백제본기」 2, 사반왕·고이왕 5년 4월.

구수왕仇首王(백제 제6대 왕, 재위 214-234)이 죽은 뒤 장자인 사반왕沙伴王(백제 제7대 왕, 재위 234)이 왕위에 올랐지만 고이왕이 어린 사반왕을 폐위시키고 왕위에 올랐다. 고이왕은 고대국가로서 기반을 다진 왕이었으나 정당하지 못하게 왕위에 올랐다는 단점이 있었다. 그리하여 고이왕은 민심을 얻기 위해 용 중 황제를 뜻하는 황룡이 왕궁에 나타났다고 소문을 냈을 가능성이 높다. 즉 고이왕은 하늘이 인정한 왕위의 정당성을 주장하기 위해 황룡을 이용했다.

백제에는 황룡뿐만 아니라 다른 색 용도 등장했다. 백제는 왕권이 불안정해지면 나라에 '흑룡'이 등장한다고 믿었다. 삼국사기에 따르면 백제에 흑룡이 두 번 나타났다고 전해진다. 첫 번째로 흑룡이 등장한 시기는 비류왕比流王(백제 제11왕, 재위 304-344)대이다. 비류왕은 폐위된 사반왕의 동생으로 고이왕이 죽은 후 즉위한 왕이다. 비류왕은 왕으로 즉위했음에도 바로 왕으로 인정받지 못하고 9년이 지나서야 왕위 계승 의례를 치렀고, 재위 기간 내 천재지변이 자주 발생해 민심을 잃어 왕권이 불안정했다. 이를 상징하듯 316년(비류왕 13년)에 도성의 우물이 넘치며 그 속에서 흑룡이 나타났다고 『삼국사기』에 기록되어 있다.

고대 사회에서 흑룡의 등장은 국가의 불길한 징조를 의미하며 국가적 재난이나 국왕의 죽음을 암시한다.[25] 비류왕대 국가적 재난을 흑룡으로 묘사한 반면, 문주왕文周王(백제 제22대 왕, 재위 475-477)대에는 왕의 죽음을 흑룡을 등장시켜 예언했다. 『삼국사기』에 477년(문주왕 3년) 5월 웅진에 흑룡이 나타났다고 적혀 있다.[26] 문주왕이 즉위한 해, 백제는 고구려 장수왕에게 한성을 빼앗겨 도읍을 웅진으로 옮겼다. 웅진으로 천도한 문주왕은 국가 체제를 다시 정비하고자 노력했지만, 고구려에게 한강 유역

---
25 이도학, 「한성말 웅진시대 백제왕위계승과 왕권의 성격」, 『한국사연구』 50, 1985.
26 『삼국사기』 권26, 「백제본기」 4, 문주왕 3년 5월.

을 빼앗겨 국력이 약화되고 내부 갈등이 심해져 왕권이 완전히 무너져버렸다. 이를 뜻하듯 문주왕이 즉위한지 3년이 되던 해 수도에 흑룡이 나타났고, 그해 가을에 문주왕은 사냥을 하러 궁궐 밖을 나섰다가 병관좌평兵官佐平[27] 해구解仇(?-?)[28]의 사주를 받은 도적에게 살해당했다.

비류왕과 문주왕대에 나타난 흑룡은 백제의 암울한 상황을 대변하고, 왕의 권위가 무너졌음을 상징하는 동물로 표현되었다. 즉 용의 색을 확실하게 구분 지은 백제는 새로운 왕이 즉위하거나 왕의 권위가 약해질 때 용을 백성에게 국가의 상황을 알리는 수단으로 사용했음을 알 수 있다.

용무늬 벽돌(반룡문전), 국립중앙박물관 소장

27 병관좌평은 백제 지방 병마를 관리하는 벼슬로 제1품이다.
28 해구는 백제 대신이자 왕위를 넘본 반란자이다.

신라

신라는 우리나라 고대 국가 중 용과 관련된 설화가 가장 많은 나라이다. 건국신화부터 지역, 종교 신화까지 다양한 신화 속에서 용이 나오며, 역사 기록에서도 등장했다. 신라의 용은 시대와 종교의 성향에 따라 등장 방식과 역할이 달랐다. 특히 신라 초기에는 여성과 용을 연결하는 특성이 있었다. 대표적인 설화로는 알영 신화가 있다.

『삼국사기』 알영 신화[29]

5년 봄 정월에 용이 알영정閼英井이라는 우물에 나타나 오른쪽 옆구리로 여자아이를 낳았다. 할머니가 발견하고는 기이하게 여겨 거두어 길렀는데 아이 이름은 우물 이름을 따서 지었다. 알영閼英은 자라면서 덕스러운 모습으로 컸다. 혁거세가 이를 듣고 알영을 비로 삼았다. 두 사람은 행실이 어질고 안팎으로 나라를 잘 다스려 당시 사람들은 두 성인이라 불렀다.

『삼국유사』 알영 신화[30]

사량리 알영정에서 계룡이 나타나 왼쪽 옆구리에서 여자아이를 낳으니 자색이 뛰어나게 고왔다. 하지만 입술이 닭의 부리 같아 월성 북천에 가서 목욕을 시켰더니

---

29 『삼국사기』 권1, 「신라본기」 1, 혁거세거서간.
30 『삼국유사』 권1, 「기이」 1, 혁거세왕.

그 부리가 퉁겨져 떨어졌다. 이에 천의 이름도 발천이라고 불렀다. 궁실을 남산 서쪽 기슭에 짓고는 두 명의 신성한 아이를 모셔 길렀다. 사내아이는 알에서 나왔는데 알이 박과 같이 생겼다. 마을사람들은 사내아이가 박에서 태어났다 해서 성을 박이라고 했다. 여자아이는 그가 나온 우물 이름을 따서 이름을 지었다. 두 성인의 나이가 열세 살이 되자 오봉 원년 갑자에 남자는 왕이 되고 여자는 왕후가 되었다.

『삼국사기』, 『삼국유사』 모두 알영정이라는 우물에서 용이 나타나 알영을 낳았다고 기록되어 있다. 알영은 어른이 된 후 박혁거세朴赫居世(신라 제1대 왕, 재위 BC 57-AC 4)와 혼인하여 신라의 왕후가 되었다. 신라도 고구려와 마찬가지로 용을 '여성'으로 보고 있고, 거기에 '왕후'라 하며 왕족이라는 것을 강조하고 있다. 알영을 용의 자식으로 묘사한 것은 신라 왕족 여성이 신과 밀접한 '제사장'의 역할을 수행했기 때문이다.

신라는 신과 소통했던 왕족 여성을 태생부터 존귀하다고 표현하기 위해 '용'을 활용했다고 볼 수 있다. 또 알영정이라는 우물에서 용이 등장했다는 것은 용을 물의 신이자 생명수와 같은 우물을 지키는 동물로 인식했다고 할 수 있다. 알영신화 뿐만 아니라 『삼국사기』 「신라본기」에 용이 우물에서 등장했다는 기록이 자주 등장한다는 점도 이를 뒷받침한다.

3년(혁거세거서간 60년) 9월에 두 용이 금성의 우물 속에 나타나더니 갑자기 천둥비가 내렸고 성의 남문에 벼락이 쳤다.

『삼국사기』 권1, 「신라본기」 1, 혁거세거서간 60년 9월.

56년(유리이사금 33년) 4월에 용이 금성의 우물에서 나타났다. 그리고 나서 폭우가 서북쪽으로부터 몰려왔다.

『삼국사기』 권1, 「신라본기」 1, 유리이사금 33년 4월.

용이 추라정鄒羅井(경주에 있던 우물)에 나타났고, 경사에 시장을 열어 전국의 재화를 통하게 했다.

『삼국사기』 권3, 「신라본기」 3, 소지마립간 12년 3월.

4월에 폭풍이 불어 나무가 뽑혔다. 용이 금성의 우물에서 나타났고 수도에 황색의 안개가 사방에 가득 끼었다.

『삼국사기』 권3, 「신라본기」 3, 소지마립간 22년 4월.

용이 양산의 우물 안에서 나타났다.

『삼국사기』 권4, 「신라본기」 4, 법흥왕 3년.

용이 왕궁 우물가에 나타나더니 조금 있다가 구름과 안개가 사방에서 모였다가 날아갔다.

『삼국사기』 권11, 「신라본기」 11, 경문왕 15년 5월.

용은 우물 외에도 연못이나 바다에서도 등장했고, 폭풍과 함께 오기도 했다. 바다에서 용이 나타났다는 기록은 『삼국유사』에 설화로 남아 있다. 첫 번째로 기록된 설화는 '수로부인설화'이고, 두 번째는 '문무왕설화', 마지막으로는 '원성왕대 당 사신에게 뺏길 뻔한 용 세 마리를 되찾는 설화'이다.

수로부인水路夫人[31]

성덕왕聖德王(신라 제33대 왕, 재위 702-737)때 순정공純貞公(?-?)이 강릉태수江陵太守로 부임하러 가는 길에 바닷가에서 점심을 먹었다. 주변에는 바위 봉우리가 병풍처럼 바다를 둘러 싸고 있었고, 높이가 천 길이나 되며 그 위에는 철쭉꽃이 활짝 피어 있었다. 수로부인이 이를 보고 좌우 사람들에게 말했다.

"저 꽃을 꺾어다 줄 사람 없는가?"

종자들은 좀처럼 움직이지 않고 사양했다.

"사람의 발길이 닿지 않는 곳입니다."

그들 옆으로 한 늙은이가 암소를 끌고 지나가다가 수로부인의 말을 듣고 꽃을 꺾어와 노래를 지어 바쳤다. 그 늙은이가 누구인지 알 수 없다.

다시 이틀 동안 길을 걷다가 임해정臨海亭에서 점심을 먹고 있었는데, 바다의 용이 갑자기 수로부인을 끌고 바다로 들어가 버렸다. 순정공이 부인을 잡으러 가다가 엎어져 땅으로 고꾸라졌다. 갑자기 노인이 나타났다.

"옛 사람의 말에 여러 사람의 말이 쇠도 녹인다고 했으니, 이제 바다 속의 미물

---

31 『삼국유사』 권2, 「기이」 2, 수로부인.

도 공격할 수 있을 겁니다. 경내의 백성을 모아 노래를 지어 부르면서 막대기로 언덕을 치면 부인을 구하실 수 있을 겁니다."

순정공이 노인의 말을 따랐더니 용이 수로부인을 바다 밖으로 꺼내줬다. 순정공이 부인에게 바다 속의 일을 묻자, 부인이 대답했다.

"칠보 궁전에 음식은 달고 부드러웠고 향기로우며 깨끗하여 인간의 음식이 아니었습니다."

수로부인의 옷에는 이상한 향기가 풍겼는데 이 세상에서 맡아보지 못한 향이었다. 수로부인은 용모와 자색이 세상에서 가장 뛰어나 깊은 산이나 큰 못을 지날 때마다 여러 번 신물에게 붙들려 갔다.

이 시대에 용 설화가 남은 것은 시대적인 요인 때문이다. 성덕왕대 유난히 가뭄과 홍수가 빈번했고, 특히 가뭄이 심해 기근과 전염병으로 사상자가 많이 발생했다. 성덕왕이 이를 해결하기 위해 구휼책을 펼치기도 했지만, 천재지변을 막을 힘은 없었다. 그래서 성덕왕은 제사 의식을 통해 자연재해 문제를 해결하고자 했다.[32]

성덕왕이 비를 관장하는 신인 용을 위한 제사의 필요성을 백성들에게 전하기 위해 수로부인의 설화를 전파했을 가능성이 높다. 기록에는 오직 용왕이 하늘의 연못을 주도할 수 있어 비를 얻는 것도 용왕의 공이라고 되어있다. 따라서 이 시대에 가뭄을 해결하는 방법은 기우제를 지내며 용에게 비를 내려달라고 기원했던 것으로 보인다.[33]

----

32 이동철, 「수로부인 설화의 의미-기우제의적 상황과 관련하여」, 『한민족문화연구』 18, 2006.
33 김흥삼, 「『삼국유사』 「수로부인」 조의 제의적 성격과 구조」, 『강원사학』 15, 2000.

그렇다면 왜 수로부인이 납치되었을까? 이는 알영설화에서 설명했 듯, 신라에서 제사를 담당하고 제사장의 역할을 수행했던 사람이 바로 여성이었기 때문이다. 제사장 아래에는 제사장의 뜻을 잇는 무녀들이 있었고, 무녀들 대다수는 귀족신분이었다.

수로부인은 순정공의 부인으로 강릉에 갔지만, 남편을 따라 간 것으로 보이진 않는다. 수로부인의 수로는 물길이라는 뜻을 갖고 있다. 즉 수로부인의 수로는 본명이라기보다 무녀가 된 후 부여된 이름일 가능성이 높다. 수로부인이 왕족인지는 알 수 없지만 신라 귀족이었으므로 진골출신일 가능성을 배제할 수 없다. 또 제사장과 무녀의 직무는 혼인을 하고 나서도 계속 할 수 있었기 때문에 수로부인 역시 순정공의 부인이 된 이후로도 무녀로서 활동한 것으로 보인다. 속 순정공은 수로부인이 강릉의 무녀로 임명되었기 때문에 강릉태수가 됐을 가능성이 있다.

문무왕과 감은사 설화[34]

문무왕文武王(신라 제30대 왕, 재위 661-681)은 일본 군사를 막기 위해 절을 짓다가 끝내 다 세우지 못하고 죽어 바다의 용이 되었다. 아들 신문왕이 즉위한 후 682년에 내부 공사를 마쳤다. 그리고 절 문지방 아래 동쪽을 향해 구멍을 하나 냈는데 이는 용이 절에 들어올 것을 예비한 것이었다. 문무왕은 아들에게 유언을 남겼는데 자신의 뼈를 묻을 곳은 대왕암이고, 절 이름은 감은사로 하라고 했다. 뒤에 용이 나타난 것을 본 곳은 이견대라고 했다.

....
34 『삼국유사』 권2, 「기이」 2, 만파식적.

문무왕이 죽어 용이 되었다는 기록은 『삼국사기』에서도 등장한다. 『삼국사기』에는 문무왕의 장례를 치른 곳에 대왕석이라는 큰 바위를 세웠는데, 그곳에서 문무왕이 용으로 변해 하늘로 올라갔다는 이야기가 사람들 사이에 퍼졌다고 기록되어 있다.[35] 문무왕이 죽고 용으로 변했다는 이야기는 신라를 공격한 일본군을 막기 위해 노력한 왕의 영웅담을 후대에 전하기 위해 만든 것이었다. 이후 문무왕은 동해의 용이자 나라를 지키는 호국용이라 불렸다. 그래서 문무왕 설화를 호국용설화라고도 부른다.

호국 삼룡을 되찾은 원성왕 설화[36]

795년(원성왕 11년)에 당나라 사신이 수도에 와서 한 달 동안 머물다가 돌아갔다. 다음 날 두 여자가 내정內廷에 와서 아뢨다.[37]

"저희들은 동지東池와 청지靑池에 있는 두 용의 아내입니다.[38] 당나라 사신이 두 명의 하서국인河西國人을 거느리고 와서 우리 남편들과 분황사 우물의 용에 주술을 부려 작은 물고기로 변하게 하여 통 속에 담아 갔습니다.[39] 폐하께서 부디 두 사람에게 칙명을 내리어 나라를 지키는 용인 우리 남편과 분황사 용을 구해주시옵소서."

....
35 대왕암 또는 대왕석은 경상북도 경주시 양북면 바다에 위치한 바위이며, 감은사는 양북면 용당리 바다에 가까운 곳에 위치하고 있다.
36 『삼국유사』 권2, 「기이」 2, 원성대왕.
37 내정은 궁궐 내부를 말한다.
38 동지와 청지는 경주 동천사에 있었던 샘이다.
39 중국 황하의 서쪽 지역을 하서라고 부른다.

왕은 추격해 하양관河陽館에 이르러 친히 연회를 베풀고 하서국 사람들에게 말했다[40].

"너희들은 어찌 우리나라의 세 용을 붙잡아 여기까지 이르렀느냐? 만일 사실대로 말하지 않으면 극형을 내릴 것이다."

이에 하서국 사람들이 세 물고기를 세 연못에 풀어주자, 각각의 연못물이 솟아오르고 용들이 기뻐하며 뛰다가 사라졌다. 당나라 사람들은 왕의 밝은 지혜에 탄복했다.

원성왕대 나온 용은 경상북도 경주 동천에 있는 동천사東泉寺란 절의 연못에서 사는 호국용이다. 동천사는 신라 진평왕眞平王(신라 제26대 왕, 재위 579-632)대 세워진 절로 박혁거세가 알에서 나와 목욕한 곳이다. 『삼국유사』에 따르면 두 연못은 동해용이 와서 보살의 설법을 경청하는 곳이라고 한다. 즉 원성왕대의 용은 동해의 용이자 불교와 관계가 밀접하다.

불교경전에는 용에 관한 이야기가 많이 담겨 있다. 문무왕과 처용설화에서도 왕이 용을 위해 절을 세웠고 동천사는 용이 찾아오는 절이라고 전래되고 있다. 이는 불교에서 용이 석가모니와 불법을 수호하는 동물이었기 때문이었다. 신라에서는 불교를 수용한 후 기존 민간신앙에 불교사상을 결합해 호국적인 성격을 가진 용을 만들어냈다.

고구려, 백제도 불교를 국교로 삼았지만 용을 불교와 결합하여 '불교

---

40 하양관이 정확히 어디인지 알려지지 않았지만, 강 북쪽에 있는 관이나 경상북도 영천군 하양면 하양리에 있는 관으로 보기도 한다.

와 나라를 상징하는 동물'로까지 인식하지는 않았다. 반면 신라는 왕후를 상징하는 동물이자 동해의 신, 나라를 지키는 호국용, 불교를 수호하는 호불용으로 수용하여 다른 나라에 비해 다양한 설화가 등장했고, 용과 연관된 절들이 세워졌다. 이는 신라가 용을 다방면으로 이해하고 수용했음을 나타내며 신라라는 나라 자체에 용이 얼마나 영향력 있는 동물이었는지 알 수 있다.

용얼굴모양 기와, 국립중앙박물관 소장

새

고대 사람들은 새를 천계에 도달할 수 있는 존재이자 하늘의 핵심인 태양을 상징하는 동물이라고 인식했다. 이러한 인식은 우리나라뿐만 아니라 동아시아 전체적으로 나타났고, 특히 중국에서는 새를 하늘신이라고 설명했다. 중국과 가까운 우리나라는 중국에서 유행한 '새' 숭상을 수용했다. 중국은 중국의 토종 새 위주로 조류숭배사상이 자리 잡았다. 우리나라에서도 처음에는 중국을 따라 한반도에 살지 않는 중국새를 숭배했지만, 점차 조류숭배사상이 토착화되면서 나라의 특성에 맞게 변형되어 한반도에서도 사는 새 위주로 독창적인 '새' 신앙을 창조해냈다.

그렇다면 우리나라에서는 어떤 새를 숭상했고, 각 나라가 '새'를 어떻게 믿었는지, 또 중국에서 전래된 새 사상이 어떻게 변화되었는지 알아보도록 하자.

삼족오

　삼족오三足烏는 발이 세 개 달린 까마귀로 중국에서부터 시작된 신성한 '새'이다. 중국에서는 삼족오를 금오金烏, 준오踆烏라고 부르기도 하고, 중국의 책인 『초사楚辭』[41]나 『산해경山海經』[42]에서는 태양 까마귀라고도 칭한다. 우리나라 상고시대부터 삼족오는 숭배의 대상이었다.[43] 중국 고대문헌에 따르면, 동이족東夷族(중국에서 상고시대 우리나라 민족을 지칭하는 명칭)은 천신신앙을 중시했고 특히 태양숭배신앙과 조류숭배신앙을 믿었다. 이는 동이족의 거주지역으로 추정되는 곳에서 새 토템 유물이 발견되면서 확인되었다.[44]

　『삼국지』「위서」는 동이계 선비족이 세운 북위의 역사서로 그들의 역사와 신 숭상에 대한 내용이 적혀있다.[45] 「위서」에는 선비족이 태

41　『초사』는 초나라의 굴원屈原이 당대 제작된 책을 모아 편집한 책이다.
42　『산해경』은 중국에서 가장 오래된 지리서이자 산에 사는 동식물이나 광물, 신에 대한 내용을 기록한 책이다.
43　동이족은 중국인들이 동북지역에 살고 있던 우리 조상들을 부르던 명칭으로 『삼국지』「위서」에 언급되어 있다.
44　김동환, 「동이의 문화사상-삼족오를 중심으로」, 『국학연구』 13, 2009.
45　선비족은 고구려에 복속한 민족으로 그들이 세운 북위 역시 고구려 복속국이었다. 하지만 서기 197년에 고구려에 반란이 일어나자 선비족은 고구려를 배반하고 한나라에 붙었다. 우리나라에

양신을 숭배하고 태양에 삼족오가 살고 있으며 자신의 조상이 태양의 후예라고 믿었다고 적혀있다.[46] 고조선 이후로 고대국가의 역사를 기록한 『삼국사기』나 『삼국유사』에는 삼족오에 대한 내용이 남아 있지 않다. 하지만 고구려의 고분벽화, 조선시대 왕실 물품, 군사 용품에서 삼족오 문양이 새겨진 유물들이 발견되면서 고조선 이전부터 숭배한 삼족오가 우리나라 역사에 남아있음을 확인할 수 있다. 그렇다면 우리나라 역사 속에 삼족오는 어떻게 기록되고 장식되는지 자세히 확인해보자.

삼족오 숫자 3의 상징성

발이 세 개라는 의미가 담긴 삼족오는 실제 존재하지 않는 동물을 숫자로 표현한 동물이다. 3은 상고시대부터 우리민족 문화를 상징하는 숫자이며, 한국의 신화와 삶 속에 꾸준히 사용되고 있는 상징숫자이기도 하다.[47] 우리 민족은 3이라는 숫자를 하늘, 땅, 인간을 연결하는 상징숫자라고 믿었다. 또 우리 민족은 신성한 행위 또는 새로움을 표현할 때 3을 사용했다. 3은 우리말로 '삼'이라고 읽는다. 삼은 생명이나 생명을 낳는 일을 뜻하는 우리말이다. 또 태와 탯줄을 일컬어 '삼'이라고 지칭했고, 생기다의 옛말도 '삼기다'라고 불렸는데 여기서의 삼기다의 '삼'도 옛날에는

서는 선비족을 고구려민족이라 보는 학자들이 많다.
46 김동환, 「동이의 문화사상-삼족오를 중심으로」, 『국학연구』 13, 2009.
47 김동환, 「동이의 문화사상-삼족오를 중심으로」, 『국학연구』 13, 2009

숫자 3과 연관 지어 썼다. 즉 '삼'이 생명과 관계된 단어였기 때문에 같은 발음이었던 3이 생명을 지칭하는 숫자가 되었다.

고구려

고구려는 부여와 더불어 고조선의 영향을 크게 받아 태양신을 천신으로 믿었고, 삼족오를 천상의 동물이자 태양신 또는 태양신의 사자, 태양의 불을 먹고 사는 전령이라고 믿었다. 고대에는 태양을 하늘의 대표적 자연물이라고 생각했기 때문에 삼족오를 하늘을 대표하는 동물로 생각하여 숭배했다. 즉 삼족오신앙은 단순히 새를 숭상하는 것이 아니라 하늘, 태양을 믿었던 고대 천신사상에서 시작되었다.[48]

고구려가 삼족오신앙을 중시했다는 사실을 알 수 있는 대표적 유적지는 중국 길림성 집안현에서 발견된 고구려 통구다섯무덤의 4호 무덤이다. 4호 무덤 고분벽화에서 일월성신 벽화가 발견되었는데, 태양신의 손에 있는 동그란 모형 속에 삼족오가 그려져 있었다. 이외에도 평안남도 남포시 용강군 용강읍 북쪽에서 발견된 고구려 흙무지돌방무덤인 쌍용총에서 삼족오가 그려진 벽화가 발견되었다.

평양에서 발견된 진파리 7호 고분군에서는 삼족오가 그려진 베개 마구리장식, 길림성 집안시 태왕향 우선촌에 있는 무용총, 각저총, 장천 1

---
48 김주미, 「'해 속의 삼족오'의 구성 요소와 도상의 사상적 의미」, 『한국문화사학회 문화사학』 51, 2019.

호분, 안악 1,3호분, 오회분 4.5호묘 등에서도 삼족오가 발견되었다. 이 무덤들은 누구의 무덤인지는 확인되지 않지만, 왕족 또는 부족들의 무덤으로 추정된다. 즉 삼족오는 '신'과 동급이었던 왕족이나 마을을 다스린 부족장을 하늘로 인도하는 역할을 했던 것으로 보인다.

정기활필 각저총 일신도, 고구려, 국립중앙박물관 소장

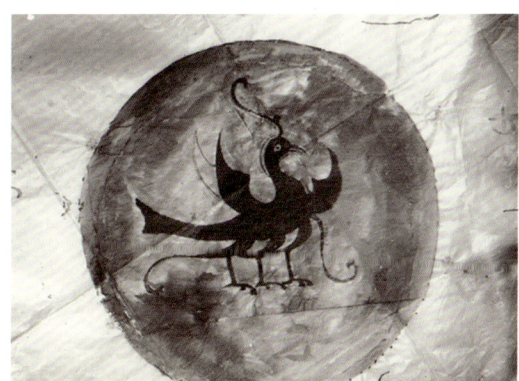

강서대묘, 고구려, 국립중앙박물관 소장

정기활필 오회분4호묘 승룡취배소 선인도, 고구려, 국립중앙박물관 소장

고대 역사 속 신령한 동물들

삼한

상고시대 한반도 남부에 자리 잡은 3부족국가인 삼한은 삼족오를 농경의 동물이자 농경신의 심부름꾼이라고 믿었다. 고대에는 농경이 주 경제생산활동이었다. 그래서 농경과 관련된 동물이나 자연을 신성하게 여겼다. 당시 농경사회에서 가장 농사와 밀접한 관계를 갖고 있던 동물이 '새'였다. 농경을 상징하는 '새'를 일반적으로 만날 수 있는 새보다 삼족오를 특정해 숭배한 것은, 생산의 주 영양분을 제공하는 태양에서 사는 삼족오를 생산과 풍요를 상징하는 동물로 믿었기 때문이었다.

우리나라 오랜 전통인 농사를 지낼 때 솟대 위에 새를 넣어 풍요를 기원하는 풍습이 바로 삼족오로부터 유래되었다.[49] 솟대는 삼한 제천의식인 소도제에 쓰이는 도구이다. 소도제에서 삼족오는 하늘의 뜻을 전하는 전달자 또는 땅의 소식을 하늘에 전하는 존재로, 삼한 사람들은 삼족오를 하늘에 풍요를 기원하는 연결고리로 인식하여 솟대 위에 올렸다. 즉 삼한은 삼족오를 풍요와 경사를 가져다주는 새로 믿어 이를 상징적으로 드러내기 위해 솟대를 만들었다.

---

49 솟대는 긴 나무막대 위에 새를 장식한 도구로 경사로운 일을 기념하기 위해 사용되었다.

국립민속박물관 소장

고대 역사 속 신령한 동물들

붉은 까마귀

 삼족오라는 상상의 까마귀와 달리 고대국가에서는 실제 존재하는 까마귀도 상서로운 새라고 믿었다. 그런데 그들이 신성한 동물이라고 믿었던 까마귀는 흔한 검은색 까마귀가 아니라 붉은색 까마귀였다. 붉은색 까마귀는 주로 고대에서만 언급되며, 고구려, 부여 지역에서만 사는 동물이었다. 붉은 까마귀는 특정 지역에서만 사는 동물이었기 때문에 가치가 높았고, 희귀한 동물이어서 고구려, 부여 내에서도 붉은 까마귀를 보면 좋은 일이 생긴다고 생각했다. 그래서 붉은 까마귀는 왕족만이 가질 수 있었고, 고구려와 부여는 다른 나라와 좋은 관계를 맺기 위해 상서로움을 상징하는 붉은 까마귀를 선물로 보내기도 했다.

고구려

고구려 역사 속에 붉은 까마귀는 부여왕이 고구려왕에게 선물로 보낸 동물로 나온다. 여기서 붉은 까마귀는 부여와 고구려를 연결하는 동물이며 동시에 고구려가 강대국이 되어가고 있음을 나타낸다.

> 20년 10월 겨울에 부여왕 대소가 사신을 보내어 붉은 까마귀를 보내왔는데 머리 하나에 몸이 둘이었다. 처음에 부여 사람들이 이 까마귀를 얻어 왕에게 바쳤는데 어떤 사람이 까마귀에 대해 얘기했다.
> "까마귀는 검은 새입니다. 그런데 이 까마귀는 붉은색이고, 또 머리 하나에 몸이 둘인 것은 두 나라를 아우르는 징조로 왕께서 고구려를 합친다는 예언입니다."
> 대소는 그 말에 기뻐하며 예언과 함께 까마귀를 고구려에 보냈다. 대소의 말을 들은 왕은 신하들과 의논했다.
> "검은 것은 북방의 색인데, 붉은색은 남방의 색입니다. 즉 까마귀의 색이 북방에서 남방의 색으로 바뀐 것이지요. 또 붉은 까마귀는 상서로운 새인데 부여왕은 이를 얻고선 갖지 않고 나에게 보내었으니 두 나라의 존망은 알 수 없습니다."
> 왕의 말을 들은 대소는 놀라며 후회했다.
>
> 『삼국사기』 권14, 「고구려본기」 2, 대무신왕 3년 10월.

부여가 고구려에게 붉은 까마귀를 보낸 것은 상서로운 새이기 때문에 선물의 의미로 쓰인 것도 있지만 당시 고구려가 부여의 존망을 결정할 정도로 강대국이 되어 있어, 고구려에게 보호를 요청하기 위함이었다. 하지만 대무신왕은 오히려 부여에서 붉은 까마귀를 보냄으로써 부여의 상서로움을 가졌다고 판단하여 두나라의 존망을 알 수 없다는 대답을 보냈던 것으로 보인다.

신라

신라에서는 붉은 까마귀를 삼국통일의 상징으로 보고 있었다.

> 785년(원성왕 1년) 3월 패강진浿江鎭에서 붉은 까마귀를 진상했다.
>
> 『삼국사기』 권10, 「신라본기」 10, 원성왕 1년 3월.

> 790년(원성왕 6년) 1월 웅천주熊川州에서 붉은 까마귀를 진상했다.
>
> 『삼국사기』 권10, 「신라본기」 10, 원성왕 6년 1월.

> 801년(애장왕 2년) 9월 무진주武珍州에서 붉은 까마귀를 진상했다.
>
> 『삼국사기』 권10, 「신라본기」 10, 애장왕 2년 9월.

> 802년(애장왕 3년) 8월 삽량주揷良州에서 붉은 까마귀를 진상했다.
>
> 『삼국사기』 권10, 「신라본기」 10, 애장왕 3년 8월.

> 810년(헌덕왕 2년) 1월 하서주河西州에서 붉은 까마귀를 바쳤다.
>
> 『삼국사기』 권10, 「신라본기」 10, 헌덕왕 2년 1월.

785년(원성왕 1년)부터 810년(헌덕왕 2년)까지 다섯 지역에서 왕에게 붉은 까마귀를 바쳤는데, 이 지역은 신라가 삼국을 통일한 후에 행정조직을 새로 개편한 곳이었다. 통일 전 패강진과 하서주는 고구려 땅이었고, 웅천주와 무진주는 백제의 땅이었다. 다섯 지역이 신라의 행정지역으로 개편된 시기는 757년 이후로 붉은 까마귀를 진상한 시기와 가깝다. 즉 통일 이후 붉은 까마귀를 왕에게 진상했다는 뜻은 각 지역이 본래의 나라가 아니라 신라를 본국으로 인정하고 왕을 모시겠다는 의미인 셈이었다.

참새

오늘날 참새라는 이름이 한가지 종의 이름으로 정착한 것과 달리, 고대에는 참새를 작은 새를 통칭하거나 신비로운 새를 부르는 명칭으로 사용했다. 그리하여 고대 때 참새라고 지칭하는 새 종류가 다양하다. 난새鸞鳥, 봉새鳳鳥라는 이름으로도 불렸던 참새는 상서를 나타내는 새이며, 신계와 인간계를 연결하는 사자의 역할을 수행했다.[50] 참새의 다른 이름인 난새는 봉황과 비슷한 새로 『산해경』 「서산경」에 따르면 여상산에 살고 있고 꿩이나 닭을 닮았으며 오색무늬가 있다고 기록되어 있다. 그리고 이 새를 발견하면 세상이 편안해진다고 한다. 중국에서는 큰 새로 묘사되지만, 우리나라에서는 자그마한 새로 묘사된다.

기원전 32년(동명성왕 6년) 8월 가을에 신기한 참새들이 궁중에 모였다.
『삼국사기』 권13, 「고구려본기」 1, 동명성왕 6년 8월.

기원전 18년(유리왕 2년) 10월 겨울에 신기한 참새들이 궁궐 뜰에 모였다.
『삼국사기』 권13, 「고구려본기」 1, 유리왕 2년 10월.

──────────
50   서영대, 「삼국사기와 원시종교」, 『역사학보』 105, 1985.

276년(서천왕 7년) 9월 고구려에 신기한 참새가 궁궐에 모였다.

『삼국사기』 권17, 「고구려본기」 5, 서천왕 7년 9월.

379년(나물이사금 20년) 4월 여름 신라 양산에서 작은 참새가 큰 새를 낳았다.

『삼국사기』 권3, 「신라본기」 3, 나물이사금 20년 4월.

659년(의자왕 19년) 4월 백제 태자궁에서 암탉이 참새와 교미했다. 장수를 보내 신라의 독산과 동잠 두 성을 침공했다.

『삼국사기』 권28, 「백제본기」 6, 의자왕 19년 4월.

고구려, 백제, 신라 삼국에서 모두 참새에 대한 기록이 나오는데, 대부분 신기한 참새가 나타나거나 큰 새를 낳는 특이한 현상이 나타나는 내용이지만 의자왕대에는 현실에서 일어날 수 없는 암탉과 참새의 교미를 통해 전쟁 발발을 암시했다.[51] 여기서 암탉은 신라를, 참새는 백제를 상징하는 새로 신라가 백제를 침공한다는 뜻을 은유적으로 표현한 것이다. 즉 고대에는 참새를 백제를 상징하는 새로 표현하여 나라간의 상황이나 전쟁의 승리를 간접적으로 전하는 용도로 사용했다.

---

51   이장웅, 「한국 고대 새 관념의 변화」, 『한국고대사탐구』 31, 2019.

오리

　신라와 가야에서 많이 발견되는 유물 중 하나는 오리모양 그릇이다. 이를 압형토기鴨形土器라고 부르며, 주로 제례 용구로 사용하거나 물과 관계 있는 의식 용구로 사용했다. 우리나라의 오리토기는 중국 육조시대 동물형 토기의 영향으로 만들어졌고, 낙동강 유역에서 성행했다. 『삼국지』 「위서」 <동이전>에 낙동강 유역에 새 숭배 사상이 있었으며, 오리를 악령을 막고 죽은 자의 영혼을 인도하는 새로 믿었다고 기록되어 있다. 압형토기는 주로 무덤에서 발견되는데 오리가 영혼을 하늘로 잘 올라 갈 수 있도록 도와주는 새라고 생각했기 때문에 부장용품으로 사용했다.

　가야 지역에서는 홍수나 재해를 구원하는 능력을 가진 새라고 생각하여 신께 제사를 드릴 때 사용하는 막대에 오리 모양 목조를 매달아 신조로 숭배했다. 신라와 가야에서 발견된 압형토기는 대부분 암수 한 쌍이었으며, 크기는 높이 약 15~20cm, 길이 약 15~21cm이다.

오리모양 그릇, 신라, 국립중앙박물관 소장

오리모양 그릇, 가야, 국립중앙박물관 소장

고대 역사 속 신령한 동물들

제2장

나라와 우주를 수호하는 사신

나라와 우주를 수호하는 사신

동서남북의 방위와 우주를 상징하는 동물인 사신四神은 중국 전한시대前漢時代(기원 전 202년부터 기원 후 220년까지의 왕조)부터 우주와 세상을 수호하는 상징적 동물이다. 사신은 중국에서 우리나라로 전파되었는데, 특히 고구려가 적극 수용했다. 사신은 동쪽의 청룡, 서쪽의 백호, 남쪽의 주작, 북쪽의 현무로 사령四靈 또는 사수四獸라고도 불린다. 사신은 주로 사신도라고 불리는 그림으로 기록되어 있다. 사신도는 주로 부대의 깃발이나 건축물에 사용되지만, 우리나라에서 사신의 모습을 많이 볼 수 있는 곳은 무덤이다. 고구려의 대표 고분벽화에도 사신도가 그려져 있다.

고분벽화에는 사신도와 함께 각 영수를 상징하는 별자리 그림이 그려져 있다. 덕화리 2호 무덤에서 15개의 별자리 그림이 발견되었는데 본래 28수가 그려져 있었다. 이 무덤에서 발견된 28수는 「천상열차분야지도天象列次分野之圖」의 28수 그림과 비슷하다.[1] 즉 우리나라의 사신도는 별자리와 연관하여 방향과 위치를 정하는 용도로도 사용했기 때문에 천문학과도 관련이 있다.

고구려에서 사신은 초기부터 유행했다고 알려졌지만, 본격적으로 무

---
[1] 이준걸·김일권, 「고구려고분벽화를 통해 본 고구려의 천문학 발전에 대한 연구」, 『고구려발해연구』 4, 1997.

덤에 사신도를 새긴 시기는 6세기-7세기 중반이다. 고구려 사신 고분벽화가 발견된 곳은 평양지역의 강서대묘江西大墓, 강서중묘江西中墓, 개마총鎧馬塚, 호남리 사신총四神塚, 통구사신총通溝四神塚, 내리 1호분, 진파리 1호분, 진파리 4호분, 대안리 1호분, 고산리 1호분, 요동성총遼東城塚, 쌍용총雙楹塚 등이다. 길림 지역은 무용총, 오회분 4호분, 오회분 5호분 등에서 발견되었다.[2] 사신도가 그려진 백제 무덤은 공주의 송산리고분, 부여의 능산리고분이 있다.

고려시대 역시 고구려의 영향을 받아 무덤 벽화에 사신도를 새기거나 사신무늬를 다양한 물품에 새겨 놓았다. 사신무늬가 있는 물품은 주로 거울이었으며, 수락암동 1호분에서 발견된 석관에도 사신무늬가 장식되어 있었다. 조선시대때는 사신을 신으로 믿기보다는 풍수지리의 관점에서 방향과 산의 위치 또는 산 형태를 설명하는 단어로 사용했다. 세종실록에는 산의 풍수지리를 의논할 때 사신의 형상으로 비유하며 이야기한 내용이 기록되어 있다.

전 판청주목사蠰鐵雕椗瓿 이진李震(?-?)이 왕에게 말했다. "산을 살피는 요령은 기운이 뭉친 곳을 찾는 것입니다. 비록 땅의 넓음, 좁음, 크기의 차이가 있을지라도 뭉친 기운이 많으면 좋은 땅이고, 신수가 조금이라도 등진 곳이 있으면 좋은 땅이 아닙니다. 신은 어리석고 소견이 천박하며 풍수학의 지식이 부족하오나 보는 눈은 틀리지 않습니다. 대체로 궁실을 지을 때 네 방위 사신의 산 기운이 단정한지 단정하지 못한지를 살펴보아야 하옵니다. 백악의 현무를 살펴보면 형

2 　김진순, 「고구려 후기 사신도 고분벽화와 고대 한 중 문화 교류」, 『선사와 고대』 30, 2009

세는 웅장하고 빼어나나 실정을 따져 보면 머리를 들이밀어 얼싸안는 형상이 없고 주작은 낮고 평평하여 약하고, 청룡은 등을 둘러대어 기운이 없사오며, 백호는 높고 뻣뻣하여 험하오니 네 방위의 산 기운이 단정하지 못합니다."

『세종실록』 권15, 세종 15년 7월 19일.

조선시대에는 동서남북을 대신하여 사신으로 표기하기 했고, 사신의 모습을 닮은 산이나 땅을 살기 좋은 곳이라고 믿었다. 즉 조선시대에는 풍수지리와 사신을 연결 지어 조선만의 풍수지리 해석을 만들었던 것으로 보인다.

조선시대에는 사신을 풍수지리의 의미로 사용한 것뿐만 아니라 왕실 제례에도 사용했다. 왕이 종묘에 가거나 왕의 상장 의례인 흉례凶禮를 할 때 사신의 모양을 본뜬 상례도구를 사용했다.[3] 그리고 무덤에 세우는 석돌에 사방신을 그려 동서남북에 꽂고 죽은 선대 왕을 모시는 의식을 치른다. 이 외에도 의전행사에 사용하는 깃발, 군기에 사신을 그려 신분을 알리거나 행차의 권위를 과시하는 용도로 제작하기도 했다. 이와 같이 조선시대에는 사신을 풍수지리라는 새로운 관념으로 사용했으며 동시에 고대부터 이어지는 수호신의 개념으로도 이해했다.

그렇다면 고구려부터 조선까지 사신을 어떤 방식으로 표현하며 수용했는지 알아보자.

---

3   흉례는 왕실 장례에 관한 의례이나.

청룡

  용은 사신 중 권위가 가장 높은 동물이며, 만물 중 가장 높은 자를 상징하는 동물이다. 청룡은 동방을 다스리는 목성신으로 청룡 별자리는 봄에 보이는 동쪽에 있는 일곱 별자리다. 청룡 별자리인 동방칠수東方七宿는 각角(뿔)·항亢(목)·저氐(가슴)·방房(배)·심心(심장)·미尾(꼬리)·기箕(항문)로 나뉜다. 청룡은 물, 식물 등 생명을 상징하고 발전, 창조, 신생, 불멸, 정직, 희망을 뜻하며, 물에서 하늘로 솟아오르는 모습을 하고 있다. 청룡의 몸은 뱀과 물고기의 비늘과 같고 머리는 소, 발은 독수리와 닮았다. 소는 육지, 물고기는 물, 독수리는 하늘을 의미하는데, 이는 청룡을 하늘, 땅, 물 모두에 있어 전능한 동물로 표현하기 위해서였다.

고구려

  고구려에서 사신의 청룡은 대체로 고분벽화에서 발견되었다. 고구려

고분벽화에는 청룡뿐만 아니라 사신이 모두 등장하는데, 여기서 용은 두 다리를 뻗고 하늘을 나는 듯한 유연한 곡선미를 뽐냈다. 현재까지 사신 청룡이 발견된 고분벽화는 진파리 1호분, 강서대묘, 강서중묘, 호남리사신도, 무용총, 오회분 4호·5호 무덤, 쌍용총, 고산리 1호분, 매산리 사신총, 통구 제5호분, 우현리 대묘, 삼묘리고분이 있다. 고분벽화에 새겨진 청룡은 역동적인 모습과 속도감을 표현하고 색채감이 두드러져 고구려의 미술수준을 확인할 수 있다.

무용총 청룡도, 국립중앙박물관 소장

나라와 우주를 수호하는 사신

쌍용총 전실 청룡 모사도, 국립중앙박물관 소장

나라와 무주를 수호하는 사신

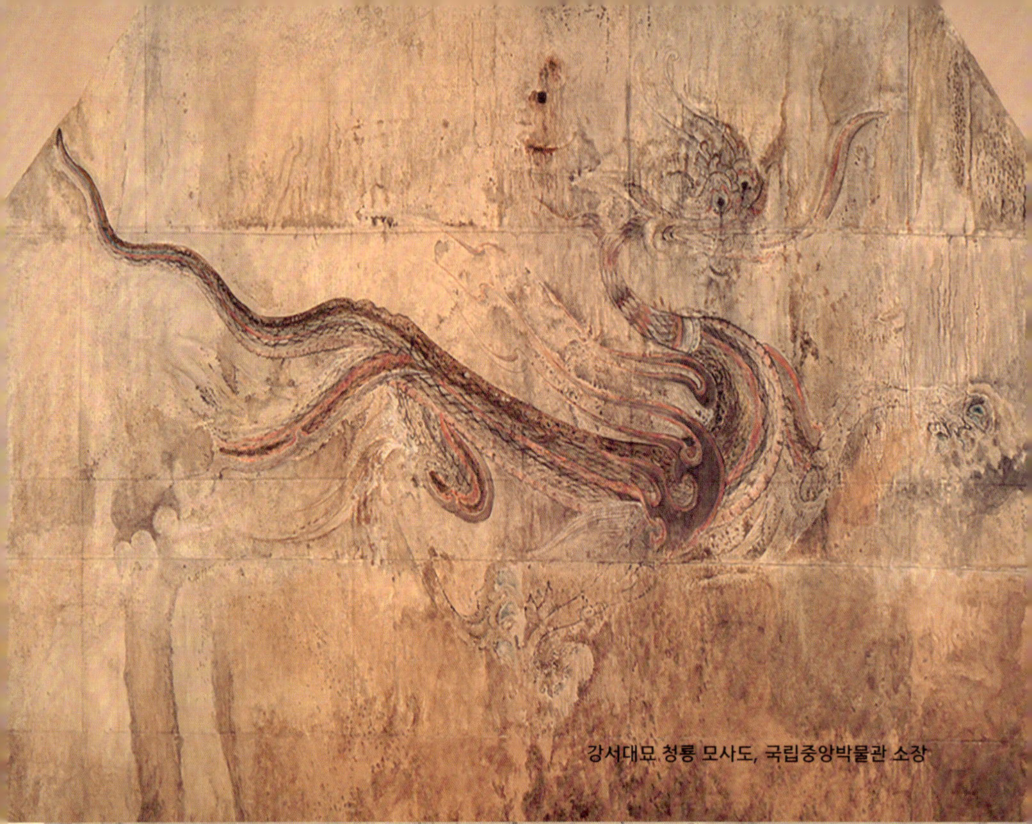

강서대묘 청룡 모사도, 국립중앙박물관 소장

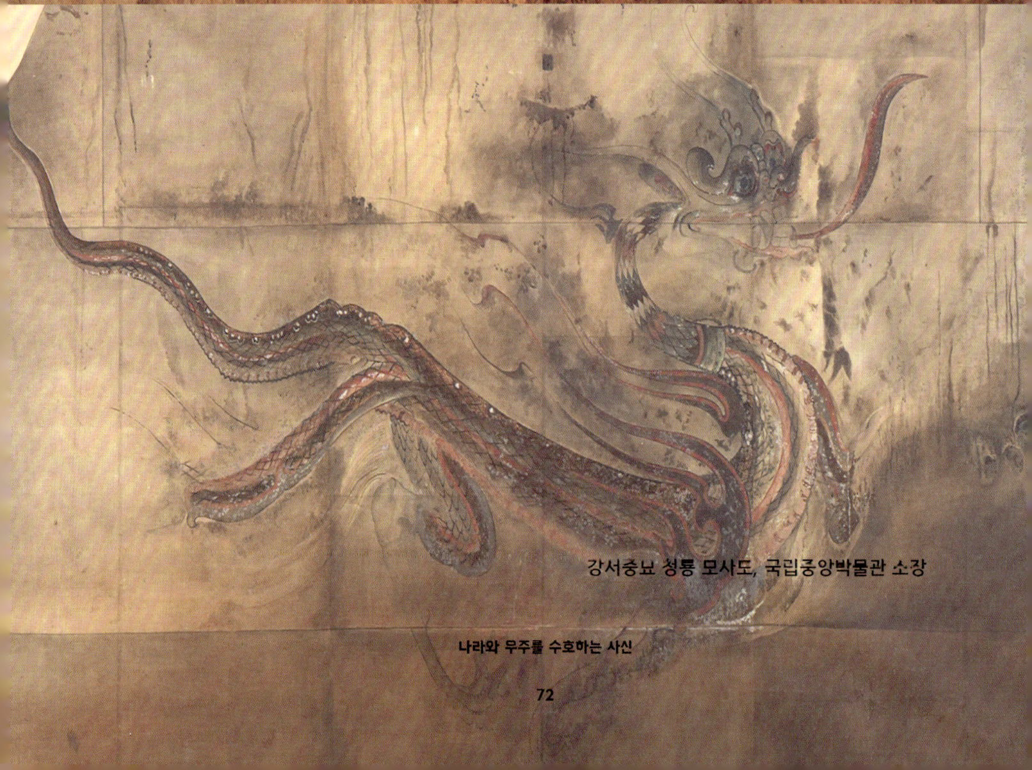

강서중묘 청룡 모사도, 국립중앙박물관 소장

나라와 무주를 수호하는 사신

오회분 5호 무덤 청룡도, 국립중앙박물관 소장

삼묘리고분 청룡도, 국립중앙박물관 소장

나라와 우주를 수호하는 사신

백제

　공주 송산리 6호분에서 발견한 청룡은 연도羨道 쪽을 향하여 앞으로 날아 달리는 모습이 묘사되어 있었고, 큰 눈과 머리 뿔이 뚜렷하게 보인다.[4] 유연한 곡선이 머리에서 몸통으로 내려가 다시 꼬리가 위로 상승하는 모습으로 전체적으로 율동감이 느껴진다.[5]

송산리 6호분 전축분 청룡, 국립중앙박물관 소장

4　연도는 고분의 입구에서 시체가 안치된 방까지 가는 길을 말한다.
5　윤용혁, 「공주 송산리 6호분의 사신도 벽화에 대히여」, 『한국사학보』 33, 2008.

조선

사방신을 풍수지리로 한 이유는 『의룡경疑龍經』, 『금낭경錦囊經』, 『감룡경撼龍經』이라는 책의 영향 때문이다. 세 권 모두 당나라대 제작된 풍수지리 책으로 조선시대에는 음양陰陽공부와 초시 시험 교과서로 사용할 정도로 중요한 필독서였다. 『의룡경』에 따르면 청룡은 산의 동쪽을 의미하는데 용의 몸 위에 봉우리가 없어야 하고, 반듯한 몸으로 낮고 평평한 것이 귀중하고 집터 중심이 명당이라고 적혀 있다.

왕실 제례에서는 청룡을 그린 깃발을 사용했다. 청룡당은 임금이 거둥할 때 쓰는 의장으로 푸른빛의 비단에 청룡을 그려서 만들었다. 군기로 사용한 청룡기는 진영의 왼쪽에 세워 군대를 지휘하는 표식으로 사용했다. 청룡기에는 청색 비단에 청룡이 날아오는 모습과 오색구름이 그려져 있다.

청룡당, 국립고궁박물관 소장

나라와 우주를 수호하는 사신

청룡기, 국립고궁박물관 소장

나라와 우주를 수호하는 사신

백호

땅을 상징하는 백호는 서쪽의 신수이다. 백호는 우주의 음양을 나타내는 다섯 개의 행성 중 중심에 있는 금성을 상징한다. 백색은 결백과 진실을 의미하고 밝음, 즉 낮을 상징하는 색이자 모든 색의 출발이기 때문에 만물을 만드는 색으로 인식하여 고대 때부터 성스러운 색이라고 생각했다. 백호 별자리인 서방칠수西方七宿는 규奎(꼬리)·루婁(몸)·위危(몸)·묘昴(몸)·필畢(몸)·자紫(머리)·삼紫(앞발)이다. 백호의 별자리가 나타나는 시기는 가을이기 때문에 백호를 가을의 신으로 믿었다.

고대에는 백호가 청룡과 비슷한 생김새로 묘사되었지만, 시간이 지나면서 호랑이와 흡사한 형태로 변화했다. 고분벽화에 그려진 백호의 모습은 갈기가 크고 긴 꼬리가 있으며, 화염 모양을 한 날개가 양 어깨에 붙어있다. 벽화에서 백호는 주작을 바라보고 있으며 꼬리는 북쪽을 향하고 있다. 호랑이는 실존하는 동물이면서도 산신으로 믿어졌으며 사악한 잡귀를 물리치는 수호신이었기에 다른 사신보다 일반인들과 친밀도가 높은 신수이다.

고구려

고구려의 백호는 청룡과 동일하게 고분벽화에서 주로 발견되었다. 고분벽화에 새겨진 백호의 모습은 청룡처럼 몸이 긴 모양새며 앞발을 앞으로 내밀고 있는 모습이었고 공중에 떠 있는 것처럼 자유롭게 움직이고 있었다. 백호가 등장하는 고구려 고분 벽화는 진파리, 오회분 5호 무덤, 강서중묘, 평남대동 호남리 사신총, 강서대묘 등이 있다.

오회분 5호 무덤 백호도, 국립중앙박물관 소장

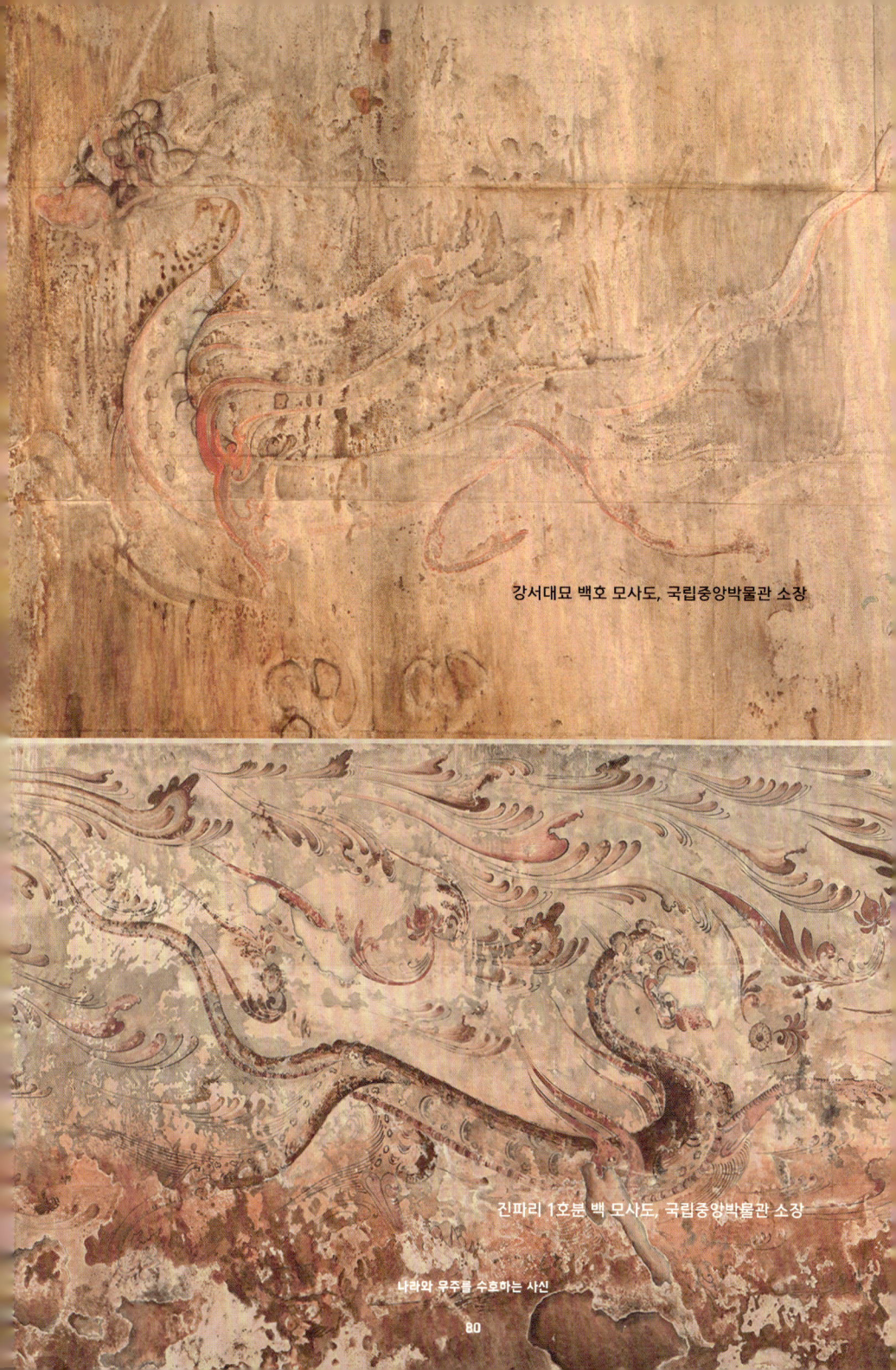

강서대묘 백호 모사도, 국립중앙박물관 소장

진파리 1호분 백호 모사도, 국립중앙박물관 소장

나라와 우주를 수호하는 사신

강서중묘 백호도, 국립중앙박물관 소장

호남리 사신총 백호도, 국립중앙박물관 소장

나라와 무주를 수호하는 사신

백제

송산리 6호분의 백호는 서쪽 벽 중앙에 그려져 있고 벽면에 바탕으로 붉은 흙을 바르고 그 위에 백호를 그렸다. 백호는 남쪽을 보고 있고 기운차고 생동감 넘치게 묘사되어 있는데 네 발을 움직여 앞으로 내달리는 모습이며 몸을 낮추고 엉덩이를 들어 올렸고, 꼬리가 위로 올라가 있다. 그리고 몸집은 매우 날렵하게 그려져 있어 빠르게 움직이는 듯하게 표현되어 있다. 머리, 몸통, 꼬리가 모두 균형이 잡혀 있고 앞발에서 등을 지나 상승한 꼬리가 대각선으로 이루어져 있어 세련미까지 느껴진다. 선을 전혀 사용하지 않고 전체를 하얗게 칠해 백호의 이름에 걸맞게 그려져 있다. 하얀색은 백토를 칠한 것으로 보인다.

송산리 6호분 전축분 백호, 국립중앙박물관 소장

조선

백호는 실존하는 동물로, 조선시대에 종종 나타나곤 했다. 그래서 백호를 발견하면 상서로운 일이 일어난다고 믿었다. 태종실록에는 중국에서 백호를 잡은 일을 왕에게 아뢰는 내용이 기록되어 있다.

> 이지가 왕에게 말했다. "주왕이 사냥하다가 신기한 짐승과 새끼를 잡았습니다. 그 동물은 백호로 검은 무늬가 있었는데, 쇠사슬로 묶어 철롱鐵籠[6]에 넣어 황제에게 바쳤습니다. 황제가 교외까지 마중했는데 백관이 추우騶虞[7]라고 하며 바쳤다고 합니다."
>
> 『태종실록』 권8, 태종 4년 11월 1일.

중국에서는 백호를 전설의 동물로 생각할 정도로 신성하게 여겼는데, 이 영향을 받아 조선도 백호를 신령한 동물이라고 믿었다. 흰 털을 가진 동물은 희귀했기 때문에 길상의 징조로 여겼다. 그래서 흰털을 가진 호랑이인 백호는 기존 산신을 상징하는 동물인 호랑이에 길상의 의미인 흰색이 섞이면서 조선시대에 백호를 더 신적인 존재로 인식한 것으로 보인다.

조선시대 사람들은 청룡과 똑같이 백호도 풍수지리를 상징하는 동물로 믿었다. 산의 서쪽을 나타내는 백호는 청룡과 동등한 역할을 맡았는

---

6 철롱은 철판으로 만든 바구니를 말한다.
7 추우는 호랑이의 모습을 한 중국 전설 속에 등장하는 동물이다. 주로 군기에 그려지며 백호기아 모양이 비슷하다.

데, 옛글에 '백호가 있고 청룡이 없는 것은 흉하지 않다.'라고 적혀 있을 만큼 백호와 청룡은 서로 대신할 수 있는 존재였다.[8]

 청룡과 똑같이 왕실제례 때 사용하는 백호당과 백호기가 있다. 백호당白虎幢은 백호 그림을 그린 의장용 깃발이다. 군기에도 백호가 그려져 있다. 이를 백호기白虎旗라 부르는데, 용맹한 백호가 앞발을 들고 서 있고, 앞발에는 붉은색 산호초 같은 모양을 들고 있으며, 옆구리엔 두 개의 날개가 양쪽에 붙어 있다. 백호는 불법을 수호하는 동물로 조선시대에 세워진 절 벽화에 그려져 있다. 주로 불교 교리를 상징하는 동물인 용과 함께 불법을 지키는 수호신으로 인식되었다.

----

8 『세종실록』 권61, 세종 15년 7월 29일.

백호당, 국립고궁박물관 소장

나라와 우주를 수호하는 사신

백호기, 국립고궁박물관 소장

나라와 우주를 수호하는 사신

주작

불과 태양을 상징하는 주작은 남쪽의 영수이자 화성을 상징하는 동물이다. 주작은 주조朱鳥, 주오朱烏, 적오赤烏라고 불리며, 해의 전령으로 화려한 색을 자랑하는 새이다. 주작을 봉황이라고도 부르는데, 고구려인들은 닭을 숭배하여 사신 중에서도 주작을 가장 중요한 영수로 인식했다. 무용총에서는 주작을 수탉으로 표현하여 학자들은 주작이 '닭성'을 상징하는 동물이라고 해석하기도 했다.[9]

주작은 크기가 6척에 달하는 거대한 시조翅鳥의 제왕이며, 양기를 대표하는 동물이다.[10] 또한 주작은 복과 행운을 상징하는 상서로운 동물이기도 하다. 주작을 상징하는 별자리는 남방칠수朱鳥七宿로 정井(머리)·귀鬼(눈)·유柳(부리)·성星(목)·장張(모이주머니)·익翼(날개)·진軫(꼬리)이다. 주작의 별자리는 겨울철에 보이기 때문에 겨울의 수호신이라고도 불린다.

주작은 머리 위에 화려한 깃털이 있고 입에는 붉은 구슬을 물고 있다고 묘사되는데, 구슬과 붉은 깃털이 힘의 근원임을 나타낸다. 또한 구슬

---

9 서길수, 「춤무덤의 사신도와 조우관에 대한 재검토-고구려 닭 숭배 사상을 바탕으로」, 『역사민속학』 46, 2014.
10 시조는 하늘을 날아다니는 새를 말한다.

을 지상에 내려와 태양신의 뜻을 전하는 징표라고도 해석하여 주작이 하늘의 뜻을 왕에게 전하는 신수라고도 본다. 주작은 무덤 주인의 시신을 수호하는 동물로 고분벽화에 자주 그려진다. 고분벽화에서 주작은 아름다운 몸체와 날개, 꼬리의 곡선이 세밀하게 표현되었다. 다른 사신보다 화려하게 묘사된 이유는 주작이 하늘과 불을 상징하며, 장생불사 등 현실적인 염원을 상징하는 동물이기 때문이다.

고구려

당나라 학승學僧[11] 의정義淨(635-713)이 지은 『대당서역구법고승전大唐西域求法高僧傳』[12] 에는 고구려가 주작을 어떻게 인식했는지 드러난다.[13]

> 계귀鷄貴란 산스크리트의 구구타왜설라를 말한다. 구구타는 닭이고, 왜설라는 귀하게 여기다라는 뜻으로 바로 고구려를 말하는 단어이다. 전해지는 바에 따르면, 고구려는 닭 신을 공경하고 높이 우러러봐서 닭의 깃털을 머리에 꽂아 겉을 꾸민다고 한다.
>
> 『대당서역구법고승전』

----

11 학승은 학식이 높은 승려를 말한다.
12 『대당서역구법고승전』은 의정이 640년-690년 사이 인도로 가서 불교를 배우면서 만난 승려 60명에 대해 기록한 책이다. 이 책에는 신라 승려 8명이 포함되어 있다.
13 서길수, 「고구려의 나라이름(國名)에 관한 연구(1)—서녘(西方)에서 부르는 '계귀(鷄貴)'를 중심으로—」, 『고구려발해연구』 50, 2014.

의정이 고구려를 닭의 나라라고 말했을 정도로, 고구려는 닭이 나라를 상징하는 동물로 인식했고, 그 영향으로 주작을 대표적인 영수로 인식했다. 이는 무덤에서 잘 나타난다. 주작이 그려진 고구려 고분 벽화로는 무용총, 강서대묘, 강서중묘, 쌍용총, 오회분 5호무덤, 용강군 신녕만성총 모사도이 있다. 주작은 무덤들의 입구 남쪽 벽면에 새겨지며 대체로 2마리가 그려져 있었다.

모든 무덤에서 발견되는 공통점은 긴 꼬리가 위로 향해 있으며 두 다리는 불이 활활 타오르는 듯한 갈기가 휘날리며 털 모양새도 뚜렷했다. 하늘을 날아오르는 듯한 자세를 취한 주작 2마리가 무덤 입구에서 마치 무덤 주인을 지키며 하늘로 올라갈 수 있도록 돕는 것처럼 있어 당시 고구려인들이 주작을 얼마나 중요히게 여겼는지 잘 나타난다.

오회분 5호 무덤 주작, 국립중앙박물관 소장

나라와 우주를 수호하는 사신

나라와 우주를 수호하는 사신

강서대묘 주작 모사도, 국립중앙박물관 소장

나라와 무주를 수호하는 사신

강서중묘 주작 모사도, 국립중앙박물관 소장

용강군 신녕면 성총 모사도, 국립중앙박물관 소장

나라와 우주를 수호하는 사신

쌍용총, 국립중앙박물관 소장

사신총, 국립중앙박물관 소장

나라와 우주를 수호하는 사신

백제

송산리 6호분의 주작은 남쪽 벽면 위에 그려져 있다. 위쪽에 배치된 것은 남쪽에 문이 달려 있어 공중으로 날아오르는 모습으로 묘사하기 위해서다. 주작의 좌우에는 해와 달이 장식되어 하늘을 묘사하고 있다. 하얀색 백토로 그려져 있지만, 주작의 날개와 얼굴이 뚜렷하게 남아 있어 웅장함이 느껴진다.

송산리 6호분 전축분 주작, 국립중앙박물관 소장

나라와 우주를 수호하는 사신

조선

조선시대에는 사신에게 제사를 지내진 않았지만, 주작에게만 제사를 지내는 풍속이 있었다. 『태종실록』에 1411년(태종 11년) 주작에게 제사를 지냈다는 기록이 있다.

> 왕이 김첨金瞻(1354-1418)에게 삼성, 주작, 대국의 신의 제사를 물었고, 김첨이 대답했다. "주작은 전대 왕조 때에 송도 본궐 남훈문 밖에 설립하고, 주작 칠수를 제사했는데 이제 한성에서도 옛 곳에 제사하는 것이 편치 않으니 다시 시좌궁 남쪽에 단을 세우는 것이 좋을 듯합니다." … 왕이 말했다. "주작은 새로 시좌궁 남쪽에 설위하라."
>
> 『태종실록』 권22, 태종 11년 7월 15일

지리학 측면에서 주작은 남쪽을 상징하는 단어로 명당자리를 찾는데 사용되었다. 조선시대에는 주작(남쪽 산 또는 땅)이 너무 높은 곳에 있으면 다른 사신들과 어울리지 않아 주인 없는 땅이 될 수 있다고 생각했다.[14] 주작은 다른 사신들과 동일하게 국가적 물품에도 장식되었다. 주작 문양은 주로 의장기와 제례도구에서 등장했다. 제례도구로는 주작당朱雀幢이 있는데 주작 형상을 그려 넣은 의장기다. 의장기에는 적색 바탕에 주작과 구름이 그려져 있고, 청색 적색 황색 백색의 네 가지 색이 채색되어 있다.

---

14   『세종실록』 권61, 세종 15년 7월 29일.

주작기, 국립고궁박물관 소장

나라와 우주를 수호하는 사신

주작기, 국립고궁박물관 소장

나라와 우주를 수호하는 사신

현무

　현무는 용궁의 사자라 불리는 거북이에 용과 뱀이 합쳐진 상상의 동물이자 북쪽과 행성 수성을 상징하는 영수이다. 검은색을 뜻하는 한자 현玄과 칼과 갑옷 등 병장기를 나타내는 한자 무武를 써서 현무라고 이름 붙여진 까닭은 현무가 검은색이고, 단단한 갑옷 같은 거북이 등껍질과 칼처럼 날카로운 뱀 이빨을 가졌기 때문이다. 현무는 거북이 또는 뱀으로 여겨지는데, 거북이로 보는 경향이 짙다.

　거북이는 우리나라뿐만 아니라 중국, 인도에서도 신령한 동물이다. 인도에서 거북이는 재생, 불멸, 영원과 시간을 상징하는 동물이며, 중국은 거북이의 등껍질이 하늘처럼 둥글면서도 밑부분은 땅처럼 평평하여 우주와 지구의 모습과 비슷하다고 믿었다. 또 거북이는 수명이 길기 때문에 장수를 상징하는 동물이라고 생각했다. 그래서 거북이는 미래를 예지하는 능력을 가졌다고 하여 중국에서는 은나라부터 거북이 등껍질로 점을 치곤 했다.

　뱀은 지혜와 의술을 상징하는 동물이자 신성한 동물로 인식되었다. 현무의 별자리인 북방칠수北方七宿는 두斗(거북이와 뱀 머리)·우牛(뱀의 몸)·

여女(거북이)·허虛(거북이)·위危(뱀)·실室(꼬리)·벽壁(꼬리)이다. 이 별자리는 여름에 보여 현무를 여름의 수호신이라고도 부른다.

고구려

고구려 고분벽화에서도 현무가 발견되는데, 거북이 몸을 뱀이 감싸는 모습을 하고 있었다. 현무가 발견된 고분벽화는 강서대묘, 평남대동 고산리 1호분, 호남리 사신총, 오회분 5호 무덤 등이 있다. 모든 고분벽화에서 현무는 거북이 얼굴과 뱀 얼굴이 서로 마주 보고 있고, 커다란 등껍질 사이로 머리와 다리를 빼놓고 있다. 현무는 무덤마다 독특하면서 웅장한 모습을 보여준다. 거북이를 상징하는 등껍질이 있음에도 사실상 거북이의 모습보다는 현실에 존재하지 않는 생김새인데, 이는 나라와 우주를 지키는 수호신으로서 위협적이면서도 위대한 자태를 드러내야 했기 때문에 다양한 동물의 부위를 사용하여 묘사한 것으로 보인다.

오회분 5호 무덤, 국립중앙박물관 소장

사신묘, 국립중앙박물관 소장

나라와 군주를 수호하는 사신

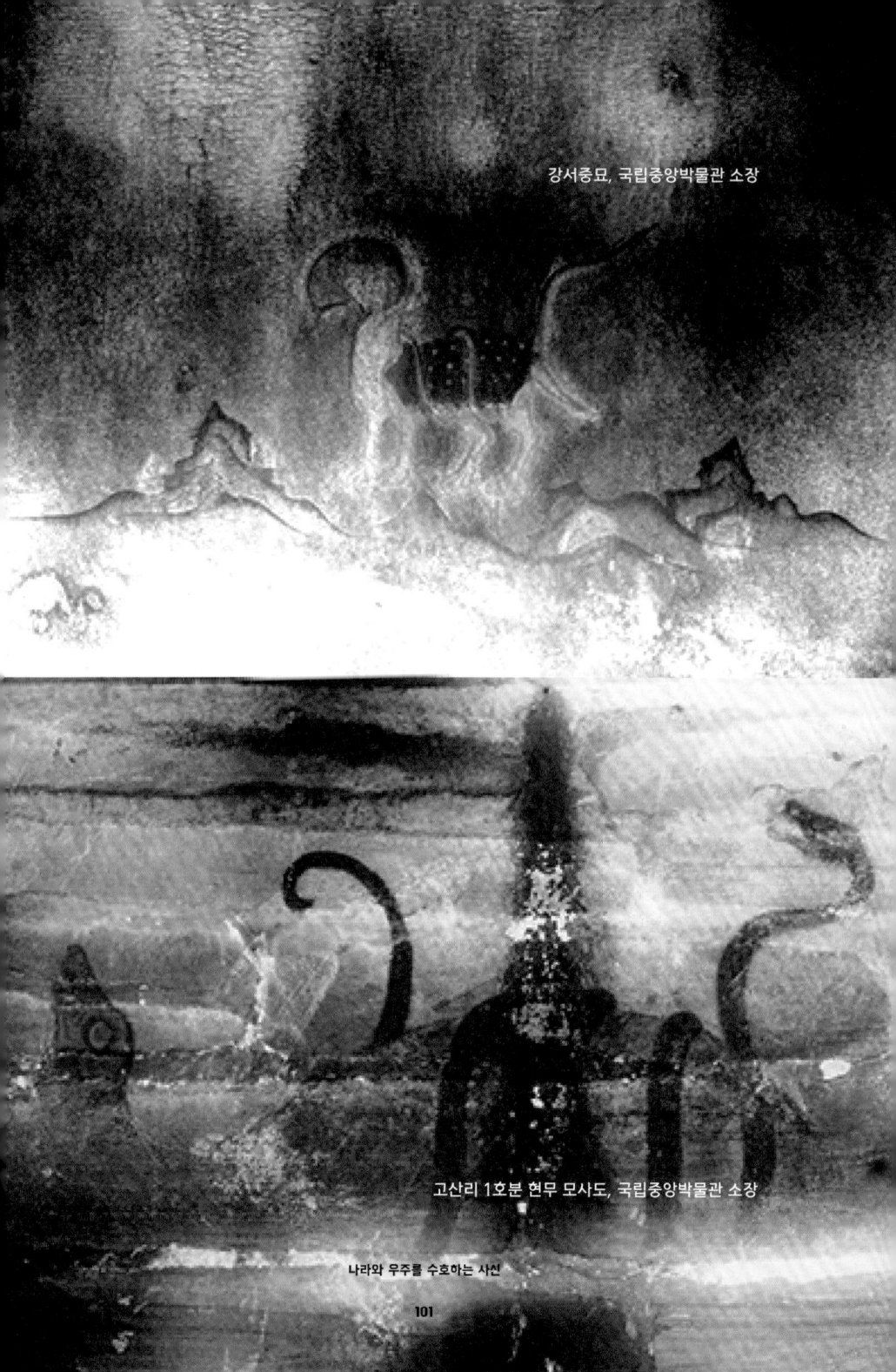

강서중묘, 국립중앙박물관 소장

고산리 1호분 현무 모사도, 국립중앙박물관 소장

나라와 우주를 수호하는 사신

나라와 우주를 수호하는 사신

강서대묘 현무 모사도, 국립중앙박물관 소장

나라와 우주를 수호하는 사신

백제

송산리 6호분의 현무는 북쪽 중앙 아래쪽에 배치되어 있다. 위쪽에는 주작이 있어 하늘과 땅을 상징한다. 현무의 위쪽에는 달을 연상케 하는 둥근 원의 흔적이 남아있다.

송산리 6호분 전축분 현무, 국립중앙박물관 소장

조선

왕실 제례도구인 현무당은 위에 청색 천을 덮고 검은 거북이를 그려 사용했다. 의장기로써 현무기는 정사각형 형태로 흰색 바탕에 현무를 오색으로 그려 놓고 테두리는 붉은색으로 둘렀으며 오색구름을 위아래 두 개씩 총 네 개를 그려 넣었다.

풍수지리에서 현무는 북쪽을 상징하는데, 『명신보감明心寶鑑』에 따르면 '급히 뾰족한 봉을 일으켜 현무를 정했다.'라고 하며, 『감룡경』에는 '높은 봉이 있으면 이는 현무이니, 현무가 떨어진 곳에 사신이 모여 있다.'라고 했다. 즉 풍수지리의 현무는 산을 수호하는 신이자, 사신들의 위치를 파악하는 용이이며 봉우리가 있는 곳을 현무라고 불렀다는 것을 알 수 있다.

현무기, 국립고궁박물관 소장

나라와 우주를 수호하는 사신

현무기, 국립고궁박물관 소장

나라와 우주를 수호하는 사신

제3장

백제 금동대향로의
신비로운 동물들

백제 금동대향로의 신비로운 동물

백제는 도교와 불교 사상을 적극 수용하고 활용한 나라였다. 백제의 도교적 요소는 유적, 무덤, 유물에서 확인이 가능하다. 그 중 도교와 불교 사상을 가장 두드러지게 표현한 유물이 금동대향로이다. 금동대향로는 제례를 위해 제작된 물품으로, 향로를 자세히 살펴보면 도교와 불교 세계를 그대로 묘사한 것을 발견할 수 있다. 향로의 윗부분은 도교의 신선 세계를 표현했고, 아래는 불교의 연화장세계蓮華藏世界[1]를 화려하게 장식해놨다.[2] 금동대향로에는 실존하는 동물들도 있는 반면 현실 세상에서는 볼 수 없는 독특하고 신비로운 동물들도 있다.

대향로의 동물들은 산형모양 뚜껑에 장식된 동물과 연꽃형 몸체에 장식된 동물로 나뉜다. 향로 뚜껑에는 동물 39마리와 인물 17명이 장식되어 있고 연꽃형 몸체에는 동물 27마리와 인물 2명이 그려져 있다. 이 중 현실 세계의 동물 30마리와 상상의 동물 9마리로 구성되어 있으며, 동물들은 산속에 숨어있는 것처럼 묘사되어 있다.

대향로에 그려진 동물들은 화려함을 위해 장식되었고, 동물마다 도교

---

1 연화장세계는 큰 연꽃 속 세계로, 연꽃 속에 불교 교리가 있다고 믿는 불교 사상이다.
2 사재동, 「백제김동대향로의 불교문화학적 고찰」, 『국학연구론총』 6, 2010.

적 사상과 사회 종교적인 배경, 백제가 추구하는 사상을 나타낸다. 대향로에 구체적으로 어떤 동물들이 있고 동물마다 어떤 의미를 담고 있는지 살펴보고자 한다.

백제금동대향로, 국보제287호, 국립부여박물관 소장

백제금동대향로의 신비로운 동물들

백제금동대향로 산형모양 뚜껑 속 동물들

봉황

금동대향로에서 가장 먼저 눈에 띄는 동물은 봉황이다. 봉황은 수컷인 봉과 암컷인 황이 합쳐진 것으로 성군聖君의 탄생에 맞춰 세상에 나오는 새이자 천제의 사자로서 하늘과 땅을 잇는 동물로 알려져 있다. 봉황은 중국에서 유래한 새로, 고구려에서는 주작으로 여겼다. 백제에서 봉황 무늬나 장식품을 만든 것은 중국의 영향 때문이라고 보고 있다. 봉황 무늬가 있는 유물은 무령왕릉 왕비 베개와 부여 외리출토 문양전 등이 대표적이다.

향로의 봉황은 활짝 펼친 두 날개와 긴 꼬리가 위를 향해 있으며, 벼슬, 부리, 깃털의 모양이 잘 묘사되어 있고, 향로에 착지한 듯한 자세를 취하고 있다. 턱 아래에는 작은 여의주를 끼고 있으며, 여의주 바로 아래쪽에 2개의 향 연기 구멍이 가로로 뚫려 있다. 봉황을 제일 위쪽에 둔 것은 봉황과 산악이 이어짐으로써 뚜껑이 신선들의 세계이며, 신선들의 왕인 옥황상제의 사자가 봉황이므로 하늘을 상징하기 위해서라고 추정된다.

백제금동대향로,국보제287호, 국립부여박물관 소장

백제금동대향로의 신비로운 동물들

다섯 봉우리 위 다섯 마리의 새

대향로의 다섯 봉우리는 박산博山이나 수미산須彌山이라는 견해가 있다. 박산은 중국 전설에 나오는 산으로 신선이 산다고 한다. 박산 모양을 본뜬 향로는 박산로라고 부르며, 거북이 모양 받침의 등 위에 봉황을 세워서 만든다. 수미산은 불교 우주관 속 세계의 중심에 있다는 상상의 산이다. 학자들은 박산은 신선 세계를, 수미산은 불교 세계를 상징하는 산으로 대향로에서 도교사상과 불교사상을 동시에 느낄 수 있다고 봤다.[3]

각 봉우리 위에 앉아있는 새들도 역시 다섯 산을 지키는 동물이자 다섯 산의 산신을 상징하는 동물이다. 날개를 활짝 펴 머리를 하늘로 뻗은 모습을 한 새, 날개를 수평으로 펴서 머리를 가슴에 묻은 모습을 한 새, 날개를 아래로 내리고 고개가 오른쪽으로 가 있는 새, 날개를 반 정도 접고 고개를 왼쪽으로 돌린 새, 날개를 완전히 접고 고개를 왼쪽으로 돌린 새가 각각 산봉우리에 앉아있다. 한 마리만 유독 고개를 올려 봉황의 뒤를 보고 있는 모습을 하고 있는데 이는 의도적으로 장식한 것으로 보이며, 봉황의 뒤를 지키는 수호신적인 모습을 나타내고 있다.[4]

봉우리에 앉은 새가 다섯 마리인 것은 『삼국사기』 「백제본기」 1년(온조왕 20년) 2월에 '왕이 큰 단壇을 설치하고 친히 천지에 제사 지냈는데 이상한 새 다섯 마리가 나타났다.'라는 기록 때문이다. 기록에서는 새

....
3 염중섭, 「백제금동대향로의 산형에 대한 수미산적인 이해」, 『동아시아불교문화』 28, 2016.
4 국립부여박물관, 『백제금동대향로』, 국립부여박물관, 2003.

다섯 마리가 하늘에 올리는 제사를 지낼 때 나타났으므로 하늘의 사자라고 해석된다.[5]

다섯 마리 새가 봉황 바로 밑에 있는 것은 『삼국사기』에 나온 내용처럼 하늘의 사자이자 천제를 상징하는 봉황의 보좌신으로 묘사하여 금동대향로의 뚜껑이 하늘 세계임을 드러내기 위해서였다. 현재까지 다섯 마리의 새는 정확히 어떤 새인지 알 수 없지만 기러기로 보는 견해도 있고 상상의 동물로 보는 견해도 있다.

독수리

백제금동대향로 뚜껑 윗부분에는 독수리 두 마리가 있다. 대향로의 독수리는 위엄이 넘치는 자세를 취해 강인한 모습을 보여준다. 모두 큰 날개에 꼬리가 짧고, 머리에는 벼슬이 있고 다리는 짧고 굵으며 날카로운 발톱이 산봉우리를 움켜쥐고 있다. 왼쪽 그림의 독수리는 입에 매듭처럼 보이는 천을 물고 있고, 오른쪽 독수리는 작은 새를 물어 강인함을 나타냈다. 대향로에 독수리가 등장한 이유는 독수리가 위협적인 맹수이므로 하늘 세계의 위엄을 표현하기 위해 활용된 것으로 보인다.

---

5 박경은, 「백제금동대향로의 도상과 상징성 연구」, 홍익대학교 박사학위논문, 2018.

국립중앙박물관 소장

백제금동대향로의 신비로운 동물들

외수

백제금동대향로 뚜껑 윗부분에는 외수 두 마리가 있다. 외수는 인간과 비슷하게 몸체와 손발이 있는 짐승을 말한다. 외수는 중국 남북조시대때 유행했던 동물이자 귀신의 한 종류로 우리나라에서는 괴수로 여겼다. 대향로의 외수는 얼굴 모양이 괴물에 가깝고 팔이 괴기하며 하의만 입고 있다.

두 마리 모두 팔다리를 쫙 벌려 뛰는 듯한 자세를 취하고, 입을 크게 벌려 날카로운 이빨을 드러내고 있다. 또 머리와 어깨에는 깃털이 달린 독특한 모양새를 하고 있다. 이러한 외수는 고구려 오회분 4-5호의 벽화에서도 나타나므로, 당시 고대인늘이 괴수의 얼굴을 한 동물이 산다고 믿고 있었다고 볼 수 있다.

멧돼지

백제금동대향로 중간 산골짜기 사이에는 돼지 두 마리가 머리를 빼놓고 있으며, 등에는 털 모양이 새겨져 멧돼지임을 뚜렷하게 나타내고 있다. 멧돼지는 전통적으로 향로 뚜껑의 하늘 세계를 묘사하는 동물이다. 중국에서는 멧돼지를 제사의 제물로 바치거나 장송의례용 물품에 멧돼지를 장식하기도 한다. 백제도 중국의 영향을 받아 신에게 바치는 동물의 의미로 대향로에 장식한 것으로 보인다.

사슴

금동대향로 뚜껑 윗부분에 꼬리가 짧고 다리가 긴 동물을 사슴으로 추정하고 있다. 금동대향로의 사슴은 작은 뿔이 귀 부분에 있어 아직 어린 사슴으로 보이며, 앞발이 앞으로 나와 있어 공중에 떠 있는 것처럼 보이면서도 뛰어오르는 모습처럼 보이기도 한다. 이는 생동감을 나타내기 위해서로 추정된다.

우리나라 역사 기록 중 처음으로 사슴에 대한 묘사가 등장한 것은 암각화다. 암각화는 선사시대에 주로 제작되며 당시 문화와 생활을 확인할 수 있는 대표적 유물로 각종 동물과 사냥의 모습이 새겨져 있다. 우리나라에서 발견된 암각화에서는 사슴의 뿔 모양이나 몸집이 제각각 다채롭게 표현되었는데, 이 중 가장 독특한 것은 뿔 모양이다. 거대한 뿔, 얇은 뿔, 나뭇가지처럼 여러 갈래로 갈라진 뿔 등 다양하게 묘사되어 있다. 당시 선사시대인들은 사슴의 뿔이 하늘을 향해 뻗어 있어 하늘과 연결하는 역할을 사슴뿔이 했다고 믿었다. 그래서 그들은 사슴을 영적으로 뛰어난 동물로 여기며 신성시했다.[6]

이후 고대에는 사슴을 영생과 장수를 상징하는 동물이자 무속 신으로 숭배하여 신록神鹿이라고 부르고, 흰 사슴은 백록白鹿이라는 불러 하늘과

---
6 이하우, 「한국 암각화의 북방요소 – 천전리 사슴표현을 중심으로」, 『한국암각화연구』 16, 2012.

산, 강 등에 제사를 지낼 때 바쳤다.[7] 경북 고령에서 발굴된 고분에서는 죽은 이의 권위를 상징하는 부장품으로 사슴뿔이 발견되었다. 이는 죽은 이의 영생을 기원하기 위한 용도이다.[8]

고대에는 사슴을 하늘에게 인간의 뜻을 전달하는 매개체로 생각했다. 사슴 숭앙은 고대국가 중 고구려에서 가장 뚜렷하게 나타난다. 고구려의 사슴숭배는 『동국이상국집』 「동명왕편」에서 '주몽이 사냥으로 잡은 흰색 사슴을 거꾸로 매달아 놓으니 서글프게 울었고, 이 울음소리를 들은 천제가 이를 듣고 장마비를 내렸다.'는 내용을 통해 확인할 수 있다.[9]

여기서 흰 사슴은 인간과 하늘을 이어주는 신령한 매개자이자 하늘의 사자로 신성시되었다.[10] 우리나라에서는 백제, 신라 때 신하가 왕에게 흰 사슴을 진상한 기록이 있다. 신라는 655년(무열왕 2년) 우두주牛頭州(강원도 춘천)에서 흰 사슴을 바쳤고[11], 799년(소성왕 1년) 냉정현령冷井縣令 염철廉哲이 흰 사슴을 바쳤다.[12]

백제의 경우 초고왕肖古王(백제 제5대 왕, 재위 166-214)대 백제 서부西部 사람인 회회茴會가 흰 사슴을 잡아 왕에게 바쳤는데, 왕은 사슴을 보고 상서롭다고 하여 곡식 100석을 주었다.[13] 이처럼 고대에는 사슴을 하늘

----

7 김양옥, 「한반도 청동기시대 문양의 연구 – 새와 사슴문양을 중심으로」, 『한국고고학보』 10-11,1981.
8 김종대, 『33가지 동물로 본 우리문화의 상징세계』, 다른세상, 2001.
9 이규보, 『동국이상국집』 권3, 「고율시」, 동명왕편.
10 김영하, 「고구려의 순수제」, 『역사학보』 106, 1985.
11 『삼국사기』 권5, 「신라본기」 5, 무열왕 2년 10월.
12 『삼국사기』 권10, 「신라본기」 10, 소성왕 1년 3월.
13 『삼국사기』 권23, 「백제본기」 1, 초고왕 48년 7월.

과 소통하는 매개체 또는 신께 드리는 공물로 여겼고 흰 사슴은 권력을 상징하는 동물로 믿으며 상서롭게 인식했다.

사슴모양토기, 국립중앙박물관 소장

백제금동대향로의 신비로운 동물들

코끼리

금동대향로 뚜껑 중간 부분에 사람이 코끼리로 추정되는 코가 긴 동물을 탄 그림이 있다. 코끼리는 아시아 대륙 중 인도, 중국, 동남아시아 등지에서 주로 서식했고, 불교의 상징으로 신성시되면서 불교가 전파되는 경로를 따라 우리나라 고대국가에 전파되었다. 당시 한반도 고대국가는 아라비아, 인도, 중국 등과 무역했다. 백제 땅이었던 부여의 부소산사지에서 코끼리 모양의 상이 발견되었고 가야지역으로 알려진 김해에서도 코끼리 상이 발견된 것으로 보아 고대인들은 코끼리의 존재를 알고 있었던 것으로 추측된다.[14] 따라서 금동대향로에 코끼리가 있는 것을 통해 백제도 외국과의 교역이 활발했음을 알 수 있다.

국립경주박물관 소장

----
14 부소산사지는 부여 부소산 절터로 부여군에 있는 문화지이다.

백제금동대향로의 신비로운 동물들

원숭이

금동대향로 뚜껑 아랫부분에 원숭이 두 마리가 있다. 한 마리는 바위 위에 앉아 손을 핥고 있고, 한쪽 발을 들고 긴 꼬리를 늘어트리며 걷는 모습이다. 다른 한 마리는 자리에 앉아 생각에 잠긴 듯한 모습을 하고 있다. 원숭이는 중국, 동남아시아 향로에 자주 등장하는 동물로 중국에서는 고대부터 성스러운 동물로 인식했다. 도교와 불교에서는 원숭이가 신비로운 동물로 등장하며, 특히 도교에서는 흰 원숭이를 신선으로 비유하기도 했다. 『산해경』「남산경」에는 긴꼬리원숭이를 상상 속의 동물인 성성猩猩이라고 부르기도 했다. 이러한 영향으로 백제에서도 원숭이를 도교 세계의 동물로 받아들여 장식한 것으로 추정된다.

호랑이

금동대향로에 장식된 호랑이 세 마리는 모두 꼬리가 굵고 길며 역동적인 움직임으로 묘사되어 있다. 호랑이는 고조선부터 우리나라에서 산신으로 여겼고, 도교사상에서도 산신으로 믿어졌던 신성한 동물이다. 백제는 고구려와 도교의 영향으로 호랑이를 영적인 동물이자 자연의 신으로 믿었고 도교 사상을 그대로 표현해주는 동물로 여겼다. 금동대향로의 호랑이들은 입을 벌려 날카로운 이빨을 드러내며 사냥하는 자세를 취해 맹수의 위엄을 잘 나타낸다.

국립중앙박물관 소장

백제금동대향로의 신비로운 동물들

사자

　금동대향로의 뚜껑 제일 아랫부분에는 머리를 왼쪽으로 돌려 호랑이를 보고 있는 사자가 있다. 숫사자보다는 암사자에 가까울 정도로 갈기가 짧으며 날렵한 몸을 한 사자는 꼬리가 두 갈래로 나눠져 있고, 다리 사이에 젖을 먹는 새끼가 있다. 사자는 인도 불교에서 보살을 수호하는 동물이며, 중국에서는 문수보살을 지키는 상징적인 동물로 믿었다. 불교에서 사자는 불법과 진리를 수호하는 동물로 다양한 석조물에 장식품으로 활용되었다.

　고구려 장천1호분 고분벽화에도 수미단須彌壇을 지키는 사자상이 그려져 있다.[15] 수미단은 절 법당에 설치하는 수미산 모양의 단이다. 즉 고구려의 영향을 받아 백제 역시 사자를 수미산 지키는 동물로 인식해 금동대향로 뚜껑에 새긴 것으로 추정된다. 이후 통일신라시대에 중국 당나라의 능묘제도가 도입되면서 사자를 무덤을 지키는 수호동물, 절을 지키는 수호동물로 장식했고, 더 나아가 기와나 생활용품을 화려하게 장식하는 용도로 사용했다.

　고려시대에는 사자의 모습을 표현한 청자가 많이 등장했다. 생활용품과 불교 장식품으로 제작된 사자 청자는 실제 사자의 모습보다 더 웅장하고 강인한 모습을 하고 있는데, 이는 실제 사자를 본 적 없었던 고려시대 사람들이 중국에서 유행하는 사자 형상을 그대로 따라 하거나 상상

....
15　『백제금동대향로: 백제금동대향로 발굴 10주년 기념 특별전』, 국립부여박물관, 2003.

속 모습을 표현했기 때문이다.

조선시대에는 통일신라와 고려시대와 달리 태평성대를 상징하는 동물로 인식했다.

> "황제의 거룩하신 뜻이 세상에 널리 퍼져 태평성대가 열리면, 신기하고 영묘한 교화가 생기고 하늘에서 복이 내려옵니다. 황제의 올바른 정치가 세상에 퍼지면 어디에서나 기쁨과 즐거움이 생깁니다. 이때 하늘에서 세상을 훌륭하게 다스린 나라에 상서로운 징조를 보냅니다. 하지만 아무리 상서로운 징조가 생겨도 아름다운 징조가 여러 번 세상에 나타나는 일은 옛날에도 잘 생기지 않았다고 알려져 있습니다. 기린은 깨끗함의 상징으로 복과 행복이 함께 나타나며, 사자는 온갖 짐승의 어른인데 현호玄虎와 함께 옵니다. 두 동물은 황제의 어짊에 반응하여 나타난다고 하는데 지금 두 신령한 동물이 세상에 나타났습니다. 더구나 상서로운 별(경성景星)이 세상에 나타났으니 바로 태평 성세의 아름다운 징조입니다."
>
> 『세종실록』 권62, 세종 15년 12월 25일.

위의 내용은 세종이 명나라 황제에게 중국에 상서로운 동물이 나타난 것을 축하하기 위해 보낸 표문이다. 여기서 세종은 중국에 사자가 나타난 것을 축복하며 명나라의 평화를 기원하고 있다. 여기서 말하는 사자는 아프리카 지역에서 사는 동물이 아니라 상상 속의 동물이다. 생김새는 아프리카 사자와 흡사하지만 중국과 조선 사람들은 실제로 사자를 본 적이 없었기 때문에 신비로운 동물이자 천계의 동물이라고 믿었다.

조선시대 평화의 상징이었던 사자는 왕실, 양반 사이에서 백자에 장식되는 모양으로 유행하여 항아리, 연적 등에 사용되었다. 사자는 청자,

백자 등 도자기 속에서만 활용되지 않고, '놀이'에서도 중요한 역할을 담당했다. 사자놀이는 고대 신라부터 시작하여 현재까지 이어지는 전통놀이이다. 신라시대에 사자의 다른 이름인 산예狻猊를 그대로 이름으로 쓴 사자놀이가 있었다는 기록은 『삼국사기』에 기록된 「향악잡영鄕樂雜詠」에서 확인할 수 있다.

산예[16]

> 일 만리 머나먼 길 사막인 곳을 지나오느라
> 털옷은 다 해지고 티끌만 남았네
> 머리와 꼬리를 흔드는 모습에 인덕이 배어 있네
> 영특한 기개는 어느 짐승의 재주에 비할 수 없다.

최치원이 지은 시집 「향악잡영」 중 산예라는 시는 최치원이 신라에서 유행하는 사자춤인 산예를 감상한 내용이다. 최치원이 쓴 시는 사자춤이 서역 계통임을 밝히며 서역 춤이 신라에 전파되었음을 알리는 중요한 역할을 한다. 고려시대에는 이색의 「구나행驅儺行」이라는 한시에서 사자춤에 대해 찾아볼 수 있다.

조선시대 사자춤에 대한 기록은 여러 문헌에서 발견된다. 그 중 『임하필기林下筆記』는 사자춤을 하는 이유를 설명했다.

---

16 『삼국사기』 권32, 「잡지」 1, <음악>, 향악잡영시 산예.

쇠고리 던져 옷소매를 너울너울 흔들며 추는 탈춤 金丸舞袖月顚顚

목은 내리고 어깬 으쓱거리며 술을 두고 다투는 신선 縮項高肩鬪酒仙

가면을 쓰고 이리 뛰고 저리 뛰며 大面黃藍南北躍

사자춤과 속독춤으로 귀신을 쫓는다[17] 狻猊束毒鬼霆鞭

『임하필기』 권38, 「해동악부」, 향악.

    『임하필기』의 저자 이유원은 사자춤을 하는 이유가 귀신을 쫓기 위해서라고 밝혔다. 사자춤, 사자놀이는 정월대보름날이나 단오날에 하는 민속놀이로, 이 날엔 귀신과 도깨비를 쫓는 놀이가 많았다. 그 중 사자춤은 사자탈을 쓴 사람들이 집집마다 찾아가 복을 빌어주는 형식으로 진행되었다. 우리나라 민속에서 사자는 악으로부터 구해주는 존재로 자리 잡았음을 이유원의 주장을 통해 확인할 수 있다.

---

17   속독춤은 신라시대에 유행한 탈춤 중 하나이다.

청자 사자모양 연적, 고려, 국립중앙박물관 소장

청자 사자모양 향로, 고려, 국립중앙박물관 소장

백제금동대향로의 신비로운 동물들

사자탈, 국립민속박물관 소장

사람 얼굴을 한 동물

대향로의 대다수를 차지하는 동물인 새 중에는 인간의 얼굴을 가진 신비로운 새가 있다. 이를 인면조신人面鳥神이라고 부르고, 인간의 얼굴과 네발 달린 짐승의 몸을 가진 동물은 인면수신人面獸神이라고 부른다. 먼저 대향로 뚜껑에 두 인면조신이 있는데, 머리에는 관을 쓴 모습이며 몸통은 긴 꼬리새와 흡사한 모습이다. 동아시아의 고대인은 인면조신을 천추만세라고 불렀다. 천추만세는 인간에게 수명을 주는 사자를 통칭하며 장생을 의미하기도 한다. 그래서 고대인들은 인면조를 장수의 신령으로 믿었다.[18]

중국에서는 인면조신을 자연신으로 숭배하고 있었고, 『산해경』에서도 자주 등장했다. 우리나라는 고구려, 백제, 신라 고분 미술에서 자주 등장했는데, 특히 천상세계를 표현한 고분벽화에서 자주 발견되었다. 대표적으로 고구려는 천왕지신총, 안악1호분, 모용총, 통구사신총 등에서 발견되었고, 신라는 식리총, 황남대총에서 출토된 은잔 등에서 인면조신이 발견되었다.[19] 고구려와 신라 무덤 유적지에서 발굴된 인면조신은 천상 세계를 수호하는 자연신으로 무덤의 주인을 수호하는 역할로 존재했던 것으로 보인다.

고구려와 중국의 영향을 크게 받은 백제에서도 인면조신을 하늘의 신

---

18 박경은, 『백제금동대향로의 도상과 상징성 연구』, 홍익대학교 박사학위논문, 2018.
19 이송란, 「신라 고분출토 공예품에 보이는 외래요소의 연원; 식리총 금동식이를 중심으로」, 『미술사학연구』 203, 1994.

령으로 믿어 신이 살고 있는 세계를 보여주기 위해 대향로에 장식한 것으로 추정된다. 인면조신은 불교에서 불경을 나타내는 상상의 새라고 하여 가릉빈가迦陵頻伽라고 불린다. 가릉빈가는 히말라야 설국에서 태어났다고 알려져 있으며, 묘음조妙音鳥·호음조好音鳥·미음조美音鳥라고 불리며, 극락세계에서 산다고 하여 극락조極樂鳥라고도 불린다.

인면수신은 신선사상을 나타내는 동물이며, 고구려의 천왕지신총, 덕흥리벽화분에서 발견되었다. 인면수신은 인면조신보다 수가 적다. 중국에서는 북위시대부터 당대로 추정되는 무덤 중 진묘수鎭墓獸를 제외하면 인면수신의 그림이나 석상이 발견되지 않았다.[20] 이 시기 다른 나라의 무덤 고분벽화에서는 신선세계 동물이나 인물이 자주 발견되고 있지만 우리나라에서는 고구려 고분벽화와 금동대향로 외에는 인면수신을 찾아볼 수 없다.

가릉빈가 수막새, 국립경주박물관 소장

20 신묘수는 악령이나 도굴꾼의 침입을 막기 위해 무덤 속에 놓아두는 석상으로 상서로운 짐승의 모습을 하고 있다.

백제금동대향로 연꽃모양 몸체의 동물들

연꽃 모양 몸체에는 불교의 이상 세계가 펼쳐져 있다. 금동대향로 몸체는 연꽃 잎이 8장씩 총 24장으로 장식되어 있다. 연꽃은 불교를 상징하는 꽃이며, 연화장세계를 나타내기도 한다. 연화장세계는 불교 교리로 큰 연꽃 속에 세상의 이치가 모두 담겨 있고 극락세계가 있다는 사상이다. 연꽃 사이에는 새, 물고기, 파충류, 포유류, 상상 속 동물 등 25마리의 동물들이 있다. 이 동물들은 각각 연꽃 사이에 역동적인 모습으로 묘사되어 있다.

백제금동대향로, 백제, 국보제287호, 국립부여박물관 소장

백제금동대향로의 신비로운 동물들

황새

연꽃 몸체에는 새가 총 12마리 있다. 그 중 황새는 총 6마리가 있다. 황새들은 몸체 상단 연꽃 잎 사이에 5마리, 하단 연꽃 잎에는 1마리가 묘사되어 있다. 황새는 물가의 새로 연꽃이 있는 연못에서 사는 새를 상징한다. 물은 더러움을 깨끗이 씻어 새로운 상태로 되돌리기 때문에 재생의 의미를 갖고 있다. 그래서 황새도 역시 재생을 상징하는 새로 인식되었다. 금동대향로의 황새는 긴 다리와 긴 목이 특징이며, 다른 새들에 비해 날개가 작게 표현되어 있다. 대다수 황새는 날고 있기보다 연꽃 사이에 다리를 쭉 펴고 있다.

도마뱀

금동대향로 몸체 중간 연꽃 잎에는 도마뱀으로 추정되는 긴 꼬리 동물이 총 3마리가 있다. 이 동물을 도마뱀이라고 확정 짓기 어려우나 몸통에 비해 큰 얼굴과 긴 몸통, 굵은 네 다리가 있어 수중과 육지에서 모두 생활이 가능한 동물로 추정하고 있다. 두 마리는 함께 있고 다른 한 마리는 다른 연꽃 잎에 앉아있는 듯 묘사되어 있다. 같이 있는 두 마리는 대각선으로 나열되어 있으며 서로의 얼굴을 마주 보고 있다. 다른 한 마리는 몸을 둥글게 꼬았다.

도마뱀은 고대보다 조선시대에 신령한 동물이라고 믿었다. 조선시대에는 도마뱀을 갈호蝎虎라고 불렀고, 언정蝘蜓·수궁守宮이라 하기도 했다. 갈호는 왕실의 권위와 길상을 의미하는 동물로, 청나라에서는 황실 물품에 주로 사용했으며 조선 왕에게 보내는 하사품의 장식문양으로도 사용했다. 조선시대에는 이룡문驪龍文이라는 명칭으로 도마뱀 문양을 사용했고, 공식적인 왕실 행사에서도 사용했다. 도마뱀 문양은 주로 왕실에서 옥으로 만든 제품과 백자에 자주 사용되었다.

백자 청화 도마뱀 장식 먹항아리, 국립중앙박물관 소장

악어

금동대향로 중간 연꽃 잎에 악어로 추정되는 동물이 있다. 이 동물은 긴 몸통과 꼬리, 크기가 큰 머리, 긴 입을 가지고 있고 발가락이 세세하게 묘사되며 등에 척추 선을 명확하게 그려 놓고 단단한 비늘을 묘사했으므로 악어라고 추측된다. 우리나라에 자생하지 않고 아프리카, 동남아시아 등지에 주로 서식하는 악어가 장식된 것은 산악형 뚜껑에 코끼리와 사자가 있는 것처럼 중국을 통해 알려졌기 때문이라고 추정된다.

족제비와 수달

연꽃 몸체 중간에 족제비와 수달로 추정되는 동물이 있다. 족제비로 추정되는 동물은 몸이 가늘고 길며 꼬리가 길고 삼각형 머리와 다리, 털, 귀가 있다. 족제비는 금동대향로에 총 두 마리가 있으며, 각각 다른 연꽃 잎에 앉아있다.

다른 동물은 둥근 머리와 눈 두 개, 작은 귀가 있으며, 가는 몸에 짧은 다리, 송곳니가 있어 수달로 추정하고 있다. 수달은 이빨을 드러내며 물고기를 잡아먹고 있어 족제비와 다른 생동감을 보여준다. 족제비와 수달은 우리나라에 사는 동물이고 수달의 경우 물가에 살기 때문에 연꽃에 장식한 것으로 추정된다.

상상의 동물

금동대향로 연꽃 몸체에는 실존하지 않는 상상의 동물 5마리가 있다. 이 동물 중 세 마리는 날개가 있다. 한 마리는 사슴과 닮은 형상으로 네 다리와 양 어깨 뒤에 날개가 있으며 엉덩이 쪽에도 꼬리 날개가 있다. 날개가 달린 네발 동물로는 천마와 기린이 있으나 이 동물은 천마와 기린보다 몸통이 작고 다리가 짧다.

다음으로 물고기 몸통에 새의 날개가 달린 동물이 있다. 이 동물은 『산해경』「서산경」에 나오는 동물로, 이 물고기를 먹으면 미친 병도 낫게 하며, 이것이 나타나면 천하에 큰 풍요가 찾아온다고 알려져 있다. 우리나라에서는 고구려 덕흥리고분 등의 벽화에 천상세계를 표현하기 위해서 그리기도 했다. 즉 날개가 달린 동물들은 모두 하늘세계를 표현하거나 상서로움을 나타내는 상징물이었다.

제4장

나라의 수호신
십이지신

나라의 수호신, 십이지신

십이지十二支는 방위와 시각을 표시하기 위해 시작된 것으로 언제부터 동물에 비유했는지는 알 수 없다. 십이지는 중국 한족에서 처음 사용했다는 견해가 일반적이다. 중국 외에 인도, 이집트, 한국, 일본, 베트남, 멕시코 등에서도 동물을 배열해 시간과 방향을 표시했다. 일본은 돼지 대신 멧돼지를, 베트남은 토끼 대신 고양이를 넣고, 멕시코는 호랑이, 토끼, 용, 원숭이, 개, 돼지 외의 6마리는 다른 동물을 쓴다.

우리나라에서는 신라시대에 처음으로 중국에서 전래된 십이지를 수용하여 십이지신 석상을 만들어 왕릉을 지키는 수호신으로 사용했다. 처음으로 십이지신상을 새겨 넣은 왕릉은 진덕왕릉眞德王陵이다. 왕이 아닌 김유신金庾信(595-673)의 묘에서도 십이지신상이 발견되었는데, 이는 김유신이 죽은 후 흥무대왕興武大王으로 봉해지면서 그의 죽음을 애도하기 위해서였다. 이후 성덕왕릉聖德王陵, 경덕왕릉景德王陵, 원성왕릉元聖王陵 등이 있다.

십이지신을 본떠 만든 신상석은 모두 12개로 자상子像(쥐)·축상丑像(소)·인상寅像(호랑이)·묘상卯像(토끼)·진상辰像(용)·사상巳像(뱀)·오상午像(말)·미상未像(양)·신상申像(원숭이)·유상酉像(닭)·술상戌像(개)·해상亥像(돼지)

을 비석이나 묘지 내부에 새겼다. 십이지신 신상석은 무덤을 가운데 두고 둥글게 감싼 형태로 배치되며, 각각 시계 숫자처럼 무덤을 12등분한 위치에 서 있다. 이는 당시 천문 역법에 따른 열두달을 상징한다.

석상 외에도 십이지신은 부장품副葬品[1], 신라에서는 부장품 외에도 불교건축물인 탑, 부도僧塔[2], 석등石燈[3], 수미단須彌壇[4], 귀부龜趺[5] 등의 장식으로 사용되었다.[6] 불교의 상징이었던 십이지는 신라시대 이후에도 지속적으로 사용되었는데, 대부분 왕의 무덤을 지키는 수호신 용도로 쓰였다. 중국의 십이지신은 평민들이 입는 옷을 입고 있지만, 우리나라는 불교의 영향으로 사천왕四天王 복장을 하고 있다.[7]

동양과 일부 서양권에서는 십이지신을 시간과 방위 개념으로 이해하여 열두 달의 변화를 설명하는 수단으로 사용했다. 이러한 개념이 우리나라에서는 특히 조선시대에 두드러지게 나타나 경복궁의 근정전이나 왕릉에서 십이지신 석상을 볼 수 있다. 그렇다면 십이지신의 각 동물은 어떤 방향과 시간을 상징하며 우리나라 역사에서 12마리의 동물을 어떻게 기록하고 있는지 살펴보자.

....
1 부장품은 무덤에 시체를 안치할 때 같이 넣는 물건을 말한다.
2 부도는 승려의 사리나 유골을 보관하는 묘탑이다.
3 석등은 절이나 능묘, 정원 등을 밝히기 위해 만들어 놓은 등이다.
4 수미단은 불상을 모셔놓는 단을 말한다.
5 귀부는 거북이 모양의 돌비석 받침돌을 말한다.
6 천진기, 『십이지의 문화체계』, 국립민속박물관, 2003.
7 사천왕은 우주의 사방을 지키는 수호신이다.

나라의 수호신, 십이지신

십이지신도, 조선, 국립중앙박물관 소장

나라의 수호신, 십이지신

쥐

십이지신의 첫 번째 수호신인 쥐는 방향으로 북쪽, 오후 11시에서 새벽 1시, 음력 11월을 지키는 신이다. 쥐는 우리나라뿐만 아니라 전 세계에서 재앙을 미리 암시해주는 동물로 알려져 있다. 우리나라에서는 예로부터 쥐의 행동을 통해 농사의 흉년이나 뱃길의 안전을 점쳤고, 쥐 떼가 갑자기 소란을 피우거나 자취를 감추면 집안에 불길한 일이 생긴다고 생각했다.

쥐는 다른 십이지 동물과 달리 특별히 사람에게 큰 도움을 주지 않는다. 그럼에도 쥐는 왜 첫 번째 십이지가 되었을까? 우리나라에는 이를 설명하는 설화가 대표적으로 두 가지가 있다.

하늘 세계 쥐 이야기

옛날, 하늘 대왕이 동물들에게 지위를 주고자 했다. 하늘 대왕은 정월 초하루에 제일 먼저 천상문에 도달한 짐승부터 지위를 주겠다고 선포했다. 이 소식을 들은 동물들은 기뻐하며 각자 빨리 도착하기 위해 훈련했다. 그 중 소가 가장 열심히 수련했다. 이를 지켜보던 쥐는 자신이 작고 힘이 약해 일찍 도착하는 게 불가능하다고 생각해 몰래 소에게 붙어 있었다. 정월 초하루가 되어 동물들을 각각 열심히 달렸다. 그 중 소가 가장 부지런히 뛰어 제일 먼저 도착했지만 그 순간 소에게 붙어 있던 쥐가 뛰어내리면서 가장 먼저 문을 통과했다.

이 이야기는 십이지 설화 중 가장 유명한 이야기로, 쥐가 첫 번째 십이지가 된 이유가 자신의 능력을 일찍 파악하여 꾀를 썼기 때문이라고 설명한다. 두 번째 설화는 우리나라 선조대를 배경으로 한 이야기이다.

쥐가 첫 번째 십이지가 된 설화 [8]

선조 때 어느 날 경연에 왕이 나왔는데 쥐 한 마리가 어전을 지나갔다. 선조는 의심쩍은 기색으로 말했다.

"쥐는 저렇게 못생기고 사람에게 해를 끼치는 동물이거늘 어찌하여 십이지신 중 쥐가 첫 번째에 있는가? 경들은 이유를 아는가?"

그때 유희춘이 대답했다.

"다름이 아니오라 쥐의 앞발가락은 넷이고 뒷발가락은 다섯입니다. 짝수인 넷은 음수이고 홀수인 다섯은 양수입니다. 음양의 수를 모두 지닌 동물이 쥐 외에는 별로 없습니다. 그래서 쥐가 첫 번째에 있다고 알려져 있습니다."

이 설화는 쥐의 앞발과 뒷발의 개수가 다른 점을 음양오행陰陽五行으

---

8   박영준, 『한국의 전설』, 한국문화도서출판사, 1972.

로 설명한 것이다.[9] 음양오행은 음과 양, 그리고 오행인 수水·화火·목木·금金·토土의 움직임으로 우주와 인간의 모든 현상과 생성소멸을 해석하는 사상이다. 위의 이야기는 조상들이 쥐가 음양을 나타내는 발가락 개수와 뒷발가락이 오행을 나타나는 동물로 파악했다. 즉 쥐는 음양오행으로 방위와 시간대를 정하던 옛날 정서에 가장 적합했기 때문에 십이지 중 가장 작은 동물이자 인간에게 유해한 동물임에도 첫 머리가 되었다.

쥐는 부정을 옮기는 동물이지만, 옛날 사람들은 쥐를 나쁘게만 보지 않았다. 쥐는 번식력이 왕성하기 때문에 사람들은 쥐를 다산과 풍요를 상징하는 동물로 보기도 했다. 이에 따라 재물, 다산, 풍요 기원에 대한 민간 이야기 속에서 쥐는 긍정적인 동물로 묘사되었다.

민속학에서는 쥐를 물과 불의 근원을 알려주고, 정보를 많이 알고 있는 동물로 인식한다. 함경도 지방의 창세가에서 불과 물의 근원을 알려주는 새앙쥐 이야기가 대표적이다.[10]

함경도 지방 창세가[11]

옛날 세상이 생길 적에 미륵이 태어나 해와 달을 이용해 별들을 만들고 자신의 옷을 만들었는데 규모가 엄청 컸다. 미륵은 불이 없어 날곡식을 그대로 먹었다. 날곡

....
9 천진기, 「한국문화에 나타난 쥐의 상징성 연구」, 『쥐의 생태와 관련 민속』, 국립민속박물관 제29회 학술발표회, 1995.
10 천진기, 「한국문화에 나타난 쥐의 상징성 연구」, 『쥐의 생태와 관련 민속』, 국립민속박물관 제29회 학술발표회, 1995.
11 한국문화상징사전편찬위원회, 『한국문화 상징사전 쥐』, 동아출판사, 1992.

식을 먹을 때마다 익혀 먹어야겠다고 생각했지만, 물과 불의 근본을 모르던 미륵은 어떻게 해야 할지 몰랐다. 어느 날 미륵은 풀메뚜기를 잡아 물었다.

"풀메뚜기야, 물과 불의 근본을 아느냐!"

풀메뚜기는 모른다고 대답하고 풀개구리가 알 것이라고 추천했다. 미륵은 풀개구리를 잡아 물었지만, 풀개구리도 모른다고 하고 새앙쥐는 알 것이라고 말했다. 미륵은 새앙쥐를 잡아 물었다. 새앙쥐는 미륵의 질문에 대답했다.

"가르쳐 드리면 저에게 무슨 공을 주시겠습니까?"

"네가 가르쳐주면 이 세상의 모든 뒤주를 네가 차지하게 하겠다."

"그렇다면 가르쳐 드리지요. 불의 근본은 금정산에 들어가서 한쪽이 차돌이고 한쪽이 무쇠인 돌로 톡톡 치면 알 수 있습니다. 그리고 물의 근본은 소하산에 들어가면 샘물이 솟아나니 거기서 알 수 있습니다."

미륵은 새앙쥐의 말을 듣고 금정산과 소하산에 들어가 불의 근본과 물의 근본을 알아냈다. 이때부터 세상은 물과 불을 쓰게 되었다.

곱돌제쥐상, 통일신라, 국립경주박물관 소장

나라의 수호신, 십이지신

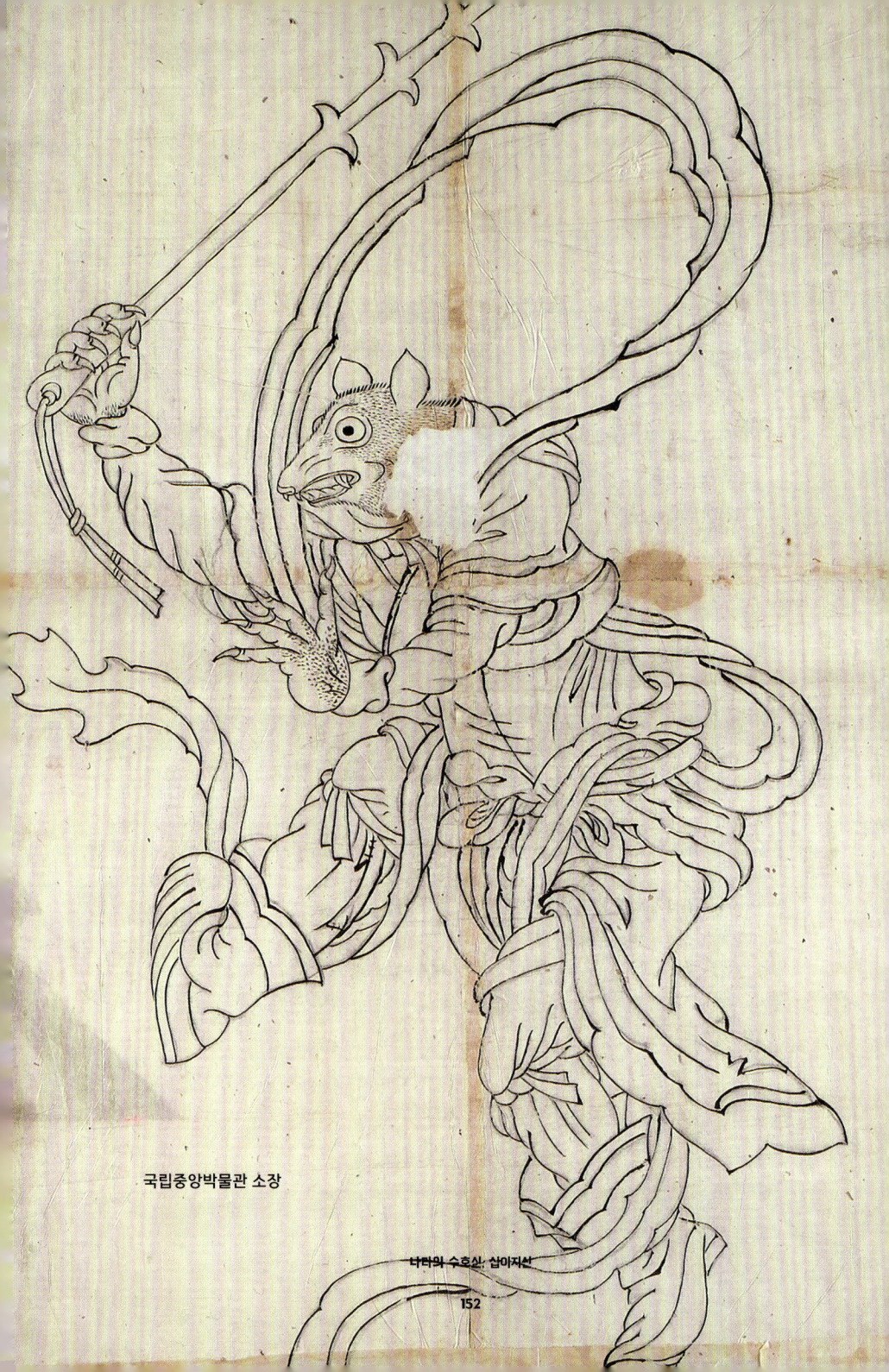

초충도, 신사임당, 국립중앙박물관 소장

나라의 수호신, 십이지신

소

    소는 십이지신 중 두 번째 수호신으로 동북쪽, 새벽 1시에서 3시, 음력 12월을 지키는 신이다. 소가 십이지신 두 번째 수호신이 된 것은 소의 발톱이 두 개로 갈라져 음을 상징하고 성질이 유순하고 참을성이 많기 때문이다.[12]

    소는 우리나라의 농경 생활과 밀접한 동물로 농사를 지을 귀중한 노동력이었으며 운송도 담당하여 없으면 안 되는 귀한 가축이었고, 또한 가축 중 가장 값이 비쌌기 때문에 금전적인 가치도 컸다. 우리나라에서 처음으로 소를 가축으로 키운 시대는 신석기로, 신석기 시대 유적으로 추정되는 북한 궁산 유적지에서 물소의 뿔이 출토되어 우리 민족이 신석기시대에 이미 소를 길렀음을 확인할 수 있다.[13] 그리고 여러 지역의 청동기시대 유적에서 소뼈가 발견되어 청동기시대에도 소를 가축으로 길렀다는 것을 알 수 있다.[14] 고대사회에서는 소를 주로 하늘에 제사 지내는 제천의식의 제사용으로 사용했다.

---

12   천진기, 「한국문화에 나타난 소의 상징성 연구」, 『소의 생태와 관련민속』, 국립민속박물관 제29회 학술발표회, 1995.
13   이난영, 『신라의 토우』, 세종대왕 기념사업회, 1976.
14   사회과학원 민속학연구실, 『조선의 풍습』, 학민사, 1993.

나라의 수호신, 십이지신

십이지탈, 국립민속박물관 소장

행려풍속도, 김홍도, 국립중앙박물관 소장

나라의 수호신, 십이지신

국립중앙박물관 소장

나라의 수호신, 십이지신

호랑이

십이지신의 세 번째인 호랑이는 동북동 방향과 오전 3시부터 오전 5시까지, 음력 1월을 지키는 신이다. 우리나라에서 호랑이는 산신으로서 친근한 동물로 여겨졌으며, 신통력을 발휘하여 사악한 잡귀를 물리치는 영물로 인식되었다. 악귀를 물리치는 신앙을 벽사신앙辟邪信仰이라고 부르는데, 벽사신앙의 호랑이는 벽사수辟邪獸로 불렸다.

과거 호랑이에게 벽사 능력이 있다고 믿었던 사람들은 매년 1월 1일이 되면 궁궐을 비롯해 일반 민가의 대문에 호랑이 그림을 붙이거나 귀鬼와 호虎라는 글자를 붙였다. 이 외에도 우리나라 민속에는 호랑이 그림이 그려진 베개를 쓰면 잠자리의 액운을 쫓아낸다는 미신도 있고, '범이 왔다'라는 말을 세 번 외치면 독감이 낫는 말도 있다.[15]

호랑이 설화는 고조선 단군신화부터 조선시대까지 다양한 이야기로 전래되는데 크게 보은형, 복수형, 우둔형, 변신형, 신격형 5가지로 나뉜다. 보은형은 전라남도 순천시 서면 흥대리 세동마을에서 전해지는 호랑이 이야기가 있다.

---

15 강석근, 「한국 호랑이의 문화 상징적 가치와 의미」, 『국제언어문학』 42, 2019.

어미 호랑이의 보은[16]

순천시 서면 흥대리의 세동마을에 사는 세 여성이 나물을 뜯으러 산에 갔다. 그때 새끼 호랑이 한 마리가 산길에서 구렁이에게 쫓기고 있었다. 여성들은 새끼가 호랑이인 줄 모르고 구해줬다. 갑자기 어디선가 호랑이 소리가 들리자, 여성들은 구해준 동물이 새끼호랑이인 걸 알고 바로 놓아주고 도망쳤다. 여성들은 서둘러 집에 돌아왔다. 그런데 다음 날부터 이상한 일이 일어났다. 여성들의 집 앞마당에 산나물이 가득 쌓여있었고, 마을 주변에는 죽은 멧돼지와 노루가 발견되었다.

사람들은 왜 죽은 동물들이 나타나는지 알 수 없었다. 하지만 여성들의 이야기를 듣고, 어미 호랑이가 새끼 호랑이를 구해준 은혜를 갚는다고 생각했다. 마을 사람들이 심한 병에 걸리면 그 집 앞에 진귀한 산약초를 놓아주고, 도둑이 들면 호랑이가 나타나 마을 사람들을 보호해줬다. 그래서 이 마을 사람들은 호랑이가 마을을 지켜준다고 믿었고, 지금도 사람들은 호랑이가 살던 뒷산을 호암산이라 부르며, 마을 입구에 있는 큰 바위를 범바구라고 부른다.

호랑이 설화 중 복수형은 전라북도 무주군 적상면 사산리 마산 마을에서 전래되는 이야기가 있다.

호랑이의 복수[17]

옛날 가난하게 살던 나무꾼이 마을 뒷산의 깊은 골짜기에서 땔나무를 베고 있었

---

16 『순천사람들의 삶에 담긴 이야기 설화-문헌자료편』, 한국산업정책 연구원, 2018.
17 『전북 구비 문화 자료집』, 한국문화원 연합회·전라북도 지회, 2008.

다. 해질 무렵, 지게에 가득 찬 나뭇짐을 메고 하산하는 나무꾼의 뒤를 길 잃은 새끼 호랑이가 졸졸 따라갔다. 하지만 나무꾼은 짐 때문에 호랑이가 쫓아오는 걸 알지 못했다. 날이 어두워지고 배도 고파진 나무꾼은 집에 오자마자 나뭇짐을 아무렇게나 두고 저녁밥을 먹었다. 그때 갑자기 큰 호랑이가 나타나 나무꾼을 끌어내리려고 했다. 호랑이에게 당한 나무꾼은 문지방을 붙잡고 버텼지만 호랑이의 힘을 이기지 못하고 마당으로 끌려갔다. 호랑이는 나무꾼을 해치고는 잡아먹지 않고 돌아갔다.

영문도 모른 채 죽은 나무꾼을 위해 동네 사람들은 초상을 치러줬다. 마을 사람들이 나무꾼을 화장하려고 땔나무를 들추자 거기에 새끼 호랑이가 죽어 있었다. 새끼 호랑이를 찾아 헤매던 어미 호랑이가 나무꾼 뒤를 졸졸 따라가는 새끼를 발견해 조심스럽게 쫓아가다가 나뭇짐에 깔려 죽은 새끼를 보고 흥분하여 나무꾼에게 복수했던 것이다.

우둔형은 잘 알려진 호랑이와 곶감 설화가 있으며, 변신형은 본 책의 1장인 「고대국가 속 영묘한 동물」의 호원사 설화에서 확인할 수 있다. 이 외에도 다양한 호랑이 설화가 존재한다. 이처럼 우리나라에는 호랑이와 관련된 이야기가 많고, 이야기마다 전달하고자 하는 유형이 달라 교훈을 주거나 호랑이의 위험성을 경고하기도 했다.

김유신묘, 국립민속박물관 소장

나라의 수호신, 십이지신

토끼

　십이지신의 네 번째 수호신인 토끼는 동쪽과 오전 5시에서 오전 7시, 음력 2월을 지키는 신이다. 토끼는 전 세계적으로 장수의 상징이자 달의 정령으로 여겨졌다. 토끼를 달의 정령으로 믿었던 것은 옛날 사람들이 음의 상징인 달이 풍요와 다산을 상징하는 토끼와 같다고 믿었기 때문이었다. 달은 예로부터 '정월은 천지인 삼자가 합일하고 하늘의 뜻에 따라 화합하는 날'이라고 하여 만물이 풍요로워지게 하는 자연물이라고 믿었다. 토끼는 가임 기간이 짧고 중복임신이 가능하여 다산을 상징한다. 그래서 풍요와 생산의 의미를 갖는 달과 같은 의미를 갖는 토끼하고 연결한 것으로 보인다.

　이러한 영향으로 고대부터 달에 토끼가 산다고 믿었는데, 달토끼 그림이 그려진 유물이나 회화 작품을 살펴보면 모두 작은 절구를 찧고 있는 모습을 하고 있다. 이는 약초를 찧는 토끼를 표현한 것이다. 약초 찧는 토끼는 고대 중국 한나라시대에 만들어진 서왕모 이야기에 빠짐없이 등장하는 영물이다. 「서왕모 화성전」이라는 이야기 속에서 서왕모는 좌우에 토끼 한 쌍을 항상 데리고 있으며, 토끼들은 절구에 불사약으로 추정되는 재료를 찧고 있다. 중국의 영향을 받은 우리나라에서도 약절구를 들고 있는 달토끼가 등장했다.

달토끼는 고구려 벽화에서 자주 등장하는데, 대표적으로 즙안지역 장천 1호분, 평양지역의 단실묘單室墓 고분인 덕화리 1,2호분, 개마총, 진파리, 내리 1호분 등이 있다.[18] 개마총에서는 사람처럼 자세를 취한 달토끼를, 진파리 1, 4호분에서는 달 안에 계수나무와 약절구를 들고 있는 달토끼를 그려 놨다.[19]

조선시대에는 상서로운 토끼를 축하하기 위해 표문과 전문을 쓰기도 했다.

임금이 왕세자와 백관百官[20]을 거느리고 상서로운 토끼(서토瑞兎)를 축하하는 표전문表箋文을 보냈다. 진헌사進獻使 인순부윤仁順府尹 권두權蹈가 표문과 전문을 가지고 갔다. 표문에는 이렇게 적혀있다.

"성인聖人이 제왕帝王의 자리에 계시면 신물神物이 때에 맞추어 경사로운 길조가 나타나고, 신하들이 일할 때 책에서 빛이나 기쁨이 넘쳐납니다. 세상을 태평하게 다스린 왕의 바른 정치가 하늘에 닿으면 상서로운 징조(서응瑞應)가 나타납니다. … 상서로운 토끼는 별과 달의 용맹하고 뛰어난 동물(정영精英)이니, 곧 온 세상의 신령하고도 기이한 상서를 경험한 동물입니다. 실로 태평성세太平盛世의 아름다운 일이며, 세상에 드물게 있는 기이한 일입니다. 황제께서는 강건 총명하시고 온화하고 공손하시며 지혜가 깊으시니 인仁으로 온 천하를 사랑하시어

---
18 단실묘는 무덤방이 1개 있는 무덤양식으로 굴식 나무방, 벽돌방, 돌방무덤, 앞트기식 돌방무덤를 지칭하며, 규모가 큰 구덩식돌넛널무덤도 단실묘라고 무른다.
19 천진기, 「한국문화에 나타난 토끼의 상징성 연구」, 『토끼의 생태와 관련민속』, 국립민속박물관 제35회 학술발표회, 1998.
20 백관은 높고 낮은 모든 벼슬을 말한다.

백성과 함께 하실겁니다. 은혜와 베풂은 많은 사람과 새, 짐승, 물고기, 자라 등에게 행복을 줄 것입니다. 아름다운 상서嘉瓶의 믿음은 화목하고 협력하는 기운으로 모이는 것입니다. 신臣은 왕위에 오르신 황제의 은덕으로 다행히 밝은 시대를 만났습니다. 제가 조선에 매어 있어 비록 빨리 달려가 차례에 참여하지 못하지만, 마음만 황제께 예를 올리고자 하나이다."

『세종실록』 권45, 세종 11년 7월 19일.

이 내용은 상서로운 토끼를 황제라 칭하며 토끼가 세상에 나타났으니 온 세상에 평화가 올 거라는 이야기가 담겨있다. 위의 내용을 살펴보면 백성을 귀하게 생각하고 황제가 총명하고 온화하며 공손하면 백성들과 행복하게 지낼 수 있다고 적혀 있다. 즉 이 글은 세종이 상서로운 토끼를 길조의 상징이자 용맹하고 뛰어난 동물로 믿었고, 상서로운 토끼가 세상에 나타나면 태평성대가 펼쳐진다고 생각했음을 알 수 있는 자료이다.

우리나라 민담 중 토끼 설화는 호랑이, 곰 설화만큼 다양하다. 토끼 설화는 크게 지략담, 경쟁담, 유래담, 지명설화 네 가지로 나뉜다.[21] 지략담은 별주부전과 충남 공주시에서 전래되는 호랑이를 속인 토끼 이야기가 해당한다.

---
21   김이숙, 「토끼의 민속과 상징」, 『열두 띠 이야기』, 집문당, 1995.

호랑이를 속인 토끼[22]

호랑이가 토끼를 잡아먹으려고 동짓날에 토끼를 쫓아다녔다. 토끼는 이를 못 견디고 호랑이에게 호통을 쳤다.

"호랑아저씨!"

호랑이는 자신을 부르는 토끼에게 물었다.

"왜 그러느냐?"

"저를 먹고 싶으시면, 제가 가재를 구할 때까지 여기 앉아서 기다리고 계셔요."

호랑이는 토끼의 말대로 가만히 기다렸다. 토끼가 요리저리 돌아다니며 시간을 벌 때, 동짓날이라 날이 추웠던 탓에 호랑이는 그대로 얼음처럼 얼어붙어서 도망치는 토끼를 쫓아갈 수 없었다. 그 모습을 지켜보던 토끼는 웃으며 말했다.

"에이 요놈아! 어디 감히 니를 잡아먹으려고. 그렇게 있으면 나를 잡아먹을 수 있겠느냐?"

꾀를 내어 위기를 모면한 토끼는 그대로 얼어붙은 호랑이를 버리고 도망쳤다.

우화나 민담 속 토끼는 자신을 공격하는 동물을 꾀로 속이거나 괴롭히는 모습으로 표현된다. 토끼는 약하고 작은 동물이지만 우화 속에서 언제나 승리를 쟁취한다. 이는 단순히 토끼를 높이기 위함이 아니라 당시 시대적 상황을 표현한 것이다. 호랑이는 권력을 가진 동물로 욕심이 많은 양반이나 탐관오리를 빗대어 표현하는 경우가 많았고, 토끼는 반대쪽 입장에서 고생하는 서민을 상징했다. 이때마다 토끼는 지혜를 발휘해

....
22 이종관·김만태, 「토끼설화에 나타난 동물담의 행태고찰- 한국구비문학대계를 중심으로」, 『인문사회 21』 9-5, 2018.

악당을 물리치는 모습으로 등장해 당시 고통받던 민중들에게 기쁨을 주었다.[23]

달토끼 설화는 북한에서 전래되는 달속의 달토끼가 있다. 이 이야기는 우리가 잘 알고 있는 떡방아를 찧는 토끼의 유래이기도 하다.[24]

달 속의 달토끼[25]

엄마토끼 한 마리와 아기토끼들이 살고 있었다. 봄이 되어 나물을 뜯으러 가다가 엄마토끼가 함정에 빠져버렸다. 때마침 노루 한 마리가 그 곳을 지나갔다. 엄마토끼는 노루에게 자신을 구해달라고 했지만 노루는 발이 짧아 구할 수 없어 그냥 가버렸다. 엄마토끼는 지나가던 너구리에게 구해달라고 했지만 너구리도 가버렸다. 이번엔 여우가 찾아왔는데, 함정 앞에서 기웃거리며 약만 올리고 갔다. 다음에는 삵이 왔지만 역시 그냥 가버렸다. 엄마토끼가 죽겠다고 생각해 구슬프게 울자, 지나가던 다람쥐가 나타났고, 엄마토끼는 다람쥐에게 아기토끼들을 불러달라고 부탁했다.

아기토끼들을 만난 다람쥐가 함정에 빠진 엄마토끼 이야기를 하자 아기토끼들은 엄마가 빠진 함정으로 향했다. 엄마토끼는 아기토끼들에게 김첨지네 굴뚝모퉁이에 있는 호미를 가져오라고 했다. 엄마토끼는 호미로 벽을 디디면서 올라왔다. 하지만 곧 떨어졌다. 엄마토끼는 이번에는 칡넝쿨로 밧줄을 만들어 내리라고 했다. 아기토끼들이 밧줄을 내려 보내 엄마토끼를 끌어올렸지만 힘이 부족해 구할 수 없었다. 그러자 엄마토끼는 흙을 파서 함정을 메우라고 했다.

---
23 이종관·김만태, 앞의 논문, 『인문사회 21』 9-5, 2018.
24 장방명, 「한중 토끼서사의 비교 연구」, 전남대학교 박사학위논문, 2020.
25 한상효, 「북한의 설화자료집 조선민화집의 수록 양상과 통일시대의 설화자료 통합방안 모색」, 『동방학지』 176, 2016.

하지만 아기 토끼들이 내려 보내는 흙으로는 메울 수 없었다. 토끼들이 주저앉아 울자 동쪽하늘이 밝아지더니 둥근 달님이 떠올랐다. 아기토끼들이 달님에게 소원을 빌자, 달님이 하얀 동아줄을 내려 보내 엄마토끼를 구해줬다. 그날 이후, 토끼 네 마리는 달님이 내려 보낸 동아줄을 타고 보름날이 되면 달나라에 올라갔다.

이 이야기는 함정에 빠진 엄마토끼를 구하기 위해 애쓰는 아기토끼들의 이야기며, 토끼가 왜 달 속에서 살게 됐는지를 알려주는 이야기기도 하다. 원래는 달 속에서만 살던 토끼가 중국의 약 찧는 토끼와 결합되면서 떡방아를 찧는 토끼로 변형되어 북한과 남한 지역에 전파되었다.

골석제작상 십이지토끼, 통일신라, 국립중앙박물관 소장

나라의 수호신, 십이지신

김유신묘, 국립민속박물관 소장

나라의 수호신, 십이지신

용

 십이지신 중 다섯 번째 수호신인 용은 방향으로 동남동쪽, 시간으로 오전 7시에서 오전 9시, 음력 3월을 지키는 신이다. 용은 십이지신 중 유일하게 실존하지 않는 동물이지만 최고의 권위를 가진 동물이다. 우리나라에서 용은 나라를 지키는 수호신, 땅과 하늘, 바람과 구름을 자유자재로 움직이는 신, 물과 물의 신, 풍농과 풍어의 신, 제왕의 신, 미래의 예시자로 불린다.

 불교에서 용은 불법을 보호하고 국가를 수호하는 호법룡護法龍이나 호국룡護國龍으로 불렸고, 유교에서는 봄에 하늘로 올라가고 가을에 물속에서 산다고 하여 자연을 상징하는 동물로 여겼다. 용은 황제 또는 왕을 상징하는 동물이기 때문에 용 문양은 오직 '왕'만 사용할 수 있어 고대부터 조선시대까지 용무늬가 그려진 생활용품, 즉 주전자, 도자기, 벽화, 그림 등은 모두 왕의 물건이었다.

나라의 수호신, 십이지신

뱀

　십이지신의 여섯 번째 수호신인 뱀은 방향으로 남남동쪽, 시간으로 9시에서 11시까지, 달로는 음력 4월에 해당하는 신이다. 뱀은 공포의 대상이자 신적인 존재로 여겨져 일찍부터 다양하게 표현되었는데, 구렁이의 경우 우리나라에서 집과 마을을 지켜주는 신으로 믿는다. 다른 나라에서는 뱀이 조상신이나 치료의 신으로 나타나기도 한다. 고대에 뱀은 창고나 고목 밑에서 복을 지키는 신으로 재운을 관장했다. 가야에서는 뱀을 왕과 나라를 지키는 수호신으로 여겨 고목, 저수지, 거석, 무덤 등에 뱀 신물을 세웠다.[26]

　민간신앙에서의 뱀은 마을을 지키는 신으로 숭배되었는데 지역마다 약간의 차이가 있었다. 서울에서는 구렁이를 생산신, 재물신이나 집안의 복을 담당하는 신으로 믿어 집을 개축하거나 개조할 때 구렁이를 발견하면 절대 죽여선 안 된다는 풍속이 있다. 경북이나 경남에서는 뱀이 집안의 흥망성쇠를 결정하기 때문에 구렁이가 들어오면 절대 못 나가게 해야 한다는 풍속이 있다. 전라남도에서는 집을 지키는 신으로 생각해 갑자기

26　『삼국유사』 권2 「기이」 2, 가락국기.

안보이면 집의 복이 날아가고, 꿈에 나타나면 집에 좋은 일이 생긴다고 믿었다. 그만큼 뱀은 집안의 재물, 복을 담당하는 수호신으로 인간과 밀접한 관계를 맺고 있다.

뱀을 숭배하는 신앙은 제주도에서 유독 두드러지게 나타난다. 제주도의 문헌기록을 모은 『제주풍토록』에는 서귀포에서 검은 뱀을 죽이면 불행해진다고 기록되어있고, 『탐라지』에는 회색 뱀을 신으로 믿어 절대 죽이면 안 된다고 적혀 있다. 제주도에 유독 뱀을 죽이면 안 되는 풍습이 많은 것은 뱀을 부군신령府君神靈이라고 불렀기 때문이다. 17세기에 이건李健(?-?)이 편찬한 『제주풍토기濟州風土記』에서 "섬 사람들은 큰 구렁이와 뱀을 구별하지 않고 부군신령이라고 하여 쌀과 정수를 뿌리면서 그에게 빌며 죽이지 않았다. 만일 어떤 사람이 부군신령을 죽였다면 그 사람에게는 반드시 화가 내려져 꼼짝없이 죽게 된다고 한다.'라고 적혀 있다. 구렁이와 뱀을 왜 부군신령이라고 불렀는지는 확실하게 알 수 없지만, 당시 제주도 사람들이 뱀을 신성시했었음은 확실하다.

뱀을 숭배하는 신앙이 뿌리 깊은 제주도에는 여럿 사신蛇神(뱀신) 설화가 존재했다. 첫 번째로 소개할 제주도의 대표 뱀신은 칠성이다. 칠성은 안칠성과 밧칠성로 나뉘어 불린다. 안칠성은 곡물 등 식품을 보관하는 공간을 지켜 부자가 되게 해주는 신이며, 밧칠성은 제주도 토산兎山 지역 사람들의 부를 지켜주는 신이다.[27] 안칠성과 밧칠성은 모두 칠성본풀이에서 유래되었다.

....
27   토산은 제주도 남제주지역의 옛 지명이다.

칠성본풀이[28]

옛날에 장나라 장설룡(칠성 아버지)과 송나라 송설룡(칠성 어머니)이 부부로 살았다. 부부는 부유했지만 쉰 살이 되도록 자식이 없었다. 부부는 동관음사東觀音寺에 찾아가 석달 열흘 백일 동안 아이를 낳게 해달라고 빌었다. 어느 날 불공을 마치고 나오던 부부는 스님에게 곧 딸을 낳을거라는 말을 듣고 몇 달 후 딸을 낳았다. 아이가 일곱살이 되던 해, 장설룡은 천하공사[29], 송설룡은 지하공사[30]가 되어 집을 나가게 되었다. 부부는 딸이 걱정되어 방 문을 단단히 잠그고 나갔다. 그리고 부부는 느진덕정하님을 불러 아이를 살뜰히 보살펴달라고 부탁했다.

느진덕정하님은 부부를 대신해 아이를 키웠다. 어느 날, 느진덕정하님이 아이에게 밥을 주려고 방 안을 봤는데 아이가 사라져 있었다. 느진덕정하님은 며칠동안 아이를 찾아 헤맸지만 찾을 수 없었다. 결국 느진덕성하님은 부부에게 이이기 사라졌음을 알렸다. 사실 아이는 부모가 그리워 문에 뚫린 구멍으로 빠져나와 산길을 달리고 있었다. 부모가 있는 곳을 모르던 아이는 지쳐 죽을 지경이었다. 이때 스님 세명이 아이를 발견했다. 스님들이 아이를 법당에 데려와 살펴보니 불공을 드려 태어난 아이임을 알고 장나라로 데려갔다.

이때 부부는 아이가 사라졌다는 소식에 집으로 돌아와 아이를 찾았다. 하지만 찾지 못해 좌절하고 있었다. 같은 시간에 스님은 아이를 데리고 다니다 부부를 놀리려고 아이를 문 밖 노둣돌 밑에 숨겨놓고 부부를 찾아갔다. 장설룡은 스님을 발견하고 아이를 본 적 없냐고 물었다. 스님은 노둣돌 밑에서 아이를 부르면 찾을 수 있다고 대답했다. 이에 장설룡이 화를 내며 스님을 잡으려고 하자, 스님은 술법을 쓰고

---

28 현용준, 『제주도무속연구』, 집문당, 1986.
29 천하공사는 하늘세계의 관직 중 하나이다.
30 지하공사는 지하세계의 관직 중 하나이디.

도망쳤다. 장설룡이 스님의 말대로 노둣돌 밑을 찾아갔더니 아이가 있었다. 그런데 아이는 뱀처럼 몸에 무늬가 생겨 있었고 배는 불룩하게 나와 있었다. 장설룡은 아이가 임신했음을 알고 무쇠석함에 담아 동해바다에 띄워버렸다.

무쇠석함은 이리저리 돌아다니다가 서무오름 밑에 도착했다. 이때 해녀 일곱 명이 살고 있었는데, 그들이 무쇠석함을 발견해 들고 올라왔다. 해녀들은 무쇠석함을 서로 갖겠다고 다투고 있었는데, 이를 본 함덕리 송첨지 영감이 싸우지 말고 안에 든 걸 나눠주겠다고 하며 뚜껑을 열었다. 뚜껑을 여니 뱀 여덟 마리가 누워있었다. 아이가 낳은 뱀 일곱 마리와 자식들을 낳고 뱀으로 환생한 아이였다. 이들을 칠성이라고 불렀다.

해녀는 뱀을 보고 재수없다며 버렸다. 버려진 칠성들은 함덕마을에서 지내다가 다른 곳으로 이동하던 중 칠성골 송대장 부인이 뱀들을 발견하고 집으로 데려갔다. 송대장 부인은 뱀을 창고에 모셨다. 그러자 송대장 집은 부자가 되었다.

송대장 집에서 나온 칠성들이 한 동산에 누워 지내다가 관원에게 더럽다는 말을 들었다. 그날부터 관원은 사경을 헤맸다. 갑자기 아파진 관원이 무녀를 불러 점을 쳤더니 무녀가 신에게 헛소리를 하는 바람에 죄를 지었으니 굿을 해야겠다고 말했다. 관원은 칠성에게 욕한 것 때문에 병을 얻었다는 걸 알고 그날부터 칠성에게 제물을 바쳤다. 제물로 풍요롭게 살던 칠성들은 더는 얻어먹으며 살 수 없다며 각자 헤어지기로 했다. 큰딸은 추수할머니, 둘째는 이방吏房과 형방刑房[31] 차지次知[32], 셋째 딸은 옥지기, 넷째 딸은 과원할머니, 다섯째 딸은 창고지기, 여섯째 딸은 광청할머니가 되었다. 막내딸은 밧칠성이 되었고 일곱 딸을 낳은 어머니는 안칠성이 되어 곡식을 지키는 신이 되었다.

....
31 이방과 형방은 조선시대 지방 관아에 속하는 부서이다.
32 차지는 왕족이나 높은 벼슬아치의 집 일을 맡아보던 사람을 말한다.

두 번째는 제주도 토착 뱀신인 두리빌레용해부인할마님신, 한반도에서 건너온 뱀신인 토산당신 등이 있다. 토산당신은 여드렛당신으로 불린다.

여드렛당신 신화[33]

토산 여드렛당신은 나주 영산 금성산에서 태어났다. 금성산 근처 마을에 목사牧使가 있었지만, 백일을 채우지 못하고 파직을 당했다.[34] 양이목사가 이 마을 목사가 되길 자원했다. 양이목사가 행차하여 금성산을 지날 때 따르던 사람이 산의 영기가 있으니 말에서 내려서 가야한다고 했다. 이를 무시하고 지나가려고 하니 말이 발을 저려해 지나갈 수 없었다. 양이목사는 따르는 사람 한 명만 데리고 산을 올랐다. 산에는 커다란 기와집이 있었는데, 거기엔 아리따운 아기씨가 긴 머리를 빗고 있었다. 양이목사가 아기씨를 훔쳐보고 있었는데, 아기씨가 커다란 뱀으로 변신했다. 이에 놀란 양이목사는 포수를 불러 기와집을 불태워버렸다.

갑자기 집이 불타자 놀란 아기씨는 바둑돌로 변신해 서울 종로 네거리에 떨어졌다. 제주 강씨 형방, 오씨 형방이 서울로 미역을 진상하러 갔다가 바둑돌을 주웠지만 바로 버렸다. 그들은 다시 제주도로 돌아가려고 했는데 바람이 없어서 배를 띄울 수 없었다. 이를 이상하게 생각한 두 사람이 점을 치니 강씨가 가지고 있는 아기 보자기를 풀어보면 보물이 있을 테니 용왕에게 바쳐 굿을 하면 바람이 불 것이라고 했다. 그 말대로 하니 바람이 일어 배를 띄울 수 있었고, 두 사람은 제주 온평리 포구에 도착했다.

---

33 현용준, 『제주도무속자료사전』, 신구문화사, 1980.
34 목사는 행정구를 다스리는 관리를 말한다.

바둑돌이 된 아기씨는 제주 강씨, 오씨의 짐에 몰래 숨어 제주도까지 넘어왔다. 아기씨는 온평본향당의 멩호부인에게 찾아가 함께 살게 해달라고 했지만, 멩호부인은 이 마을은 자기가 차지한 곳이니 토산으로 가보라고 했다. 아기씨는 토산리로 향하는데, 하천리에 도착했을 때 바다 신 개로육서또가 아기씨를 보고 팔목을 붙잡았다. 아기씨는 더러운 놈이 만진 팔목을 그냥 둘 수 없어 장도를 꺼내 깎고 명주천으로 동여매어 토산 메뚜기마루로 가서 좌정했다.

토산리뿐만 아니라 제주도 사람들은 뱀을 꺼리면서도 잘 섬기면 재물복을 받고, 못 섬기면 재앙을 입는다고 믿었다. 그래서 뱀을 발견해도 절대 죽이지 않았고, 특정 지역에서는 뱀신을 마을의 수호신인 당신으로 모셨다. 일반 가정에서도 제사를 지내며 뱀신을 모셨다. 만약 사신을 죽이거나 죽은 뱀을 보고 병이 생겼을 때 칠성새남이라는 굿을 지내기도 했다.

민속신앙에서 뱀이나 구렁이가 나오는 태몽을 꾸면 딸을 낳거나 비범한 인물을 낳는다고 생각했다. 꿈에 푸른색 뱀이 나오면 청사몽靑蛇夢 또는 십석몽十石夢이라고 불렀고, 뱀을 만지는 꿈을 무사몽撫蛇夢 또는 백석몽白石夢이라고 불렀다. 반면 뱀이 혓바닥을 날름거리는 꿈은 재수 없는 꿈이라고 생각했고, 뱀이 집 주위를 맴돌다가 떠나거나 뱀을 죽이는 꿈, 기분 나쁘게 기어 다니는 꿈을 꾸면 운이 좋지 않다고 믿었다.

우리나라는 뱀이 겨울잠을 자고 다시 깨어난다고 하여 재생, 불사, 영생의 존재라고 생각했고, 허물을 벗어 새로운 존재가 된다고 하여 환생을 상징하는 동물이라고 믿었다. 또 털이 없음에도 겨울을 버티고 봄이 되면 다시 나타나 생명력이 강하다고도 생각했는데, 이와 같은 내용으로 만들어진 설화 구렁덩덩 신선비 이야기가 있다.

구렁덩덩 신선비[35]

옛날 한 할머니가 자식을 원해 기도를 드리다 뱀 아들을 낳았다. 이웃 집 세 딸이 아이를 구경하러 왔다가 셋째 딸이 뱀 아들에게 호감을 보였다. 뱀 아들이 자라 어머니에게 이웃집 딸과 결혼하고 싶다고 하여 이웃집에 청혼을 했는데 셋째 딸이 좋다고 대답해 두 사람을 혼인하게 되었다.

첫날밤을 보내던 날, 뱀은 허물을 벗고 잘생긴 남자가 되었다. 그 뒤 뱀 신랑은 낮에는 뱀, 밤에는 사람으로 지내다가 얼마 뒤 완전히 뱀 허물을 벗고 사람이 되었다. 뱀 신랑은 부인에게 뱀허물을 주면서 아무에게도 보여주면 안 된다는 말을 전하고 과거를 보러 떠났다. 하지만 부인이 잘못 보관한 뱀 허물을 본 두 언니가 흉측한 뱀 허물을 태워버렸다. 뱀 신랑은 허물 타는 냄새를 맡고 집에 돌아오지 않았다.

남편을 찾아 나선 부인은 만나는 사람마다 남편에 대해 물어 찾아냈다. 뱀 신랑은 새로운 여자와 혼인해 살고 있었다. 부인은 뒤늦게 이 사실을 알고 뱀 신랑의 새 부인에게 물 길어오기, 호랑이 눈썹 가져오기 등의 내기를 제안해 이기는 자가 신랑을 갖기로 했다. 결국 내기에서 이긴 부인은 다시 뱀 신랑과 부부가 되어 행복하게 살았다.

---
35 『한국구비문학대계』, 한국정신문화연구원, 1980-1988.

김유신묘, 국립민속박물관 소장

나라의 수호신, 십이지신

말

 십이지 중 일곱 번째 수호신인 말은 방향으로 남쪽, 시간으로 오전 11시에서 오후 1시까지, 음력 5월에 해당하는 신이다. 말은 고대부터 교통용, 군사용, 농경용, 식용으로 인간에게 이로우며 우리나라 생활사에서 빼놓을 수 없이 중요한 동물이다. 우리나라는 고조선 시대부터 지역적으로 말을 키우기 좋았고, 대부분의 말은 군사용으로 사용되었다.

 말은 털 색에 따라 신의 뜻을 전하는 동물, 나쁜 일을 예시하는 동물, 하늘로 자유롭게 이동이 가능한 동물로 믿어졌다. 그래서 우리 민족은 부적에 말을 그려 넣기도 했고, 저승으로 갈 때 편히 가라고 말 모양 토기를 만들어 무덤에 넣기도 했다. 저승 세계와 하늘 세계를 표현하는 그림에서도 털 색이 다양한 말이 등장한다.[36]

 첫 번째로 가장 신성시되는 백마가 있다. 백마는 실제로 존재하지만 다른 색 말보다 귀하기 때문에 기록 속에서는 공물이나 영웅이 타는 말로 표현되며, 평범한 인간보다는 신이 타는 동물로 인식되어왔다. 백마가 등장하는 신화에는 박혁거세 신화가 있다.

---

36 금영진, 「한일 고전 빅 데이터를 이용한 오방색 십이지 동물 상징성 비교 연구 – 말을 중심으로」, 『동양학』 75, 2019.

박혁거세 신화[37]

양산 밑 나정이라는 우물 곁에 이상한 기운이 번개처럼 땅에 떨어지니 백마 한 마리가 무릎을 꿇고 절했다. 조금 있다가 그곳을 살펴보니 푸른 빛을 띠는 큰 알 한 개가 있었다. 백마는 사람을 보자 울음소리를 내며 하늘로 올라가갔다. 알을 깨보니 아름다운 사내아이가 있었다. 아이를 동천에서 목욕시키니 몸에서 광채가 나고 새와 짐승들이 나타나 춤을 추며 천지가 진동하고 해와 달이 맑게 빛났다. 그래서 아이의 이름을 혁거세라고 지었고 후에 왕이 되었다.

두 번째로 자주 등장하는 말은 흑마이다. 흑마는 제물로 쓰기 보다는 예물이나 공물로 사용하던 말이었다. 흔히 신에게 바치는 말은 백마를 사용했다. 그렇다고 흑마가 백마와 다른 취급을 받던 것은 아니다. 흑마역시 귀하기 때문에 『태종실록』에 전라도관찰사가 운봉현雲峯縣이라는 천민이 흑마를 가지고 있다는 소식을 듣고 바로 왕에게 바쳤다는 기록이 있다.[38] 또 흑마의 가죽은 귀한 물품 중 하나였기 때문에 중국에 공물을 보낼 때 필수품으로 들어갔는데, 보통 사신이 오면 검은색 옷을 주거나 귀한 물품을 주곤 했는데, 흑마 가죽신발은 중요한 사신이 아니면 주지 않았다. 그만큼 국가적으로 중요한 상황일 때 공물로 보낼 정도로 귀했다.

세 번째로 백마와 흑마 중간에 속하는 말인 청마가 있다. 청마는 우리

---
37 『삼국유사』 권1, 「기이」 1, 혁거세왕.
38 『태종실록』 권27, 태종 14년 6월 3일.

나라에서 총마驄馬라 불리는데 총마는 옥색 털빛을 가졌거나 푸른 빛에 흰색이 섞인 말을 말한다. 청마가 흑마에 속하면 흑총마라고 불리며 백마에 속하면 칠청총마라고 불렀다. 칠청총마는 완전한 순백이 아니라 푸른빛이 도는 말을 말한다.[39] 총마는 주로 감찰어사가 타고 다니며, 성질이 순하고 잘 달린다.

네 번째로는 부정과 긍정을 모두 상징하는 적마가 있다. 적마는 명마라는 인식이 있기 때문에 왕의 위엄을 나타날 때 사용되었다. 하지만 우리나라에서는 적마를 중요시하지 않아 역사서에 자주 등장하지 않는다. 다섯 번째로 황마는 사자 털색과 같다고 하여 사자황이라고도 불린다. 황마는 황토색 말로 황제가 덕으로 세상을 다스리면 나타난다는 믿음이 있었다. 황마는 우리나라에서보다 중국에서 귀하게 여긴다.

---

39 『인조실록』 권33, 인조 14년 9월 4일.

나라의 수호신, 십이지신

김유신묘, 국립민속박물관 소장

제가화첩, 홍득구, 국립중앙박물관 소장

나라의 수호신, 십이지신

양

　십이지 중 여덟 번째 수호신인 양은 방향으로 남남서쪽, 시간으로 오후 1시에서 3시까지, 6월에 해당하는 신이다. 양의 성격은 온순하고 평화로워, 옛날 사람들은 양을 어질고 착하며 아름다운 동물로 인식했다. 또 참을성이 많고 은혜를 아는 동물로 생각했다. 양은 서양이나 중국에서 주로 키우는 동물이지만 우리나라에서는 쉽게 접할 수 없었던 동물인 탓에 다른 동물들과 비해 민속적인 설화나 전래가 없다.

김유선모, 국립민속박물관 소장

나라의 수호신, 십이지신

원숭이

　십이지 중 아홉 번째 수호신인 원숭이는 방향으로 서남서쪽, 시간으로 오후 3시부터 5시, 음력 7월에 해당하는 신이다. 원숭이는 선사시대까지 우리나라에 살고 있어 선사시대 유적에서 원숭이 뼈가 발굴되었다. 하지만 고대부터 현재까지 우리나라에 원숭이가 멸종되어 역사 속에 등장하는 원숭이는 중국, 일본 원숭이다.

　원숭이는 동물 가운데 인간과 가장 닮은 영장류로 영리하고 재주가 많다. 그래서 중국에서는 원숭이를 성공, 수호, 보호의 동물로 생각했으며, 인간처럼 모성애가 강해 회화나 도자기에서 모성애를 강조한 모습으로 나타나기도 하고, 불교에서는 스님을 보좌하는 동물로 인식했으며, 도교에서는 천도복숭아와 함께 등장해 장수를 상징하기도 했다.

성덕여왕릉, 국립민속박물관 소장

나라의 수호신, 십이지신

국립민속박물관 소장

늙은스님과 원숭이 그림(노승원도), 국립민속박물관 소장

나라의 수호신, 십이지신

닭

　십이지신의 열 번째 수호신인 닭은 방향은 서쪽, 시간은 오후 5시부터 7시까지, 달로는 음력 8월에 해당하는 신이다. 동양에서 닭은 어둠 속에서 여명을 알리는 신통한 새로 알려져 있다. 그래서 밤에 닭 울음소리가 들리면 귀신이나 요괴가 사라진다고 믿었다.

　닭은 흔히 다섯 가지 덕을 지녔다고 한다. 닭의 벼슬은 학문을, 발톱은 무술을 나타내 적을 앞에 두고 용감하게 싸우는 동물이고, 먹이를 함께 나눠 먹는 인자함과 때에 맞춰 울어 새벽을 알리는 신념이 있다고 알려져 문무용인신文武勇仁信이라고 부른다.[40]

　우리나라 역사 속 닭과 관련된 신화는 『삼국유사』에 기록된 신라 건국신화가 대표적이다.

40　문무용인신은 닭이 가진 다섯 가지 덕목으로 머리의 벼슬이 벼슬 관 같다고 하며 문文, 날카로운 발톱이 무기 같다고 하여 무武, 적을 만나면 죽을 때까지 싸우는 모습이 용감하다고 하여 용勇, 먹이를 보면 주변에 있는 닭들을 불러 같이 먹는 모습이 인자하다고 하여 인仁, 세상의 밝음을 알린다고 하여 신信이 있다는 말이다.

신라 건국신화 속 닭 설화[41]

신라 초대 왕 혁거세가 태어난 날, 사양리 알영정이라는 우물에 계룡이 나타나 왼쪽 옆구리에서 여자 아이를 낳았으니, 아이의 얼굴이 고왔지만 입술이 닭부리 같았다. 월성 북천에 가서 목욕시키니 그 부리가 사라져 그 천 이름을 따라 발천이라 했다. … 나라 이름은 서라벌 또는 서벌이라 하고 또는 사라라고 불렀다. 처음에는 왕이 계정雞井에서 나서 계림국鷄林國이라고 불렀다. 어느 설화에서는 탈해이사금 때에 김알지를 얻으면서 숲속에서 닭이 울었으므로 나라 이름을 계림으로 고쳤다고 한다. 후세에 와서 나라 이름이 신라로 정해졌다.

신라 건국 신화에서 알영이나 김알지가 왕후, 왕이 될 것을 미리 보여주는 장치로 닭을 사용했다. 이는 신라가 닭을 국가적으로 상서로운 새로 인식했음을 나타내는데, 신라가 건국되기 이전 부족 국가가 형성되던 시기부터 닭을 숭배하는 토테미즘이 있었기 때문이다.

선사시대부터 닭은 해가 뜨면 우는 특성 때문에 해를 상징했다. 그로 인해 부족 국가 사람들은 닭을 숭앙하여 미래를 보는 동물 또는 흥망성쇠를 알리는 동물로 믿었다. 이 믿음은 신라까지 이어져 타국에서도 신라를 닭의 나라 즉 계림국鷄林國이라 부르며 신라의 닭 숭상을 이해하고 있었다.

신라뿐만 아니라 고구려도 닭을 숭배했다. 주작의 시초가 닭이라고 믿었던 고구려는 무덤 고분벽화에서 주작을 닭으로 묘사했다. 그 영향으

---
41 『삼국유사』 권1, 「기이」 1, 신라 혁거세왕.

로 인도에서 고구려를 계귀국이라고 불렀다는 기록이 『남해기귀내법전』에서 남아있다. 고려시대에도 왕궁에서 일명계一鳴鷄, 이명계二鳴鷄, 삼명계三鳴鷄라고 해서 시간마다 우는 닭을 길러 왕궁 전용 닭 시계를 만들었고, 제사를 지낼 때 소 대신 닭을 제물로 쓰기도 했다.[42]

민속적인 측면에서의 닭은 새벽을 알리는 새로 알려져 있다. 고대 때부터 무속 신앙에서 닭을 빛의 전령으로 생각하여 어둠 속에 존재하는 악정령을 쫓는 새라고 믿었고, 인간에게 질병과 재앙을 주는 귀신을 제압하는 능력을 가지고 있어 축귀逐鬼와 벽사의 동물로 사용되기도 했다.[43] 『동국세시기東國歲時記』에 의하면, 새해를 맞이하는 가정에서는 닭이나 호랑이, 용이 그려진 그림을 벽에 붙여 액을 물리쳤다.

---

42 천진기, 「한국 띠동물의 상징체계 연구」, 중앙대학교 박사학위논문, 2002.
43 축귀는 종교적 의례나 주술로 귀신을 쫓는 행위를 말한다.

나라의 수호신, 십이지신

신라 김알지의 탄생설화, 국립중앙박물관 소장

나라의 수호신, 십이지신

개

개는 십이지 중 열한 번째 동물로 방향으로 서북서쪽, 시간으로 오후 7시에서 9시까지, 음력 9월에 해당하는 신이다. 개는 몸을 해치는 나쁜 기운인 사기㾮氣를 막아주는 동물로, 질병이나 인간의 정기를 해치는 나쁜 기운으로부터 보호해주는 신으로 숭배받았다. 개는 성질이 온순하고 영리해 사람을 잘 따르고, 경계심이 강해 예민한 동물이다.

민간신앙에서 개는 벽사의 능력을 가진 동물로 인식되었고, 민간신앙에서 개는 집 지키는 동물, 사냥신과 수호신 외에도 재앙을 물리치고 집안의 행복을 지키는 동물로 전해지는데, 삼국유사에 백제가 멸망하기 전 사비성의 개들이 왕궁을 향해 슬피 울었다는 기록이 있을 만큼 고대인들은 개가 재앙을 예지한다고 믿었다.[44] 무속에서는 땅과 하늘을 이어주는 전령 역할을 한다고 믿었는데 이를 잘 나타내는 이야기가 하나 있다.[45] 무속 설화 중 죽은 자가 저승으로 갈 때 외나무다리를 건넌다고 한다. 이 다리를 건널 때 개의 안내를 받아 건너가므로 무속에서 개는 죽은 사람을 저승으로 안내하는 동물로 묘사된다. 대표적인 무속 설화로는 제주도

---
44 천진기, 『한국동물민속론』, 민속원, 2003.
45 강석근, 「신라개와 신라개 이야기의 문화원형적 연구」, 『국제언어문학』 36, 2017.

차사본풀이로 하얀 개가 이승에서 저승으로 가는 길을 안내한다고 나온다.

불교에서는 개의 형상을 한 영수 천구天狗라는 벽사 동물이 있다. 천구는 세눈박이 개라고 하여 삼목구三目狗라고 불리며 액을 막아주고 죽은 이의 영혼을 저승으로 인도하는 길잡이로 불교에서는 삼목대왕으로 불린다. 천구의 모습은 개와 동일하며 체구는 작고, 청각과 후각이 고도로 발달했다고 한다. 우리나라의 천구 설화는 해인사 창건 설화로 전해지고 있다.

해인사 설화[46]

신라 합천에 사는 이거인李居仁(?-?)은 성품 좋은 마을 이장으로 눈이 셋 달린 강아지를 주워 애지중지 키웠다. 기른 지 3년째 되던 해 가을 강아지가 갑자기 죽어 장례를 치러줬다. 그리고 2년 후, 이거인은 갑자기 병에 걸려 죽었다. 이거인은 저승에서 삼목귀왕三目鬼王을 만났는데, 삼목귀왕은 3년 동안 이거인이 키운 강아지였다. 강아지는 원래 저승신이었는데 잘못을 저질러 3년 동안 이승에서 살았다고 이거인에게 말했다.

삼목귀왕은 이거인에게 염라대왕을 만나면 인간 세상에서 대장경을 조성하려 했지만 목숨이 다해 이루지 못했다고 말하라고 했다. 이거인은 삼목귀왕의 말대로 염라대왕에게 전하고 다시 인간세계로 돌아갔는데, 이 일이 모두 꿈이었다. 꿈에서

---

46 지관, 『가야산해인사지』, 가산불교문화연구원, 1992.

깬 이거인은 삼목귀왕이 시킨 대로 공덕문功德文을 짓고 인장을 받아 기다렸다.[47] 그 해 신라 공주 자매가 두창에 걸려 염라대왕에게 대장경 제작을 부탁받은 사람이 와야만 살 수 있다는 이야기가 퍼졌다. 왕은 그 사람이 이거인이라는 사실을 알고 바로 그를 궁에 불렀다. 왕의 명에 입궁한 이거인은 대단월大壇越[48]로 대장경을 조성했고 이를 해인사로 옮겼다. 공주들의 몸을 물고 있던 삼목귀왕이 대장경이 완성된 걸 보고 저승으로 떠나자 공주들의 병이 나았다. 이후 이거인 부부는 극락왕생했다.

이 이야기는 해인사 설화로 『고려대장경高麗大藏經』이라고도 불리는 『팔만대장경八萬大藏經』의 불법을 세상에 전하기 위해 만든 이야기이다.[49] 여기서 핵심적인 등장인물은 삼목귀왕과 이거인이다. 삼목귀왕은 세눈박이 개, 천구이다. 이승과 저승을 오가며 죽음을 관리하는 신수 천구는 사람과 친밀한 관계를 쌓을 수 있는 존재이자 은혜를 갚는 동물로 '개'의 특징을 고스란히 가지고 있다. 이러한 특징으로 개는 신라시대부터 조선시대까지 죽음과 삶을 상징하는 동물로 묘사되며 집을 지키는 그림에 자주 등장한다.

---
47 공덕문은 스님이 시주(스님에게 물건을 베푸는 일)를 받으려고 집마다 돌리는 종이로 만든 주머니와 부적을 말한다..
48 단월은 스님에게 받은 시주를 뜻한다. 즉 대단월은 큰 시주를 받았다는 의미를 가진 단어이다.
49 고려대장경은 고려시대에 불경과 장소를 정리해 제작한 책이다.

나라의 수호신, 십이지신

어미개와 강아지, 이암, 국립중앙박물관 소장

나라의 수호신, 십이지신

돼지

돼지는 십이지 중 열두 번째 동물로, 방향으로 북서북쪽, 시간으로 오후 9시에서 11시까지, 음력 10월을 지키는 방위신이자 시간신이다. 돼지는 신화에서 신통력을 지닌 동물이자 제사의 제물, 복의 근원, 집안의 신을 상징하며 문헌이나 문학에서 돼지는 상서로운 징조를 나타낼 때 자주 등장했다. 우리나라의 돼지에 관한 기록은 선사시대 유적기의 벽화에서부터 시작된다. 대표적인 벽화는 대곡리암각화, 평남 검은모루동굴 벽화 등이 있는데, 대체로 사냥을 당하는 모습으로 등장했다.

신석기시대에는 사냥의 대상이었던 돼지가 가축 동물이 된 시기는 약 2천 년 전부터 시작했다. 돼지는 가축 동물로 긴 역사를 가진 만큼, 한국 신화에서도 등장했다. 신화 속 돼지는 신에게 바치는 제물이자 신통력을 발휘하는 동물로, 대표적인 신화로는 『삼국사기』에서 등장하는 유리왕 신화와 산상왕山上王(고구려 제10대 왕, 재위 197-229)편에서도 돼지를 통해 아들을 갖게 된 이야기가 있다.

『삼국사기』 유리왕 신화[50]

21년(유리왕 2년) 춘삼월에 하늘에 제물로 바치기 위해 기르던 돼지가 달아났다. 왕이 희생제의를 관장하는 설지薛支에게 명하여 뒤쫓아가서 잡게 하였다. 국내성 위나암尉那巖에 이르러 돼지를 잡은 설지는 그곳 주민의 집에서 맡아 기르게 하고 돌아왔다. 왕을 뵙고 말하기를 '신이 돼지를 쫓아 국내성 위나암에 가서 그곳의 산수를 보니 깊고 험하며, 땅은 오곡을 심기에 알맞을 뿐만 아니라 사슴, 고라니와 물고기, 자라가 많았습니다. 임금님께서 만약 도읍을 옮기신다면 백성의 이익이 무궁할 뿐만 아니라 병란도 면할 것입니다.' 했다.

동천왕 신화[51]

산상왕이 즉위하고 7년이 지났는데도 아들이 없어 신에게 기도했더니 꿈에 신이 나타나 후비에게서 왕자를 볼 것이라고 했다. 하지만 한참이 지나도 후비를 맞이하지 못한 왕은 5년 후 하늘 제사를 쓸 돼지가 달아나자 사람을 붙여 잡아오게 했다. 좀처럼 돼지를 잡을 수 없었는데 한 여성이 잡아줬다. 돼지를 잡아온 사람이 왕에게 사실을 알리자, 왕이 이상하게 여겨 여성의 집에 찾아가 관계를 맺으니 1년 후 아들을 낳았다. 돼지의 인연으로 왕이 여성을 소후비로 삼고 아들의 이름을 교체라고 하였는데, 이 아들이 동천왕東川王(고구려 제11대 왕, 재위 227-248)이 되었다.

---

50 『삼국사기』 권13, 「고구려본기」 1, 유리왕 21년 3월.
51 『삼국사기』 권16, 「고구려본기」 4, 산상왕 12년 11월~13년 9월.

제5장

태평성대를 알리는 신통한 동물, 사령

태평성대를 알리는 신통한 동물 사령

사령四靈은 전설 속 신령한 동물 4 마리로 용, 봉황鳳凰, 기린麒麟, 신귀神龜(거북이)가 있다. 세상에 나타나면 태평성대가 시작된다고 믿어진 사령은 세상을 밝히는 동물로 믿어졌는데, 이러한 숭배는 조선시대에 두드러지게 나타났다.

영의정 황희黃喜(1363-1452)가 문무백관을 거느리고 나라의 길흉을 왕께 올리는 글인 전문을 올려 초수리마을에 옥이 난 것을 아뢨다.

"하늘의 운행이 광명함에 당하니 운수가 대궐로 돌아오고, 땅의 보배가 기이함을 나타내니 경사가 왕께서 계신 곳에 뻗쳤습니다. 모두들 이를 보고 들어서 그 기쁨을 자리에서 뛰고 춤추는 것으로 표현하고 싶습니다. 주周나라는 종琮[1]과 벽璧[2]으로 상서祥瑞를 삼았었고, 노魯나라는 여璵[3]와 번璠[4]을 보배로 여겼나이다. 이는 다 세상의 정기精氣이며, 곧 제왕의 상징象徵입니다.

더구나, 이제 주필駐蹕한 곳에서 드물게 보배가 나옵니다.[5] 지금 세상이 맑고

---
1   종은 제후가 조회를 할 때 사용하는 큰 원통모양에 구멍이 있는 옥을 말한다. 중국 신석기시대에는 종으로 팔찌를 만들어 사용했고 은나라, 주나라에서는 베개에 붙여 사용했다.
2   벽은 중국 고대에 사용한 옥구슬로 중앙에 둥근 구멍이 있는 원반 모양이다. 벽은 주로 시체를 매장할 때 넣는 장옥으로 쓰였다.
3   여는 구슬의 이름이다.
4   번은 노나라 보물 옥구슬의 이름이다.
5   주필은 왕이 나들이하는 도중에 마차나 말을 잠시 멈추고 머물거나 묵는 일을 말한다.

빛나니 음양陰陽의 조화調和를 나타내고, 색채는 희고 푸르니 태평의 기상이 보입니다. 기쁨은 전국에 넘쳐나고, 역사적으로 중요한 순간이옵니다. 생각하온데, 전하께서 이루신 공은 세상의 조화를 가꾸시고, 행하신 길은 세상을 다스리는 능력이 있습니다. 전하께서 행한 여러 가지 업적이 모두 다 갖추어져 대대손손 나라를 잘 다스리시어 세상이 훤히 펴지게 할 것이고, 아름다운 징조가 여러 번 나타나서 사령四靈의 아름다운 상서祥瑞가 세상에 나타날 것입니다."

『세종실록』 권106, 세종 26년 10월 5일.

위의 기록에서 영의정 황희는 세종의 위대한 업적과 백성을 위하는 마음이 세상을 밝힐 정도로 뛰어나 태평성대를 이끈 왕에게만 나타나는 사령이 세상에 나타날 것이라고 말한다. 황희가 태평성대의 예시로 거론한 나라는 주나라와 노나라였다. 중국 고대국가 주나라는 군자가 통치했던 요나라와 순나라처럼 되고자 했던 나라이며, 노나라는 주나라 무왕의 아우가 세운 나라이자 공자의 출신지이기도 하다. 조선은 주나라와 노나라의 위대함을 인정하여 본받고 있었다.

황희는 세종이 통치하는 시대가 주나라와 노나라와 비슷하다고 생각했고, 상서로운 징조들이 왕 곁에서 일어날 것이라고 말했다. 이는 사령이 실제로 왕 앞에 나타날 것을 의미하는 게 아니라 세종에게 현재와 같이 평화로운 시대는 없었다고 전하는 말이었다. 그렇다면 태평성대를 상징하는 시대에만 언급된 사령은 어떤 능력을 가지고 있고, 왜 어진 왕이 다스리는 평화로운 세상을 상징하게 되었는지 알아보자.

용

조선시대에는 용을 오방신이자 물의 신으로 섬겼다. 농경사회인 고대부터 조선시대까지 물은 생존과 생산을 위해 필수적이었다. 그래서 물을 다스리는 용을 위한 제사가 존재했다. 고대에 자연의 모든 신에게 올리는 제천 행사가 있었다면, 조선시대에는 용에게만 올리는 기우제인 오방토룡제五方土龍祭가 있었다.

오방토룡제는 동서중앙남북을 수호하는 용에게 제사를 지내 비를 내리게 해달라는 기우제다. 동서중앙남북의 용은 각기 다른 색과 능력을 가지고 있다. 동쪽은 청룡, 서쪽은 백룡, 중앙은 황룡, 남쪽은 적룡, 북쪽은 흑룡이 다스린다고 믿어 오방토룡제를 지낼 때 다섯 용을 위한 제단을 만들어 정성스레 제사를 지냈다. 오방토룡제는 실제 용을 부를 수 없으니 흙으로 만든 용을 제단 위에 올려 제사를 지냈다.

『조선왕조실록』에 따르면, 오방토룡제는 태종대부터 1811년(순조 11년)까지 진행되었다. 오방토룡제는 매년 5월이나 6월에 거행했고, 먼저 청룡에게 기우제를 올린 뒤 2-3일 간격으로 백룡, 황룡, 적룡, 흑룡에게 기우제를 올렸다. 그렇다면 각각 용마다 지닌 특징은 무엇일까?

동쪽의 용, 청룡

오방토룡제의 청룡은 비를 관장하는 신으로 대표적인 하늘 신이다. 우리나라에서는 청룡을 용의 기본형으로 여겼고, 황룡, 적룡보다 낮은 급으로 대우했다. 금색, 붉은색은 왕을 상징하는 색이지만 푸른색은 왕보다 한 단계 낮은 세자를 상징했다. 그래서 조선시대 세자, 즉 동궁을 청룡이라고도 명하여 세자가 입는 옷을 청룡포라고 불렀다.

서쪽의 용, 백룡

백룡은 천제天帝가 귀하게 키우던 용이자 왕의 마음을 백성에게 전하는 신수였다. 백룡이 천제가 귀하게 키우던 용이라고 알려진 것은 오나라 시대에 전해지는 백룡과 어부 이야기 때문이다.

백룡과 어부 이야기[6]

오나라 왕이 남루한 옷을 입고 백성들과 어울려 술을 마시려고 하자, 오자서가 왕에게 말했다.

"옛날에 백룡이 청령清泠 연못에 내려와 물고기로 변신해 있을 때 어부 예저의

---
6 유향, 『설원』 권9, 정간.

작살로 눈을 크게 다쳤습니다.[7] 백룡이 천제에게 호소하자 천제가 말하기를 '물고기는 본디 사람들이 잡아먹는 존재이니 예저가 무슨 죄가 있겠는가.' 라고 했습니다. 백룡은 천제가 귀하게 기르던 동물이고 예저는 송나라의 미천한 어부입니다. 만약 백룡이 변신하지 않았더라면 예저가 눈을 쏘지 않았을 겁니다. 그러니 지위를 버리고 일반 백성들과 술을 마시려 하시다 예저의 작살을 맞을까 염려됩니다."

우리나라에도 백룡과 관련된 설화가 있다. 이 설화는 조선 왕조 건국 신화이다.

조선 왕조를 암시한 꿈[8]

이춘李椿(?-1342)의 꿈에 어느 사람이 나타나 말했다.
"저는 백룡입니다. 지금 모처에 있는데, 흑룡이 저의 거처를 빼앗으려고 하니, 공께서 구해주세요."
이춘은 꿈에서 깨어 난 후 이를 대수롭게 생각하지 않았다. 그러자 꿈에 백룡이 다시 나타나 간절히 청했다.
"공은 어찌 제 말을 믿지 않으십니까?"
백룡은 자신을 구해야 할 날짜까지 알려줬다. 그제야 이춘은 꿈에 백룡이 나타나 자신을 찾는 게 이상하다 여겨 기일까지 기다렸다. 기일이 되자 이춘이 활과 화살을 가지고 가봤더니 구름과 안개가 잔뜩 깔려 있는데, 그 곳에 백룡과 흑룡이 연못 위에서 싸우고 있었다. 이춘은 흑룡에게 화살 한 개를 쏘아 맞췄다. 흑룡은 이춘의

---
7 청령은 중국 전설 속 연못이다.
8 『태조실록』 권1, 총서.

활에 맞아 죽어 못에 잠겼다. 그 날 이춘이 꿈을 꾸니 백룡이 나타났다.
"공의 큰 경사는 장차 자손에게 있을 겁니다."
백룡은 이춘에게 사례와 말 한마디를 남기고 사라졌다.

이 이야기는 이성계의 할아버지인 이춘이 백룡을 구한 공으로 손자가 나라를 세우게 되었다는 내용으로 『태조실록』의 첫 내용에 기록되어 있다. 이 이야기가 『태조실록』에 등장하는 이유는 태조의 뜻을 전하기 위함이었다. 백룡은 천제가 아끼는 용이다. 그런 백룡을 태조의 조부가 구했으므로 하늘의 기운을 모두 받아 한 나라의 왕이 되었다는 의미를 가진다. 즉 단순히 이성계를 높이기 위해서가 아니라 그가 왕이 될 수 있었던 이유를 설명하기 위해 등상하는 신시로운 동물인 것이다.

태종도 백룡을 만나 왕이 되었다고 『태종실록』에 기록되어 있다.

> 1399년(정종 1년) 이방원이 송도의 추동 잠저에 있을 때, 백룡이 침실 동마루 위에 나타났다. 크기는 서까래만 하고 비늘이 있어 광채가 찬란했으며 꼬리는 꿈틀거렸고 머리는 태종이 있는 곳을 향하고 있었다. 시녀 김씨가 처마 밑에 앉아서 이를 보고 집찬執饌 김소근金小斤(?-?) 등 여덟 사람에게 알리자 소근 등이 나와 백룡을 봤다.[9] 조금 있다가 구름과 안개가 자욱하게 끼더니 백룡이 사라졌다. 백룡이 간 곳이 어디인지 알 수 없었다.
>
> 『태조실록』 권1, 총서.

이때 이방원은 대군의 신분으로 형인 이방과李芳果(정종定宗, 조선 제2

---
9 집찬은 궁중 요리하는 일이나 제향을 올리는 일을 하는 사람을 말한다.

대 왕, 재위 1398-1400)가 왕이 되었을 때이다. 이 시기부터 이방원은 왕위를 빼앗기 위해 준비 중이었으므로 그가 왕이 될 수밖에 없는 운명이었음을 증명하기 위해 백룡을 이용했다. 즉 태종은 정당한 방법으로 왕위에 오른 것이 아닌 탓에 자신의 왕위 계승을 정당화하기 위해 아버지인 이성계가 했던 방식을 따라 백룡을 사용한 것으로 보인다.

중앙의 용, 황룡

황룡은 황제와 왕을 상징하는 용이다. 한나라 선제宣帝(한나라 제10대 황제, 재위 BC74-BC48) 때 천하가 태평해서 봉황과 황룡이 나타났다는 전설이 있다. 중국뿐만 아니라 우리나라에서도 황룡이 등장하면 전쟁이나 자연재해가 사라지고, 세상에 평화를 가져올 황제나 왕이 등장한다고 믿었다.[10] 이처럼 황룡은 어진 왕을 상징했는데, 이를 잘 활용한 왕은 조선의 태종이다.

황룡이 경기 교동현喬桐縣 수영水營의 우물 가운데 나타났다.[11] 수군 첨절제사僉節制使 윤하尹夏(1597-?)가 보고했다.

"수영 앞에 우물이 있는데, 선군 등이 물을 긷고자 하여 우물가로 가니 황색 대룡이 우물에 가득 차 보였습니다. 허리의 크기가 기둥과 같았습니다. 우물의

---

10 『동문선』, 「표전」, 가개년호표.
11 수영은 조선시대 각 도의 치안과 국방을 위해 수상에서 전투하는 군대를 관리하는 기관을 말한다.

둘레가 12척 5촌이고, 길이는 2척 3촌입니다."

『태종실록』 권35, 태종 18년 3월 13일.

환상의 동물인 황룡이 실제 나타났을 리는 없지만, 왕위를 정당하게 승계 받지 못한 태종은 자신의 정당성을 증명하기 위해 수단과 방법을 가리지 않았기 때문에 자신을 하늘이 인정한 왕이었음을 나타내기 위해 황룡을 사용한 것으로 보인다.

남쪽의 용, 적룡

적룡은 왕의 탄생을 알리는 용으로 우리나라 역사 속에서는 잘 보이지 않는다. 중국에서 적룡은 왕이 태어나는 태몽에 등장하거나 위대한 왕이 태어남을 암시하는 존재로 언급된다. 중국의 영향을 크게 받은 우리나라에서도 중국 황제인 요임금을 기록할 때 적룡을 등장시켰다.

큰 번개가 북두성을 휘감으니 20개월 만에 황제가 태어나는 상서가 있고, 적룡이 음산한 바람 속에 나타나고 나서 요 임금이 14개월 만에 태어나는 신이함이 있었으니, 성인이 태어날 때 본래 보통 사람보다 신비롭지 않은가?

윤기尹愭, 『무명자집無名子集』 권9, 책제 19조목.

적룡은 불과 태양을 상징하여 화룡이라고 불리기도 했다. 우리나라

화룡전설은 금강산 내금강의 화룡담을 배경으로 한 사자바위 화룡담전설이 대표적으로, 북한에서 전해지는 전설이다.

사자바위 화룡담전설[12]

어느날 호종단이라는 놈이 삼일포에 왔다가 유점사楡岾寺[13]를 거쳐 안무재령[14]을 넘어왔다. 그는 천하명승으로 이름난 금강산의 땅기운을 손상시켜 보려고 꿍꿍이를 하면서 만폭동 골안으로 접어들었다. 이때 팔담의 윗목을 지키고 있던 사자가 나쁜놈이 온다는 것을 알고 분노하여 일어섰다.

금강산을 지키는 신령스런 사자가 노호한다는 것을 안 호종단은 "걸음아 날 살려라" 하며 오던 길로 달아났다. 사자는 성이 꼭두까지 난 김에 펄쩍 뛰어서 단번에 몇 길이나 되는 앞산 바위턱에 올라갔다. 그런데 앞발과 뒷발 하나만 간신히 바위턱에 붙일 수 있었다. 뒷다리 하나가 공중에 떠있게 되어 자칫하면 아래로 떨어질 판이었다. 사자는 그 아래 담수에 사는 화룡에게 구원을 청했다.

"용아, 너는 나와 함께 이웃하여 산지 오랜데 화단이 있으면 서로 도와 구원해 주는 것이 마땅한 도리가 아니냐."

"그래, 무슨 일이 생겼나?"

용이 쳐다보며 물었다.

"지금 내가 위태로운 곳에 올라와 당장 떨어질 것 같구나, 담수에 내가 떨어지면 너도 있을 자리가 없게 되지 않으냐. 그러니 돌을 하나 가져다가 내 발 밑을 괴어 주려무나."

....
12 『조선향토대백과』, 평화문연구소, 2008.
13 유점사는 강원도 금강사에 있는 신라시대 절이다.
14 안무재령은 금강산에 있는 고개이다.

화룡이 이 말을 듣고 즉시 건너편 법기봉에서 돌을 하나 뽑아서 괴어주었다. 사자는 그대로 굳어 바위가 되었다. 지금도 사자 발밑에 고인 모난 돌의 생김새와 크기가 맞은편 법기봉에 있는 돌을 뽑아낸 자리의 것과 신통히도 같다고 한다.

북쪽의 용, 흑룡

흑룡은 악 또는 재앙을 상징하는 용으로 우리나라에서는 여룡驪龍이라고도 불린다. 흑룡이 물고 있는 진귀한 구슬을 여룡주 또는 여의주, 여주라고 부른다. 여룡의 이야기는 우리나라보다 중국에서 전래된다.

『장자莊子』 여룡 설화[15]

어떤 사람이 송나라 왕을 뵙고 포상으로 하사받은 수레 열 대를 가지고 장자에게 교만하게 굴었다. 이에 장자가 말했다.

"황하 물가에 집이 가난하여 갈대와 쑥대를 짜서 삼태기를 만들어 파는 것으로 생업을 이어가는 자가 있는데, 그 아들이 깊은 물 속에 들어가 천금의 진주를 얻었다. 그랬더니 그 아버지가 자식에게 일러 말했다. '돌을 가지고 와서 이 진주를 부수거라. 천금의 진주는 반드시 9층의 깊은 연못, 그것도 여룡의 턱 밑에 있을 것인데, 네가 그 진주를 얻을 수 있던 것은 틀림없이 그 검은 용이 잠잘 때를 만났기 때문이다. 만일 여룡이 깨어나 있었던들 네가 그 몸의 일부분인들 남아 있을 수 있겠는가.'

---
15   장자, 『장자』, 「잡편」 32, <열어구> 8.

지금 송나라의 깊음은 다만 9층의 못 정도가 아니고, 송나라 왕의 사나움은 다만 검은 용 정도가 아니다. 그런데도 당신이 수레를 얻을 수 있었던 것은 송나라 왕이 잠든 때를 만났기 때문이다. 가령 송나라 왕이 깨어 있었던들 그대의 몸은 다 부서져 가루가 되었을 것이다."

    이 이야기는 장자가 교만하게 굴던 사람에게 일침을 가한 이야기이다. 여룡은 진귀한 진주를 가진 용이지만 성격이 포악하다고 묘사되고, 장자는 여룡을 사납기로 유명한 송나라 왕에 비유하여 자신에게 오만하게 군 사람에게 수레를 받은 것이 운이 좋았기 때문이며 본인에게 생긴 일이 상황에 따라 달라질 수 있으니 모든 일에 겸손하라는 뜻으로 이 이야기를 남겼다. 장자의 이야기는 한국에서도 겸손함을 배우라는 뜻에서 사용된다. 우리나라에서 흑룡은 부정적인 동물로 인식되기 때문에 다른 용들과 달리 특별히 이야기가 전래되지 않는다.

청자 용모양 향로, 국립중앙박물관 소장

태평성대를 알리는 신통한 동물, 사령

교룡기, 국립고궁박물관 소장

태평성대를 알리는 신통한 동물, 사령

봉황

 봉황은 주작과 비슷하지만, 주작보다 여러 가지 속성이 더해지고 외양도 차이가 있다. 주작은 성별을 나누지 않는 반면, 봉황은 수컷과 암컷으로 나뉜 신조神鳥이다. 수컷을 봉, 암컷을 황으로 지칭하는데 이 개념이 이후 발전해 봉은 왕, 황은 왕후를 상징한다. 봉과 황은 각자 의미하는 바가 다른데, 봉은 큰 새를 의미하고 황은 새 중의 왕을 뜻하며, 봉이 바람, 황이 태양을 의미한다고 해석되기도 한다.

 봉을 왕·바람, 황을 왕후·태양으로 표현한 것은 태양·천계의 신·탄생·풍요를 성별에 따라 나눠서 표현하기 위함이었다. 고대에는 지모신 외에도 여성을 태양이나 하늘로 인식하여 출산과 풍요 등 생산적 능력을 가지고 있다고 생각했다. 이 영향이 동물에도 미쳐 암컷이 수컷보다 높은 위치에 있다고 믿었다.[16]

 고대부터 봉황은 하늘 신과 왕족을 상징하던 동물이었지만, 실제로 봉황을 신령한 동물로 인식한 것은 사령을 중시한 조선시대였다. 조선시

---

16   김주미, 「삼족오·주작·봉황·도상의 성립과 친연성 고찰」, 『역사민속학』 31, 2009.

대 봉황에 대한 인식은 조선후기 학자 이익李瀷(1629-1690)의 『성호사설星湖僿說』에 잘 나타난다.

> 한漢나라 시대에 봉황이 나타났다는 기록은 『강목綱目』에 있는데, 내가 『선제기宣帝紀』도 보니 종종 봉황이 나타났다는 사실을 알았다. 대개 봉황은 항상 나타나는 새가 아니었고, 사람들은 이상하게 생긴 새를 보면 봉황이라고 생각했다. … 빛깔이 이상하게 생긴 새들이 모두 순舜나라와 문왕文王시대를 상징하는 상서로만 전해지는 것은 아니다.
>
> 이익, 『성호사설』 권6, 「만물문」, 봉.

세종은 조선시대 왕 중 봉황의 등장을 가장 바랐던 왕이었다. 이는 세종이 즉위한 해 중국에서 봉황새가 나타났다는 소식을 듣고 놀라는 기록을 통해 확인할 수 있다.

> 왕이 경연에서 대신들에게 물었다. "봉황새가 중국에 나타났다는 소식을 들었다. 이는 사실인가." 탁신卓愼(1367-1426)이 아뢨다. "선대에 순舜과 문왕文王처럼 위대한 업적과 덕이 있어야만 봉황새가 나타나 춤춘다고 하온데, 지금 중국은 백성들이 편안히 살 수 있는 상황이 아니오니 봉황새가 세상에 나타난다고 하더라도 태평스러운 세상이 될 수 없습니다. 중국에서 전해듣기로는 사람의 힘으로 봉황새를 잡아 날아가지 못하게 했다고 하오니, 어찌 참된 봉황새라고 할 수 있겠습니까? 조선에 봉황새가 나타나지 않더라도 왕께서는 이미 아침과 밤을 두려워하시며 민생의 행복과 근심을 깊이 생각하시고 계시니, 봉황새가 나타나지 않아도 될 듯 합니다."
>
> 『세종실록』 권1, 세종 즉위년 12월 22일.

봉황은 조선시대에 사랑받은 만큼 궁궐 기와, 근정전 계단 중앙의 답도, 근정전의 천장 등에서 봉황문鳳凰文을 쉽게 찾아볼 수 있다.[17] 왕이 정무를 살피던 공간에 봉황문이 사용된 것은 성군이 통치하는 세상이 오면 봉황이 등장한다는 고전의 내용처럼 성군을 상징하기 위해서였다.[18]

봉황과 관련된 우리나라 전설은 전라남도 화순군 능주면에서 전해지는 비봉산 전설이 대표적이다.

비봉산 전설[19]

옛날 비봉산에는 각양각색의 새들이 소나무숲 속에 모여 살았다. 이 새들은 영험하여 나라에 문제가 생길 때마다 소란스럽게 울었다. 하지만 새들이 아무리 용하다고 해도 산 밑에 사는 사람들은 새의 배설물과 악취로 큰 피해를 입어 불만이었다.

어느 날 산 밑에 사는 한 농부가 새소리가 시끄럽다고 몰래 산에 불을 질러 새들을 모두 죽였다. 다음 날 새카맣게 타버린 산을 보고 놀란 마을 사람들은 누가 불을 냈는지 수색했지만 범인을 잡지 못했다. 어느 날, 어디선가 날아온 봉황새 암컷 한 마리가 불타 죽은 수컷 봉황새 사체 주위를 7일 동안 빙글빙글 돌며 슬피 울다가 피를 토하고 수컷 옆에서 죽었다. 사람들은 암컷 봉황새를 불쌍히 여겨 수컷과 함께 묻어주었다.

마을의 재앙을 알리던 영험한 새들이 모두 죽자 마을에 재앙이 끊이질 않았다. 다행히 지나가던 나그네가 이 사실을 듣고 사람들에게 산에 새들을 기리는 제단을

---

17   봉황문은 봉황 문양이 새겨진 무늬를 말한다.
18   김주미, 「삼족오·주작·봉황·도상의 성립과 친연성 고찰」, 『역사민속학』 31, 2009.
19   강동원, 『화순의 전설』, 광일문화사, 1982.

쌓으면 재앙이 없어질 거라고 알려줬다. 나그네의 말에 사람들은 산에 제단을 쌓고 이름을 봉란대라고 지었다. 공사를 끝낸 사람들이 봉란대에 제사를 지내자 재앙이 사라졌다.

경상남도 진주시 집현면에서는 지역 설화인 봉황과 심술궂은 할머니 이야기가 전해진다.

봉황과 심술궂은 할머니[20]

옛날 한 마을에 큰 봉황 한 마리가 날아와 둥지를 틀었다. 봉황이 보금자리에 알을 낳으려고 할 때, 그곳을 지나가던 심술궂은 할머니가 봉황을 보고 큰 소리를 질렀다. 할머니의 고함소리에 놀란 봉황은 봉강마을에 마련한 보금자리를 버리고 진주 쪽으로 날아가 버렸다.

봉강을 떠난 봉황은 봉곡촌鳳谷村(지금의 상봉동)에 자리를 잡고 둥지에 알을 낳았다. 사람들은 신령한 봉황이 날아와 알을 낳았다고 하여 봉황이 있던 곳을 '봉알 자리'라고 불렀다고 한다. 현재 봉황의 보금자리는 지금의 경상남도 진주시의 상봉동上鳳東洞에 있는 봉란대鳳卵臺이다.

할머니 때문에 봉황이 떠난 뒤, 봉강마을 사람들은 신령한 봉황을 쫓아낸 것이 안타까워 봉황이 왔다갔던 곳이라는 뜻으로 마을 이름을 '봉강'으로 바꿨다.

---
20 .『집현면지』, 집현면지편찬위원회, 2002.

태평성대를 알리는 신통한 동물, 사령

국립중앙박물관 소장

태평성대를 알리는 신통한 동물, 사령

거북이

거북이는 물과 육지에서 살 수 있는 동물이자 오래 사는 동물인 십장생의 하나로 무병장수를 상징하며 전통적으로 영험과 상서를 상징한다. 또 옛사람들은 거북이는 집안의 제액초복除厄招福[21]을 실현해주고, 오래 살 수 있게 하는 능력이 있다고 믿어 거북이 형상을 한 물건을 두었다.[22]

고구려에서는 거북이와 닮은 현무를 신으로 인식했지만, 현무는 거북이를 상징하기 보다는 뱀과 거북이를 결합한 상상의 동물이기 때문에 거북신앙과는 다소 갈래가 다르다. 고구려 외에 신라에서도 거북이를 신이하게 인식했다.

> 여름 6월 동양東陽에서 눈이 여섯 개인 거북이를 바쳤는데, 배 밑에 글자가 있었다.
>
> 『삼국사기』 권3, 「신라본기」 3, 소지마립간 488년 6월.

동양이 한반도 지역이라면 평안북도 구성시 당단동 남서쪽이나 황해

---

21 제액초복은 액은 나가고 복은 들어오라는 뜻이다.
22 이필영, 「거북놀이의 성격과 의의」, 『역사민속학』 55, 2018.

남도 장연군 금사리 동남쪽에 있는 곳으로 추정되고, 중국일 경우 현재 중국 저장성으로 추정된다. 평안북도와 황해남도는 당시 고구려의 국토로 장수왕이 통치하던 땅이었다. 장수왕은 광개토대왕의 뒤를 이어 영토 확장에 주력했고, 481년에는 신라를 공격해 7성을 함락했다. 그만큼 신라와 고구려는 전쟁으로 수틀린 상태였다. 고로 한반도 지역 동양이 아닐 가능성이 높다.

중국 저장성은 당시 남제南齊왕조시대였다.[23] 남제왕조는 고구려, 백제, 신라와 외교관계를 맺은 나라이므로, 『삼국사기』 내용의 동양은 중국 남제 왕조일 가능성이 크다. 즉 거북이를 진상한 동양은 중국으로, 당시 신라와 남제 왕조의 관계를 나타낸다. 여기서 남제 왕조가 신라에게 선물한 거북이는 실제 거북이라기보다는 기북이 모양이 공물이거나 점괘 등 주술, 신성함을 상징하는 거북이 모양 물건일 가능성이 높다. 중국에서도 거북이를 신이한 동물로 인식하고 있었기 때문에 신라와 외교관계를 돈독히 맺기 위해 형상이 독특한 거북이를 보내 신라를 존중하는 뜻을 나타냈다.[24]

7세기경에는 선도해가 고구려에 잡힌 신라 장군 김춘추(무열왕武烈王, 신라 제29대 왕, 재위 654-661)에게 고구려에서 도망치는 방법을 거북이와 토끼 우화를 통해 간접적으로 전달했다. 이 이야기는 김춘추가 무사히 고구려를 탈출한 후 신라에 전래되었으며 『삼국사기』에 자세히 기록

---
23   남제왕조는 중국 남조시대 두번째 왕조이다. 남조시대는 오, 동진, 송, 제, 양, 진의 6개 왕조가 있던 5세기 초부터 6세기 말까지의 시대이다.
24   주채혁, 「거북 신앙과 그 분포」, 『한국민속학』 6, 1973.

되어 있다.

거북이와 토끼 이야기[25]

김춘추가 청포青布 3백 포를 고구려왕이 총애하는 신하 선도해先道解에게 몰래 주었다.[26] 선도해가 술과 음식을 차려와 함께 즐기다가 술자리가 무르익자 농담하듯 말했다.

"그대는 거북이와 토끼 이야기를 들어본 적 있소? 옛날 동해 용왕의 딸이 심장 병이 났는데, 의원이 '토끼의 간으로 약을 지으면 치료할 수 있습니다.' 라고 말했소. 하지만 바다 속에 토끼가 없으니 구할 방법이 없었지. 그러던 차에 거북이 한 마리가 용왕에게 찾아가 '제가 토끼 간을 구할 수 있습니다.' 라고 아뢰었다네. 거북이는 육지에 올라 토끼를 보고 '바다 속에 섬이 하나 있는데 맑은 샘이 있고 수풀이 무성하고 맛있는 과일이 난다네. 그리고 추위와 더위도 없고 매와 송골매도 들어오지 못한다오. 만약 그곳에 가고자 한다면 편안하게 살 수 있게 도와줄 터이니 걱정하지말게나.' 라고 말하였소. 토끼는 거북이의 말을 믿고 바다 속에 들어갔소. 물 속에 들어오자마자 거북이가 토끼에게 '지금 용왕님의 딸이 병에 걸렸는데, 토끼의 간을 먹으면 낫는다고 하네. 그래서 내가 너를 업고 왔소.' 라고 하였소.

그러자 토끼가 거북이에게 말했소.

'아! 나는 신명神明의 후예라 능히 배 속의 오장을 모두 꺼내 씻어 넣을 수 있소. 얼마 전 내 마음이 어지러워 간과 심장을 꺼내 씻어 잠시 바위 아래에 두었는데 너의 말을 듣고 바로 오느라 간을 두고 왔네. 간을 가지러 다시 올라가도 되겠는가? 그렇

....
25 『삼국사기』 권41, 「열전」 1, 김유신상.
26 청포는 푸른 베를 말한다.

게 한다면 너에게 간을 내어줄 수 있네. 나는 간이 없어도 살 수 있으니 말일세.'

거북이는 토끼의 말을 믿고 땅으로 돌아갔소. 해안에 도착하자, 토끼가 서둘러 도망치며 풀 속으로 들어가 거북이에게 '어리석은 놈. 간 없이 살 수 있는 동물이 어디 있는가!' 라고 하였소. 거북이는 토끼의 간을 얻지 못해 걱정하다가 아무 말도 못하고 물 속으로 다시 들어갔다 하오."

『삼국사기』의 거북이와 토끼 이야기는 고구려에 군사 요청하러 왔다가 감옥에 갇힌 김춘추가 탈출하기 위해 정치가인 선도해에게 뇌물을 주고 들은 이야기로 별주부전의 시초이기도 하다. 이 이야기는 김춘추를 위한 이야기이기도 하지만 거북이가 용왕의 사자라는 것을 알려주는 이야기이자 고대에 유행하던 설화의 형태를 보여주는 중요한 사료이다. 이 외에도 우리나라에는 거북이 설화가 존재한다. 첫 번째로 소개할 박세통 설화는 평안남도 평원지역의 옛 지명인 통해에서 전해지는 거북이설화이다.

박세통 설화[27]

박세통朴世通(?-?)[28]이 통해현령通海縣令[29]이 되었을 때, 물 밖에 나와있는 큰 거북이를 죽이려는 백성들을 보았다. 박세통이 사람들을 말려 거북이를 구한 후, 굵은 새끼줄로 배에 묶어 바다까지 데려다줬다. 그 날 밤, 박세통의 꿈에 어떤 노인이

---

27 이제현, 『역옹패설』, 「전집」 2.
28 박세통은 고려 후기 무신이다.
29 통해는 평안남도 평원지역의 옛 지명이다.

나타나 절하며 말했다.

"우리 아이가 놀다가 사람들에게 죽을 뻔했는데, 다행히 공께서 살려주셔서 살았습니다. 은혜가 큽니다. 공의 은덕으로 공과 자손 3대는 반드시 재상이 되실 겁니다."

박세통은 오랑캐의 침입 때 대장군으로 공을 세워 공신당[30]에 초상화가 그려졌고, 그가 살던 마을은 부역[31]을 면하게 되었다. 박세통의 아들 박홍무朴洪茂(?-?)는 추밀원부사樞密院副使[32]까지 올라갔으며 손자 박감朴○(?-?)은 좌복야左僕射[33]가 되었다.

박세통 설화에서 거북이는 보은할 줄 아는 동물이며 용왕으로 추측되는 노인이 거북이를 자기 아이라고 밝혔으므로 용왕의 아이이기도 하다. 이 설화는 거북이를 박세통 가문에 명예를 가져다 준 동물로 소개했다.[34]

용궁샘과 거북이 스님[35]

맑은 가을날, 한 스님이 전남 영암군 신북면에 있는 여석산을 타고 있었다. 산을 타느라 힘들었던 스님은 고갯마루에 앉아 쉬던 도중 건너편에 서 있는 커다란 감나무를 봤다. 스님은 감나무에 올라가 감 한 개를 따서 먹었다. 스님이 감을 더 따려고

---

30 공신당은 공을 세운 공신들의 위판을 모시는 사당이다.
31 부역은 국가에서 백성에게 요구하는 노동력으로 군역이나 농사 노동을 뜻한다.
32 추밀원부사는 고려시대 왕명 출납과 궁중의 호위 등의 군사적 일을 담당하던 벼슬이다.
33 좌복야는 고려시대 왕의 문관 직책 중 하나로 정2품 벼슬이다.
34 김종대·윤서옥, 「경기도 거북놀이의 전승과 새로운 계승 양상」, 『어문논집』 60, 2014.
35 권상로, 『한국지명전역혁고』, 동국문화사, 1961.

감나무 가지에 올라간 순간 가지가 부러지면서 감나무 아래 샘물에 빠져버렸다. 샘물에 빠진 스님은 빠져나오지 못했다.

그해, 모내기를 마친 마을에 비가 내리지 않았다. 마을 노인들은 마른 하늘을 보며 한숨을 쉬었다. 젊은이들은 여석산 샘물을 떠서 논바닥에 뿌리느라 바빴다. 남자들은 샘물에서 물을 푸고 여자들은 물동이를 들고 물을 날랐다. 해가 저물 무렵, 물을 푸던 청년이 거북이를 발견했다. 마을 사람들이 낚시줄로 거북을 낚아 올리고 살펴보는데, 거북의 넓적한 등판에 임금 왕자가 새겨져 있어 화들짝 놀랐다.

사람들은 거북이가 보통 영물이 아니라고 생각하고 마을청년 명수에게 거북이를 넘겨줬다. 거북이를 받은 명수는 거북이를 집에 가져가 물을 담은 항아리에 넣었다. 그날 밤, 잠든 명수의 귀에 목탁소리가 들렸다. 소리에 깬 명수 앞에 웬 스님이 목탁을 치며 다가오고 있었다.

"젊은이여, 들어라. 나는 지난해 샘물 근처에 있던 감나무에서 감을 따다가 샘에 빠져 죽었다. 샘물에 죽은 나는 거북이로 환생해 그 섬에 살던 중 너에게 잡혀와 이곳에 오게 되었다. 어서 나를 샘에 다시 갖다놓아라. 그 샘물 속에는 용궁이 있다. 용궁에 살다 문득 바깥 세상이 그리워 물 밖으로 나왔는데 변을 당해버렸다. 만일 나를 풀어주지 않으면 마을에 큰 재앙이 있을 것이다!"

스님은 청년에게 말한 뒤 목탁을 3번 치며 '나무관세음보살'을 외친 후 항아리 속으로 들어갔다. 청년은 급히 스님을 잡으려고 했지만 소용없었다. 명수는 자리에서 일어났다. 그리고 아내에게 방금 꾼 꿈 이야기를 했다. 아내는 명수가 꾼 꿈을 믿지 않았다. 명수는 날이 밝자마자 마을 사람들을 찾았다.

"마을 사람들, 이 거북이는 약으로 쓰면 안됩니다. 스님의 화신이에요."

"뭐? 스님의 화신? 별 소리를 하네."

"혼자서 먹으려고. 헛소리 하지말게나."

마을 사람들은 명수의 말을 믿지 않았다. 결국 명수는 항아리 속에 있던 거북이를 안고 뛰기 시작했다. 거북이를 들고 뛰는 명수를 본 마을사람들은 그를 쫓아갔다. 샘가에 도착한 명수는 바짝 따라온 마을 청년들이 건 발에 넘어졌다. 명수는 넘어지는 순간 거북이를 샘물에 던졌다. 거북이가 물에 들어가자마자 맑던 하늘에 먹구름이 생기고 천둥번개와 함께 비가 쏟아졌다.

"비다! 비가 온다! 스님, 감사합니다."

명수가 소리쳤다. 그 날 이후 마을에 풍년가소리가 넘쳐났다. 마을 사람들은 명수 덕분에 풍년이 들었다며 기뻐했고, 거북이가 살던 샘을 용궁샘이라고 불렀다.

용궁샘과 거북이 스님 이야기는 전라도에서 전래되는 설화이다. 여기서 거북이는 스님이 샘물에 빠졌다가 환생한 동물로 용궁에 살고 있는 신선으로 나오고, 거북이를 수신으로 믿어 비를 관장한다는 한국 전통적 신앙을 드러내는 동물로 소개한다.

거북이와 평강채씨[36]

강원도 평강平康의 산골 마을 유진리에 허씨許氏 성을 가진 사람이 살고 있었다. 허씨에게는 대를 이을 아들은 없고, '금실'이라는 딸만 있었다. 금실이 열아홉 살이 되었을 무렵, 금실의 부모는 금실에게 어울릴 사위를 찾았다. 많은 총각들이 금실에게 장가들기를 원했지만, 부모의 눈에 차는 사내가 없었다.

어느 날부터 금실이 야위어가고 얼굴빛도 파래졌다. 허씨 부부는 걱정이 되어 금실에게 무슨 일이 있는지 물었다.

....
36   『철원향토지』, 철원문화원, 2000.

"매일 밤 괴상한 일을 겪고 있지만, 큰 문제는 아니에요."

금실은 잘 때마다 방문을 잠그고 자는데, 누군가 누르는 듯 가슴이 답답해서 일어나면 아무도 없었다. 다만 잘 때 단정하게 입었던 옷매무새가 흐트러지고 옷끈이 풀려 있었다. 금실이 기겁해 옷을 다시 입고 불을 켜 방안을 살펴도 아무도 없고 문도 잠가놓은 상태 그대로였다. 이렇게 매일 밤 괴이한 일을 겪던 금실은 점점 말라갔다.

어느 날 밤, 금실은 가슴이 답답해 잠결에 소리를 질렀다. 금실의 소리를 들은 허씨 부부가 놀라 딸의 방으로 달려갔다. 하지만 문이 잠겨 있어 열리지 않았다.

"금실아, 무슨 일 있니?"

부모는 금실을 부르며 문을 뜯고 들어갔다. 방안에는 금실 혼자밖에 없었다. 허씨부부가 이상하다 생각하며 마루로 갔는데, 그곳에서 푸른 광채가 났다. 금실 어머니가 이를 보고 화들짝 놀라 쫓아갔는데 광채를 내는 물체는 이미 뒷담을 넘어가 사라져 버린 뒤였다.

다음 날부터 허씨부부는 마당 소나무 밑에 자리를 깔고 금실의 방을 지켜봤다. 며칠을 계속 지켜봤지만 기척은 없었다. 그런데 갑자기 금실의 방에서 푸른빛이 나온 후 높은 담을 넘어 사라졌다. 얼마 뒤 혼례도 치르지 않은 금실이 아이를 가지는 이상한 일이 일어났다.

허씨 부인은 금실에게 숨기지 않아도 된다며 그 동안 무슨 일을 겪었는지 말하라고 했다. 그러자 금실이 밤마다 있었던 일을 말했다. 허씨 부인은 명주실 꾸러미를 금실에게 주면서 밤에 그 사람이 오거든 명주실 끝에 바늘을 꿰었다가 그 사람이 떠나기 전 옷 끝에 매어 놓으라고 말했다.

그날 밤, 금실의 방에 푸른빛의 남자가 또 찾아왔다. 금실은 명주 꾸러미 한 끝을 남자 옷자락 끝에 몰래 묶어 놓았다. 다음 날 날이 밝자, 허씨는 명주실을 따라 집을 나섰다. 명주실은 담을 넘고 마을 앞에 있는 커다란 연못 속으로 들어가 있었다.

허씨는 이상하게 생각하면서 연못가에서 조심스럽게 명주실을 잡아당겼다. 처음에는 실이 잘 올라오더니 얼마 뒤에는 묵직함이 느껴졌다. 허씨가 잡아당기자 얼마 안 되어 등에서 푸른 광채가 나는 거북이 한 마리가 실 끝에 달려 올라왔다. 허씨는 거북이가 아이의 아빠라 생각하고, 금실에게 일어난 일은 나쁜 징조가 아니라 좋은 징조인 게 틀림없다고 생각했다. 허씨는 거북이 등에 묶인 명주실을 풀고 거북이를 도로 물속에 넣어 주었다.

그날부터 더 이상 푸른 광채의 남자는 금실을 찾아오지 않았다. 금실은 사내아이를 낳았다. 아이는 재주가 비범하고 용맹하여 자라서 정승 자리까지 오르게 되는데, 이 아이가 바로 채원광蔡元光이다. 채원광의 성인 '채蔡'는 '거북이'란 뜻이며, 채원광이 평강 채씨의 시조이다. 이때부터 거북이가 살던 연못을 채씨소蔡氏沼라 부르게 되었다.

이 이야기는 평강 채씨 가문이 신령한 거북이의 후손이라는 설화이다. 여기서 거북이는 길조이자, 정승에 오를 정도로 비범하며 훗날 한 가문의 시조가 될 인물을 태어나게 한 신성한 동물로 등장한다.

우리나라의 거북신앙은 설화뿐만 아니라 놀이로도 전승되었다. 거북놀이는 경기도, 충북, 충남, 강원, 전남, 경남 지역에서 전래된다. 거북놀이는 거북놀이와 거북청배놀이, 거북 타기로 나뉘며 각 지역마다 놀이에 참여하는 대상이 달랐다. 거북놀이는 추석에 주로 진행하며 짚으로 거북이 탈을 만들어 사람이 뒤집어쓰고 기도하거나 축제를 벌인다. 그렇다면 왜 우리나라에서는 거북놀이를 하는 것일까?

거북이는 상서와 무병장수의 화신으로 알려져 있기 때문에 조상들은 거북과 접촉하면 식구들의 건강을 보장한다고 믿었다. 그래서 거북놀이를 통해 거북이를 집안에 들이고 대접하며 놀아주면 거북의 좋은 기운이 집에 옮겨와 식구들을 무병장수하게 해준다고 믿었다. 또 거북이는 집안의 잡귀와 잡신을 쫓아내주는 역할도 한다. 그래서 충북 음성군 감곡면의 거북놀이에서는 놀이패가 "거북아, 거북아! 네 이 댁 문전에 들어왔으니, 마당 돌고 집안 돌아서 잡귀잡신 잡아다가 울릉도 깊은 물에 집어넣어라." 라고 축원을 한다.[37] 이처럼 우리나라에서 진행되는 거북놀이는 집안의 평화를 위해 지내는 제사와 같으며 거북이를 사람에게 이로운 동물로 인식하고 있음을 알려주는 의식이다.

거북이 모양 연적, 국립중앙박물관 소장

---

37 이필영, 「거북놀이의 성격과 의의」, 『역사민속학』 55, 2018.

가귀선인기, 국립고궁박물관 소장

태평성대를 알리는 신통한 동물, 사령

국립고궁박물관 소장

태평성대를 알리는 신통한 동물, 사령

기린

　기린은 현재 기린으로 불리는 동물과 달리 동양 신화에만 존재하며 실존하지 않는 상상 속 동물로 용과 더불어 역사 속에서 자주 언급되는 신성한 존재였다. 신화 속에 등장하는 기린의 모습은 이마에 뿔 하나가 돋아 있고 사슴의 몸, 소의 꼬리, 말 다리와 갈기를 가졌다. 중국에서는 기린이 나타나면 성인이나 성군이 세상에 나타난다고 생각했고, 기린을 오색 빛깔의 털을 가진 동물이라고 믿었다.

　기린은 하늘의 황제인 상제의 사자이자 고대사회에서 우주만물 오행의 정령, 사후세계의 수호자 및 인도자 역할을 담당했다. 중국 후한의 학자이자 서예가인 채옹蔡邕(133-192)은 기린이 오행의 화신이라고 말했으며, 도교의 오제五帝[38](복희, 신농, 황제, 소호, 전욱) 오령五靈[39] 중앙 정령이 기린이라고도 말했다. 또 중국 고전문헌인 『서응도瑞應圖』에서는 "푸른 기린을 용고라 하고, 붉은 기린은 염구, 흰색 기린은 색명, 검은 기린은 각단, 황색의 기린은 균린"이라 하여 오색의 기린을 오행사상과 연관

38　오제는 중국 전설에서 전해지는 황제로 복희伏羲, 신농神農, 황제黃帝, 소호少昊, 전욱顓頊를 말한다.
39　오령은 다섯가지 신성한 동물로, 기린, 봉황, 거북, 용, 백호를 통칭하는 말이다.

시켜 기록했다.[40] 또 다른 기록에서는 기린이 우주질서 운행의 중심 역할을 담당한다고 언급했다.

고대에는 기린을 목성으로 인식하는데, 목성은 당시 역법의 기준이었다. 그래서 기린이 다투면 태양이 빛을 잃고, 일식이 일어나며 정치가 무너지고 도의가 사라져 세상이 곤란해진다고 했다. 이러한 점에서 기린은 우주질서의 운행을 담당하는 중심축으로 기린이 나타나면 모든 것이 조화롭게 되어 선정이 행해지고 나라의 화가 없게 된다고 믿었다.[41]

고대인은 황제가 하늘신의 후손이라고 여겼기 때문에 황제가 죽으면 기린을 타고 사후세계로 돌아간다고 믿었다. 그렇다면 우리나라에서 기린을 사후세계 영물로 인식하게 된 계기는 뭘까?

우리나라 역사 속 기린을 알기 위해서는 먼저 우리나라에선 어떤 모습을 하고 있는지부터 알아야 한다. 기린은 주로 사슴과 말을 상징하기 때문에 사슴 숭배와 말 숭배를 아우르는 동물이었다. 그래서 우리나라에서는 기린을 사슴과 천마로 인식하는 경향이 있었다. 우리나라에서는 두 동물 모두 사후세계를 연결하는 영수로 믿었다.

기린의 다른 이름, 천마

고대부터 천마라는 상서로운 말이 있다고 믿었던 우리나라는 중국 영

---

40 이재중, 「기린고」, 『미술사연구』 16, 2002.
41 이재중, 「기린고」, 『미술사연구』 16, 2002.

수 기린을 접하면서 천마와 기린을 동일한 신수로 인식했다. 그렇다면 우리나라 역사 속에서 천마는 언제 등장했을까? 천마는 고구려 동명성왕 대의 기린굴麒麟窟신화에서 최초로 등장한다.

> 기원전 37년에 주몽이 마한馬韓의 왕검성王儉城[42]에 나라를 건국하니, 하늘에서 사람을 보내 주몽을 위해 궁궐을 지었다. 궁궐은 산 속에 지어졌는데 7일이 되어서야 공사가 끝났다. 궁궐이 완성되자 안개 구름이 걷히면서 금벽金碧[43]이 보이게 하니 새로운 하늘을 열렸도다. 오이烏伊·마리摩離·협부陝父 세 신하가 한 마음으로 주몽의 왕업을 도왔다. 비류국沸流國의 왕 송양松讓이라는 자와 주몽이 나라의 왕위를 두고 다투던 중 갑자기 큰 비가 내려 성이 떠내려가자 비류국 백성들이 주몽에게 스스로 가 충성을 맹세하였다. 주몽이 하늘세계에 왕래하면서 하늘세계 정치를 살피고 신에게 찾아가 인사를 드릴 때, 천마를 타고 조천석朝天石을 밟으니 바위 위에 말발굽 자국이 남았다.[44] 주몽은 왕위에 오른 지 19년 9개월 만에 구름수레를 타고 하늘세계로 올라가 돌아오지 않았다.
>
> 『제왕운기』 권하, 고구려기.

『제왕운기』의 기린굴 신화는 황해북도 인산군 기린리 기린굴과 평양시 중구역 경상동 기린굴에서 전래된 이야기로 주몽의 업적을 소개하는 내용이다. 동명왕이 천마를 타고 하늘로 올라갔다는 이야기는 평양시 기린굴에서 탄생했는데, 처음에는 기린굴이 아니라 천마와 관련된 이름

---
42 왕검성은 지금의 평양이다.
43 금벽은 궁궐이나 사찰을 단청할 때 황금색과 푸른색의 고운 색을 칠하는 것을 말한다. 단청은 목조건물에 청, 적, 황, 백, 흑색을 사용해 아름답게 장식하는 것을 말한다.
44 조천석은 평안남도 평양 기린굴 남쪽에 있는 바위이다. 고구려 동명왕이 조천석에서 기린을 타고 하늘로 올라갔다고 한다.

이었다가 추후 기린이 우리나라에 전파된 이후 명칭이 바뀌었다고 한다.

평양 기린굴에는 동명왕이 세운 절인 영명사永明寺가 있는데 그 근처에는 동명왕이 기린를 타고 하늘로 올라간 것을 기념하여 만든 장소들이 다수 존재한다. 대표적으로 영명사와 부벽루浮碧樓[45], 구제궁九梯宮이 있으며 이에 대해 『조천기朝天記』와 『신증동국여지승람』에서 상세히 전해진다.[46]

『조천기』[47]

감사가 먼저 부벽루에 가 있었는데, 그가 나를 불러 그곳에 갔다. 내가 장경문長慶門 밖으로 나가 강을 따라 부벽루에 갔더니 가파른 절벽이 우뚝 서 있어서 산 속에 병풍이 있는 것처럼 보였다. 그래서 명나라 사신 오희맹吳希孟(?-?)이 이곳을 보고 청류벽淸流碧이라 이름 지었다고 한다.[48] 청류벽을 따라서 3~5리를 걸어갔더니 누각 아래가 보였다. 누각은 영명사 남쪽에 있는데 이곳이 바로 동명왕東明王의 구제궁 옛터였다. 청운靑雲과 백운白雲이라는 다리 2개가 있었다. 전해 듣기로는 다리도 모두 동명왕 때 만든 것이라고 한다. 이곳에 기린굴麒麟窟 조천석이 있었다는 말이 있다.

---

45 부벽루는 평양 중구역 경산동 대동강변에 있는 조선 후기를 대표하는 정자이다. 현재 부벽루는 북한 국보유적 제17호로 지정되어 있다.
46 『조천기』는 선조때 허봉許篈(1551-1588)이 명나라에 다녀오면서 쓴 일기이다.
47 『조천기』 권상, 1574년(선조 7년) 5월 23일.
48 청류벽은 평양시 모란대 밑에 있는 낭떠러지 언덕으로 부벽루가 있는 곳이다.

『신증동국여지승람』[49]

산 밑에 부벽루가 있어 강에 의지하였고, 아래에 기린굴이 있는데 동명왕이 말을 기르던 곳이다. 또 조천석이 있으니 세상에서 전하기를, 왕이 여기서 말을 타고 하늘에 조회하였다 한다. 조천석은 기린굴 구제궁 안 부벽루 아래에 있다. 동명왕이 이곳에서 기린말을 길렀다고 하는데, 뒷사람이 비석을 세워 기념하였다. 세상에서 전하기를, 왕이 기린말을 타고 이 굴에 들어오니 땅속에서 조천석이 나와 하늘로 올라갔다 한다. 그 말발굽 자국이 지금까지 돌 위에 있다.

김극기金克己(?-?)의 시에, "주몽이 말을 타고 하늘에 조회하려고 고개 중턱 금당金塘이란 곳에 옥기린玉麒麟을 길렀네. 어느 날 채찍을 떨어뜨리는 바람에 옥기린이 돌아오지 못했네. 이제 하늘에 있는 구제궁에 어찌 오를꼬." 라고 했다.[50]

이색李穡(1328-1396)[51]의 시에, "기린은 백운굴白雲窟을 떠났고, 용龍은 방초주芳草洲[52]로 돌아갔네." 라고 했다.

이첨李詹(1345-1405)의 시에, "옛날 옛적에 괴상하고 신비로운 일이 성동에 있는 굴에서 일어났는데, 이를 기린굴이라고 불렀다. 동명왕이 여기에서 기른 기린을 타고 하늘 위로 올라갔다고 한다." 라고 했다.[53]

권근權近(1352-1409)의 시에, "산 앞의 굴이 가장 깊고 그윽한데, 이야기를 전해 듣기로는 옛날에 진인眞人이란 사람이 여기에 머물렀다고 한다. 진인은 굴 안에서 기린을 길들여 하늘 위로 올라가는데 썼다." 라고 했다.[54]

....
49 『신증동국여지승람』 권51, 「평안도」, 평양부.
50 김극기는 고려시대 시인이자 문신이다.
51 이색은 고려시대 학자로 이성계가 왕이 되는 것을 반대한 사람이다.
52 방초주는 향기로운 풀이 우거진 모래톱을 말한다.
53 이첨은 고려 말, 조선 초 문신이다.
54 권근은 고려 말, 조선 초 문신이자 학자이다.

이승휴李承休(1224-1300)의 시에, "하늘로 갔다 왔다 하늘 정사政事에 참여했으니, 조천석 위에 기린의 발굽이 가벼웠네." 라고 했다.[55]

『조천기』와 『신증동국여지승람』에는 기린굴이 어디에 있으며, 주변에 무엇이 있는지, 동명왕이 기린굴에서 말(기린)을 키웠고, 말을 타고 하늘세계로 방문하기도 했다는 것에 대해 기록되어 있다. 기린굴은 실존하는 동굴로, 조선시대까지 상서로운 장소로 불리고 동명왕의 위대함을 전하는 장소였다.

고구려 외에 백제, 신라에서도 기린을 신성한 동물로 인식했다. 먼저 백제는 무령왕릉에 기린 석수石獸[56]를 세워 무덤을 지키게 했고, 무령왕릉에서 발견된 기린은 무덤을 지키는 동물로 사용했다. 신라는 경주 환남동 155호분 장이도障泥圖에서 기린과 관련된 유물이 발견되었다. 백제와 신라의 기린은 고구려와 마찬가지로 사슴과 말이 혼합된 형태로 표현되었지만, 천마로 생각했는지에 대해서는 확인하기 어렵다.[57] 대신 고구려에서 기린을 천마라고 믿고 있었기 때문에 고구려와 교류하던 백제와 신라에서도 천마라고 생각했을 가능성이 높다.

고려시대에는 기린이 말, 사슴, 사자 등과 같은 몸에 용 비늘이 덮인 형상이라고 생각했다. 이는 중국 송나라와 원나라가 기린의 몸에 용 비

---

55   이승휴는 고려 후기 문신이다.
56   석수는 무덤 앞에 세워진 동물 모양의 석상이다.
57   김선숙, 「경주 항남동 제155호분 출토 장니에 그려진 소위 '천마'에 대한 재고」, 『한국고대사탐구』 10, 2012.

늘이 있다고 믿은 게 고려에 영향을 미쳤기 때문이다.[58] 하지만 고려시대에는 기린을 숭상하거나 국가적으로 활용하는 빈도수가 고대에 비해 적었다. 하지만 조선시대부터 다시 기린에 대한 인식이 확산됐고, 특히 왕들이 기린에 관심을 가졌다. 조선시대에는 중국, 특히 명나라에 기린이 나타나면 축하하는 사신들을 보내는 일이 종종 있었다.

공조판서工曹判書[59] 권충權衷(1349-1423)과 총제摠制[60] 이징李澄(1375-1435)[61]을 명나라 수도로 보냈다. 그들을 명나라로 보낸 것은 기린麒麟이 나타난 것을 하례하기 위함이었다.

『태종실록』 권28, 태종 14년 윤 9월 30일.

기린이 실제로 등장했는지의 여부는 확인할 수 없지만, 태종은 실제 두 대신을 명나라로 보내 기린의 등장을 축하한다고 전했다. 세종대에도 기린의 등장을 축하하는 사신을 보낸 적이 있다.

인수부仁壽府[62] 윤尹[63] 최사의崔士儀(1376-1452)를 보내어 명나라 수도에 가서

---

58 이재중, 「중세 기린 도상 연구」, 『역사민속학』 10, 2000.
59 조선시대 육조 중 하나인 공조의 정2품의 으뜸 벼슬이다. 공조는 주로 건축 관련된 일을 관장하는 기관이다.
60 총제는 조선 초기 삼군도총제부의 높은 벼슬이다. 삼군도총제부는 고려 말기에서 조선 초기에 있었던 군사기관이다.
61 이징은 태조 아들인 의안대군의 아들이다.
62 인수부는 1400년 2월에 설치한 세자궁인 동궁의 관아인 세자부 이름이다.
63 윤은 벼슬을 말한다.

기린麒麟의 출현을 하례하게 했다.

『세종실록』 권84, 세종 21년 1월 3일.

이처럼 조선 초기에는 중국에 출현한 기린을 기념하는 일을 신성한 의식이자 중국과의 외교로 생각했다. 즉 조선 초기의 기린은 상서로운 동물이자 중국과 외교적 관계를 맺는 중요한 수단이었다.

조선 후기에는 기린을 어떻게 인식하고 있었을까? 조선 후기 사람들의 기린에 대한 인식은 이익이 쓴 『성호사설』에 잘 적혀있다.

> 송나라에서 오방의 신에게 제사를 지낼 때 그 중앙의 신을 기린이라고도 하고 천마라고도 하였으며, 악서樂書에서는 황인黃螾이라 하였다. 황인은 구인蚯蚓[64]이며 구인을 지룡地龍[65]이라고도 부르니, 황인이란 반드시 황룡黃龍을 가리킨 것이다. 또 뱀과 용을 혼동하여 말한 것인지도 모른다. 기린이니 천마의 신이니 하는 것도 구진鉤陳을 가리켜 말한 것이다.[66]
>
> 이익, 『성호사설』 권2, 「천지문」, 구진등사.

기린은 종류가 많다. 『이아爾雅』[67]에는 "경경麖이란 노루는 소와 같고 뿔은 하나다. 한 무제漢武帝가 교제郊祭[68]를 지내다가, 포麃[69]와 비슷하게 생긴 뿔이 하

---
64 구인은 지렁이를 지칭하는 명칭이다.
65 지룡은 지렁이를 지칭하는 명칭이다.
66 구진은 북극에 가장 가까이 있는 별 중 하나이다.
67 『이아』는 중국에서 가장 오래된 유교 경전이다.
68 교세는 중국 고대에서 황제가 수도 밖에서 하늘과 땅을 위해 지내는 제사를 말한다.
69 포는 큰 사슴 또는 고라니를 말한다.

나 돝친 짐승을 잡았는데, 기린이다." 라고 적혀있다. 또 "휴驨라는 천리마는 말처럼 생겼는데 뿔이 하나이고, 뿔이 없는 것은 기騏라는 천리마이다. 298년(원강元康[70] 8년)에 구진군九眞郡[71]에서 큰 짐승 한 마리를 발견했다. 크기는 말만하고 뿔은 하나로 생긴 것이 녹용鹿茸과 흡사하며, 지금도 깊은 산중에 가끔 나타나는 것을 볼 수 있는데, 뿔이 없는 종류도 있다." 라고 했다.

"인麐이란 암기린은 몸집은 고라니麕처럼 생겼고, 소 꼬리에 뿔이 하나이다." 라고 했다. 『소疏』[72]에는, '기린은 이마가 이리와 같고 발굽은 말과 같은데, 다섯 가지 색이 배 밑을 누르고 있으며, 키는 두 길쯤 되는 상서로운 짐승이다. 지금 병주幷州 경계에 기린이 있는데, 사슴처럼 생겼으니, 상스러운 짐승이 아니다.' 라고 했다.[73] 여기서 말하는 기린들은 모두 기린을 상징하는 동물이다.

사슴의 몸에 물고기 비늘이 있는 것이 기린인데, 공자가 서쪽으로 순행할 때에 그 동물이 기린인걸 알았다. 성인聖人은 처음 봐도 그것이 기린인 줄 알았으나, 기린이란 짐승은 예부터 있었기 때문에 성인도 옛 이야기를 듣고 알았다. 기린 린麟자는 사슴 녹鹿자에 인粦자를 붙인 것이니, 기린이라는 이름이 물고기 비늘에서 출발했다고 한다.

이익, 『성호사설』 권4, 「만물문」, 어화인봉.

『성호사설』에서 기린은 고대부터 조선시대까지, 중국과 조선에서 믿었던 기린의 모습을 걸러내지 않고 설명했다. 이익도 역시 기린을 천마와 사슴으로 나누어 설명한다. 천마인 경우 뿔이 있는 종과 없는 종으로 나뉘고 사슴인 경우 몸에 물고기 비늘이 있다고 하여 더욱 신비로운

---

70 원강은 중국 위진남북조시대에 사용한 연호이다.
71 구진군은 111년 한나라(기원전 206-기원후 222) 무제가 베트남 북부 탕호아에 설치한 군이다.
72 『소』는 부처의 가르침을 기록한 경론을 해석한 해설책이다.
73 병주는 지금의 중국 산서성 태원 일대이다.

모습을 하고 있다. 이는 고대부터 이어지는 기린의 모습과 당시 유행하고 있는 기린의 형상을 결합한 모습이었다.

청자 기린모양 향로, 국립중앙박물관 소장

태평성대를 알리는 신통한 동물, 사령

기린 흉배, 국립중앙박물관 소장

태평성대를 알리는 신통한 동물, 사령

기린기, 국립고궁박물관 소장

태평성대를 알리는 신통한 동물, 사령

제6장

조선시대 신이한 동물들

학

학은 선학仙鶴, 선금仙禽, 노금露禽, 태금胎禽, 일품조一品鳥, 단정학丹頂鶴 등으로 불리고, 신선이 타고 다니는 새로 알려져 있으며 천년장수하는 영물로 십장생 중 하나이다. 또 학의 자태나 기상이 선비가 꿈꾸는 이상적인 성품을 상징하기 때문에 고대, 고려시대보다 조선시대에 인기가 많아 청화백자와 자수품에 학을 새겼고, 민화에서 소나무와 함께 자주 학을 그렸다. 그렇다고 학을 조선시대에만 중요하게 생각했던 것은 아니다. 고려시대에는 학과 구름이 함께 있는 운학무늬를 상감청자에 자주 사용했다.

학은 선비를 상징할 뿐만 아니라 관직이나 벼슬을 얻어 출세해야만 사용할 수 있는 새이기 때문에 큰 사랑을 받았다. 학은 다른 새들과 달리 신선이 타는 새이자 깨끗함을 나타내는 새이므로 그만큼의 위상을 갖고 있는 일품 문관만이 쓸 수 있었기 때문이다.

쌍학문 흉배, 국립고궁박물관 소장

조선시대 신이한 동물들

국립고궁박물관 소장

조선시대 신이한 동물들

기러기

조선시대 혼례에서 기러기는 신랑과 신부를 이어주는 중개자와 같은 역할을 했다. 기러기는 폐백의 주요 요소로 주로 살아있는 기러기를 쓴다. 『주문공가례朱文公家禮』에 따르면, 산 기러기 머리를 왼쪽으로 향하게 하고 오색 비단으로 묶었는데 살아있는 기러기가 없으면 나무로 만든 기러기 조각을 사용했다.[1]

기러기가 혼례의 상징이 된 것은 한 번 짝을 맺으면 평생 함께하여 정절을 상징하기 때문이다. 기러기는 수명이 길기 때문에 장수를 뜻하고 알을 잘 낳으므로 아이를 많이 낳으라는 뜻도 갖고 있다. 폐백용으로 기러기를 쓸 때 비단으로 감싸는 이유는 정절과 장수, 다산을 상징하는 기러기를 붙잡아 복이 부부에게 깃들기를 기원하는 행위였기 때문이다.[2]

기러기를 폐백으로 사용한 시기는 조선시대로 주로 남자 쪽이 준비했다. 대신 살아있는 기러기는 구하기 어려웠으므로 왕실 혼례나 양반만 산 기러기를 사용했고, 백성들은 나무로 만든 기러기를 썼다.

왕녀의 혼례식인 경우, 남편이 될 자가 기러기를 들고 왕녀의 집으로

---
1 『주문공가례』는 중국 송나라 성리학자인 주희가 일상 예절에 대해 모두 기록한 책이다.
2 강재철, 「한국 혼례에 나타난 제습속의 상징성 고찰」, 『비교민속학』 16, 1999.

향하는데, 왕녀는 집이 궁궐이기 때문에 궁 밖에 미리 왕녀의 집을 구해 그곳에서 혼례를 치렀다.

> 예조에서 왕녀 하가의를 아뢰다.
> 왕(왕의 대리인)이 나가 문밖에서 사위를 맞고, 겸손한 태도로 문 안으로 들어가면 사위는 기러기를 안고(산 기러기의 왼쪽 머리를 색으로 물든 천이나 비단으로 묶는다.) 뒤따라 마루에 도착하면, 왕(왕의 대리인)은 조계阼階[3]로 올라가서 서쪽을 향해 선다. 사위는 서쪽 계단으로 올라가서 북쪽을 향해 꿇어앉아 기러기를 땅에 놓는다. 왕(왕의 대리인)의 하인이 기러기를 받는다. 사위가 고개를 숙여 엎드렸다가 일어나 두 번 절하며 왕(왕의 대리인)은 절에 답하지 않는다.
> 『세종실록』 권67, 세종17년 1월 23일.

하지만 왕이나 세자인 경우 기러기를 드는 신하가 따로 있어 이들이 왕비, 후궁, 세자빈의 집 주인에게 전해준다. 즉 기러기를 직접 드는 왕자와는 달리 기러기를 직접 전하지 않고 대리인을 통해 전했다.[4]

> 대군은 기러기를 안고 주인(장인)의 뒤를 따라 마루로 올라간다. 주인은 조계阼階로 올라가서 서쪽을 향해 서고, 대군은 서쪽 계단에 올라가서 북쪽을 향해 꿇어앉아 기러기를 땅에 놓으면, 주인의 신하가 이를 받는다. 대군이 머리를 숙였다 일어나 두 번 절하면, 주인은 답하지 않다. 대군이 서쪽 계단으로 내려가면, 주인은 내려가지 않는다.
> 『세종실록』 권67, 세종 17년 2월 29일.

....
3 조계는 혼례식을 할 때 집 어른이 손님을 접대하는 동쪽 계단을 말한다.
4 『세종실록』, 「오례」, 납비의; 『세종실록』, 「오례」, 왕세자 납빈의.

신분에 관계없이 혼인을 하는 자라면 누구나 기러기의 신령한 기운을 받아 다복한 가정이 되기를 꿈꿨고, 반려와 함께 행복하길 기원했다. 그 바람은 현재까지 이어져 전통혼례를 하거나 결혼식 다음으로 진행하는 폐백식에서 나무로 만들어진 기러기를 알록달록 꾸며 신부에게 전한다.

국립중앙박물관 소장

국립중앙박물관 소장

박쥐

박쥐는 한자로 편복蝙蝠이라고 칭한다. 편복의 복은 행운을 의미하여 오래 전부터 신선나라의 쥐라는 뜻으로 천서天鼠, 비서飛鼠, 선서仙鼠, 야연夜燕이라고도 불렀다. 중국 고전문헌인 『이아』에는 박쥐의 수명이 최대 2천년이라고 적혀있다. 중국에서 박쥐를 바라보는 인식이 우리나라에도 전파되었음은 빙허각憑虛閣 이씨李氏(1759-1824)[5] 가 쓴 백과사전 『규합총서閨閤叢書』를 통해 확인할 수 있다. 『규합총서』에는 박쥐를 선서, 혹은 비서라고 부르며 오백 살이 되면 색이 하얗게 변하고, 박쥐를 먹으면 신선이 된다고 쓰여 있다.[6]

우리나라는 조선시대부터 박쥐를 신성한 동물이라고 믿었는데, 길상吉祥동물로 인식해 주로 공예와 생활용품에 장식하는 용도로 사용했다. 박쥐문양은 장수와 복을 상징하며 이외에도 부, 귀, 강녕, 다남多男의 오복사상과 결합해 현세의 길상을 상징적인 의미로 표현했다. 특히 박쥐문양은 왕실 여성들의 생활용품이나 직물, 장신구, 가구와 건축물 장식

---
5 빙허각 이씨는 『규합총서』, 『청규박물지』, 『빙허각고략』을 저술한 조선시대 여성 실학자이다.
6 김종대, 『우리문화의 상징세계』, 한영문화사, 2001.

등에 박쥐의 한자 중 하나인 복蝠자 대신 넣기도 하며, 사대부 집안 여성의 댕기류, 쓰개류, 옷의 깃, 당의 깃 등에서 쉽게 찾아볼 수 있다. 생활용품 중 의복에 박쥐문양을 넣을 경우, 금박을 넣어 만들거나 청, 홍, 백색을 넣어 장식했다. 박쥐문양이 여성의 생활용품에서 자주 등장하는 이유는 박쥐가 번식을 상징하며 특히 오복 중 다남, 즉 아들을 많이 낳게 해준다고 믿었기 때문이다.

국립중앙박물관 소장

박쥐모양 수막새, 국립중앙박물관 소장

박쥐모양 연적, 국립중앙박물관 소장

까치

까치는 우리나라에서 반가운 소식을 전하는 동물이자 좋은 징조, 희망을 상징한다. '아침에 까치가 울면 좋은 일이 생기고, 밤에 까마귀가 울면 안 좋은 일이 생긴다.'라는 속담에서도 까치는 긍정적인 이미지를 나타내 좋은 미래를 예견하는 동물이자 희망, 행운, 밝고 희망찬 존재로 표현되어 우리 민족에게 행복을 주는 동물로 쓰였다.[7]

까치는 회화 작품에서 주로 등장하는데, 특히 호랑이와 함께 묘사된다. 이를 호작도虎鵲圖라고 한다. 호작도에서 호랑이와 까치는 신분사회를 해학적으로 비판하는 용도로 사용되었다. 신분사회를 비판하기 위해 그린 호작도에서 호랑이는 탐관오리를 상징하고 까치는 일반 백성을 대표한다고 해석한다. 이 경우 호랑이를 어리숙한 모습으로, 까치는 당당한 모습으로 묘사하여 호랑이가 까치에게 쩔쩔매는 모양새로 표현한다.

까치와 호랑이를 해학적인 의미로만 같이 쓰는 것은 아니었다. 까치는 기쁜 소식을 전하는 동물로 기쁨을 상징했기 때문에 옛 사람들은 벽사의 상징인 호랑이와 까치가 함께 있으면 집안의 잡귀를 물리치며 행복

---
7 천진기, 「지역상징동물연구」, 『우리문학연구』 32, 2011.

만 들어온다고 믿었다. 민속학에서는 민간의 길흉화복을 관리하는 서낭신이 마을 곳곳에 좋은 소식을 전하기 위해 까치를 시켜 호랑이에게 신의 뜻을 전하게 했다고 하여 두 동물을 함께 보는 경향이 있다.

국립중앙박물관 소장

국립중앙박물관 소장

호작도, 국립중앙박물관 소장

두꺼비

달의 상징

두꺼비는 토끼와 함께 달을 상징하며 재앙을 막아주는 수호동물로 고대부터 신성하게 여긴 동물이다. 음의 상징인 토끼와 달리 두꺼비는 음양과 관계가 없음에도 중국 신화의 영향으로 달, 특히 달의 여신을 상징하게 되었다. 달의 여신 항아 신화에서 두꺼비가 달의 여신을 상징하게 된 까닭이 드러난다.

> 섬여는 두꺼비를 말하며, 달의 다른 이름이다. "장형張衡(78-139)[8]의 『영헌靈憲』에 이르기를 '예羿[9]가 서왕모에게 불사약不死藥을 얻었는데, 예의 아내인 항아嫦娥가 약을 몰래 훔쳐 먹고 달 속으로 도망가 두꺼비로 변신해 살고 있다.'라고 했다. 그리고 「고어古語」에 이르기를 '두꺼비가 달을 먹는다蟾蜍蝕月.'라고 적혀있다."
>
> 정두경, 『동명집』 권26, 「시풍 징편」 5, 당 현종.

....
[8] 장형은 중국 후한의 과학자로 천체를 관측하는 기구인 혼천의와 지진계인 후풍지동의를 만든 사람이다.
[9] 예는 중국 전설에 나오는 활의 명수로, 세상이 무서운 괴물에게 공격 당할 때 천하의 평화를 바란 중국 고대 전설의 왕 제요帝堯가 찾은 영웅이다.

중국은 두꺼비가 되어 달에 살게 된 항아를 달의 여신이라 믿었고, 이 신화가 우리나라에 전파되면서 두꺼비를 달의 상징으로 믿게 되었다. 그리하여 고구려 고분벽화와 신라 기와 와당瓦當[10], 조선시대 불교의 이념이 담긴 그림인 불화에서 달 안에 그려진 두꺼비를 확인할 수 있다.

부처를 지키는 수호 두꺼비

두꺼비는 불교에서 부처를 보호하는 동물로 여겨진다. 『삼국유사』에는 두꺼비가 중국 양梁나라에서 온 사리와 지장법사慈藏法師(?-?)가 가져온 부처님의 유품을 지키는 동물로 기록되어 있다.[11]

두꺼비가 지킨 부처님 유품[12]

『국사國史』의 기록이다. 549년에 양梁나라에서 심호沈湖라는 자를 보내어 사리 몇 낱을 신라에 보내왔다. 선덕여왕 때인 643년에 지장법사가 부처님의 두골, 어금니, 불사리[13] 1백 낱, 부처님이 입던 붉은 색 천에 금 장식이 되어 있는 가사袈

---

10 와당은 수막새 기와로 지붕에 기와를 얹어 내려온 끝을 막아주는 건축재로 사용된다.
11 지장법사는 636년에 당에 건너가 불법佛法을 구한 큰 스님이다.
12 『삼국유사』 권3, 「탑상」 4, 전후소장사리.
13 불사리는 부처나 큰 스님의 유골이니 화장 후 나온 구슬을 맗한다.

袈¹⁴ 한 벌을 가지고 왔다. 진흥왕대에 온 사리와 지장법사가 가져온 사리는 세 가지로 나누어 보관했다. 한 가지는 황룡사皇龍寺 탑에, 다른 한 가지는 태화사太和寺 탑에, 마지막 사리는 가사와 함께 통도사通度寺 남쪽에 있는 금강계단에 두었다.

금강계단은 단이 두 층으로 되어 있는데, 위층 가운데에는 돌 뚜껑을 덮었다. 민간에 전해지기를, 옛날에 안렴사按廉使가 와서 계단에 절하고 돌 뚜껑을 들려고 했는데 앞에는 큰 구렁이가 있었고 뒤에는 큰 두꺼비가 웅크리고 있었다.¹⁵ 결국 구렁이와 두꺼비 때문에 돌 뚜껑을 열지 못했다.

재앙을 알리는 두꺼비 •⎯⎯⎯⎯⎯

우리나라에서 두꺼비는 600년대부터 재앙 또는 전쟁을 알리는 동물로 표현되었다. 선덕왕대에 처음으로 두꺼비를 전쟁을 예견하는 동물로 묘사했다.

신라를 지킨 두꺼비¹⁶

636년 여름 5월에 두꺼비가 궁궐 서쪽의 옥문지玉門池에 많이 모였다.¹⁷ 왕이 이를 듣고 신하에게 말하기를, "두꺼비의 성난 눈은 병사의 모습 같구나. 내가 예전에 듣기로는 서남쪽 변경에 옥문곡玉門谷이라는 곳이 있다는데, 그곳에 이웃 나라

⎯⎯⎯⎯⎯⎯⎯⎯⎯⎯⎯⎯

14　가사는 승려 왼쪽 어깨에서 오른쪽 겨드랑이 밑으로 걸쳐 입는 옷을 말한다.
15　안렴사는 고려시대 지방장관을 말한다. 안렴사란 지방장관 명칭은 1276년(충렬왕 2년)부터 1389년(창왕 1년)까지 사용했다.
16　『삼국사기』 권5, 「신라본기」 5, 선덕왕 5년 5월.
17　옥문지는 경주 용모사에 있던 못이다.

의 군사가 숨어 들어온 것은 아닌지 알아보라."라고 하였다.[18] 이에 장군 알천閼川 (?-?)과 필탄弼呑(?-?)이 군사를 이끌고 갔다. 왕의 예감대로 백제의 장군 우소于召 (?-?)가 독산성獨山城[19]을 습격하려고 군사 500명을 이끌고 와 옥문곡에 숨어 있었다. 알천은 숨어있던 백제 군사들을 모두 죽였다.

선덕왕대 나타난 두꺼비는 백제 군사의 침입을 알렸다. 이러한 상징은 백제의 멸망을 암시하는 사료에서도 확인된다.

> 여름 4월에 두꺼비 수만 마리가 나무 꼭대기에 모였다. 수도 사비의 저자 사람들이 까닭도 없이 놀라 달아나니 누가 잡으러 오는 것 같았다. 그러다가 쓰러져 죽은 자가 1백여 명이나 되고 재물을 잃어버린 자는 셀 수도 없었다.
> 『삼국사기』 권28, 「백제본기」 6, 의자왕 20년 4월.

두꺼비 수만 마리가 백제에 나타나 나무 꼭대기에 모인 일이 생기고 난 후 3개월 후인 7월에 백제가 멸망했다. 즉 이 기록에서 두꺼비는 미래를 예지하여 백제의 멸망을 세상에 알리는 동물로 묘사되었다.

조선시대에는 두꺼비를 미래에 일어날 재난을 암시하는 동물로 믿었다. 명종실록에는 1181년(명종 11년) 2월 21일에 간원이 명종에게 1월 12일 이후 모화관慕華館 반송지盤松池 담 밑에 수를 셀 수 없을 정도의 두꺼비들이 새끼를 업고 담장을 따라 어디로 갔는데 그날 이후 풍설이 일어

---

18 옥문곡은 현재 경북 합천군 가야면 구원리 지역으로 알려져 있다.
19 독산성은 548년 백제가 차지한 산성으로 정확히 어디인지 알 수 없지만 충남 예산군으로 보는 견해가 많고, 북한강이나 임신강 유역인 경기 동북부나 강원도 철원 지역이라는 의견도 있다.

났다고 아뢴 기록이 있다.[20]

또 현종실록에는 1672년(현종 13년) 2월 6일에 두꺼비들이 어영청御營廳 북쪽 담장 밖에서 나와 종묘의 서쪽 담장까지 있는 도로를 가득 메워 사람들이 다닐 공간이 없었다고 기록되어 있다.[21] 두꺼비가 한양을 가득 메우기 전날인 3일에는 평양에서 지진이 발생했었으며, 5일에는 전라도 장흥의 대장봉이 흔들리는 일이 있었다. 그리고 두꺼비가 나타난 날 전라도 부안에서 이상 현상이 일어났었다. 즉 조선시대에 기록된 두꺼비들은 나라에 일어날 재앙 또는 자연재해를 알리는 동물이었음을 알 수 있다.

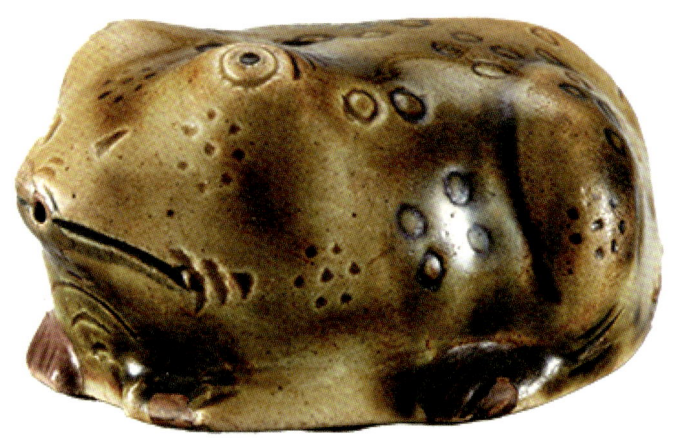

두꺼비 모양 연적, 국립중앙박물관 소장

20   『명종실록』 권20, 명종 11년 2월 21일.
21   『현종실록』 권20, 현종 13년 2월 6일.

두꺼비 모양 연적, 국립중앙박물관 소장

두꺼비 모양 연적, 국립중앙박물관 소장

조선시대 신이한 동물들

제7장

바다 속 신통한 동물들

고래

    고래는 선사시대부터 바다를 지키는 수호신으로 믿어졌다. 고래신앙은 큰고래를 숭배하면서도 큰고래 사냥을 생업으로 삼는 포경문화권捕鯨文化圈인 남동해안과 돌고래를 바다의 수호신으로 숭배하는 경신문화권鯨神文化圈인 서남해안에서 성행했다. 울산 반구대 암각화에서 발견된 고래 그림들은 모두 큰 고래이며, 큰고래를 신으로 여겨 풍어를 기원하는 용도로 새겨진 것들로 동해안지역이 포경문화권임을 증명하는 유물로 해석된다.

    울산 외 전라북도 부안군 위도면 대리와 전라남도 신안군 흑산도에도 고래를 숭배하는 신앙이 존재한다. 부안군 위도면 대리에는 우리나라의 당신 중 하나인 신령씨당산신을 모시는 당집이 있는데, 이곳에 신령씨당산신이 돌고래를 타고 바다에서 튀어 오르는 그림이 있다. 신안군 흑산도에는 흑산도 사리에 살았던 박유석이 물고기를 잡으러 갔다가 거센 바람으로 배가 망가져 집으로 돌아가지 못할 때 고래가 나타나 그를 구해줬다는 설화가 있다.

선사시대 이후로 고래를 숭배했다는 문헌자료나 유물이 발견된 것은 없지만 고래를 잡던 일부 지역에서는 고래를 숭배하는 민간신앙이 현재도 이어지고 있다.

부안 위도 대리 원당제, 국립민속박물관 소장

물고기

    물고기는 다산과 다복을 상징하는 동물로 선사시대부터 풍요를 기원하는 의미로 바위에 새겨졌다. 고대에는 '물고기가 변하면 용이 된다'는 어변성룡魚變成龍이란 말이 있을 정도로 물고기를 신성한 동물로 여겼다. 고구려 건국신화에 주몽이 고구려를 건국하려고 부여에서 도망칠 때 물고기가 도와주는 이야기가 있을 정도였다.

    우리나라는 물고기를 다산과 풍요의 상징으로 믿었던 만큼 실생활용품에 문양으로 자주 사용했다. 백제는 무령왕릉에서 출토된 청동 잔에 물고기문양 두 개가 발견되었고, 나주 복암리 3호분에서 출토된 금동 신발에서 물고기 무늬 다섯 개가 발견되었다. 신라는 금광총, 천마총, 창녕 7호분에서 출토된 왕족이 쓰는 금허리띠에서 물고기 장식이 발견되었다. 고려시대에는 물고기 문양이 들어간 거울, 도장과 같은 장신구를 사용했고, 조선시대에는 도자기와 민화에 물고기를 그려 넣었다. 물고기를 그린 민화를 어해도魚蟹圖라고 부른다.

    조선시대에는 다산을 기원하며 물고기 한 쌍이 그려진 병풍을 젊은 부부의 방을 꾸미는데 사용했다. 또 아이를 낳고 싶어하는 부녀자들은 삼작노리개에 물고기 모양 장신구 두 개(쌍어)를 달기도 했다.

물고기 문양 분청사기, 국립중앙박물관 소장

물고기 문양 연적, 국립중앙박물관 소장

바다 속 신통한 동물들

바다 속 신통한 동물들

昔以此名一代今
人反不以爲貴
夢蒼

국립중앙박물관 소장

바다 속 신통한 동물들

잉어

　잉어는 변신에 능한 동물로 인식되었고, 주로 용으로 변했다. 잉어가 용으로 변했다는 기록은 중국 고전문헌인 『후한서』에서 확인할 수 있다. 『후한서』에서는 등용문登龍門이라는 출세를 상징하는 문에 관한 설화를 통해 잉어가 거친 물살을 거슬러 올라 용이 되므로 입신출세의 상징이라고 서술했다. 이 설화에서 물고기 중 잉어를 지목하여 용으로 변신할 수 있는 능력이 있다고 한 이유는 옛 사람들이 잉어가 거친 물살에서도 살아남는 생명력을 가졌고 비늘 색이 다양하고 화려하여 신성하다고 믿었기 때문이다. 조선시대에는 출세한 선비들에게 축하의 의미로 물에서 튀어나온 잉어 그림인 약리도躍鯉圖나 어변성룡도魚變成龍圖를 선물했다.

　민속학에서 잉어는 부귀와 다산의 개념으로 인식되며 특히 태몽에 잉어가 나오면 아들을 얻는 길몽이라고 여겼다. 또 잉어는 무속에서 동서남북 사해용왕이 타고 다니는 동물이라고 믿었다. 황해도지역에서 행해지는 만구대탁굿에서는 종이로 만든 잉어를 무구로 사용했다.

神鯉沖霄澤為祝慶兩遭波
開奎鏡涵浪耀海門高珠明情
備逸雲從氣自豪獨登蟾桂窠
岐鷟映清操　辛卯秋日畫於蕉牕下
　　　　　　　南軒　紫蓮

목어

    목어는 나무를 깎아 물고기 모양으로 만들어 두드려 소리를 내는 불교용 도구로 목어고木魚鼓, 어고魚鼓, 어판魚鼓으로 불리기도 한다. 목어는 중국에서 유래된 상상 속 물고기이자 밤낮으로 눈을 감지 않기 때문에 수행자에게 물고기처럼 자지 않고 도를 닦으라는 가르침을 주기 위해 만들어진 물고기이다. 목어는 보통 용머리를 하고 입에 여의주를 물고 있지만, 절마다 형태와 색이 다르게 표현된다. 목어는 새벽이나 저녁에 스님들이 공부할 때나 큰 행사가 있을 때 사용된다. 때론 스님들이 식사하고 쉬는 공간에 걸어 두고 예불 사찰의 공동모임이나 공양시간에도 두드려 사용한다. 우리나라의 목어는 불교가 유입된 후부터 절마다 있으며, 현재 남아있는 것들은 모두 조선시대에 만들어진 것이다.

국립민속박물관 소장

국립민속박물관 소장

국립중앙박물관 소장

바다 속 신통한 동물들

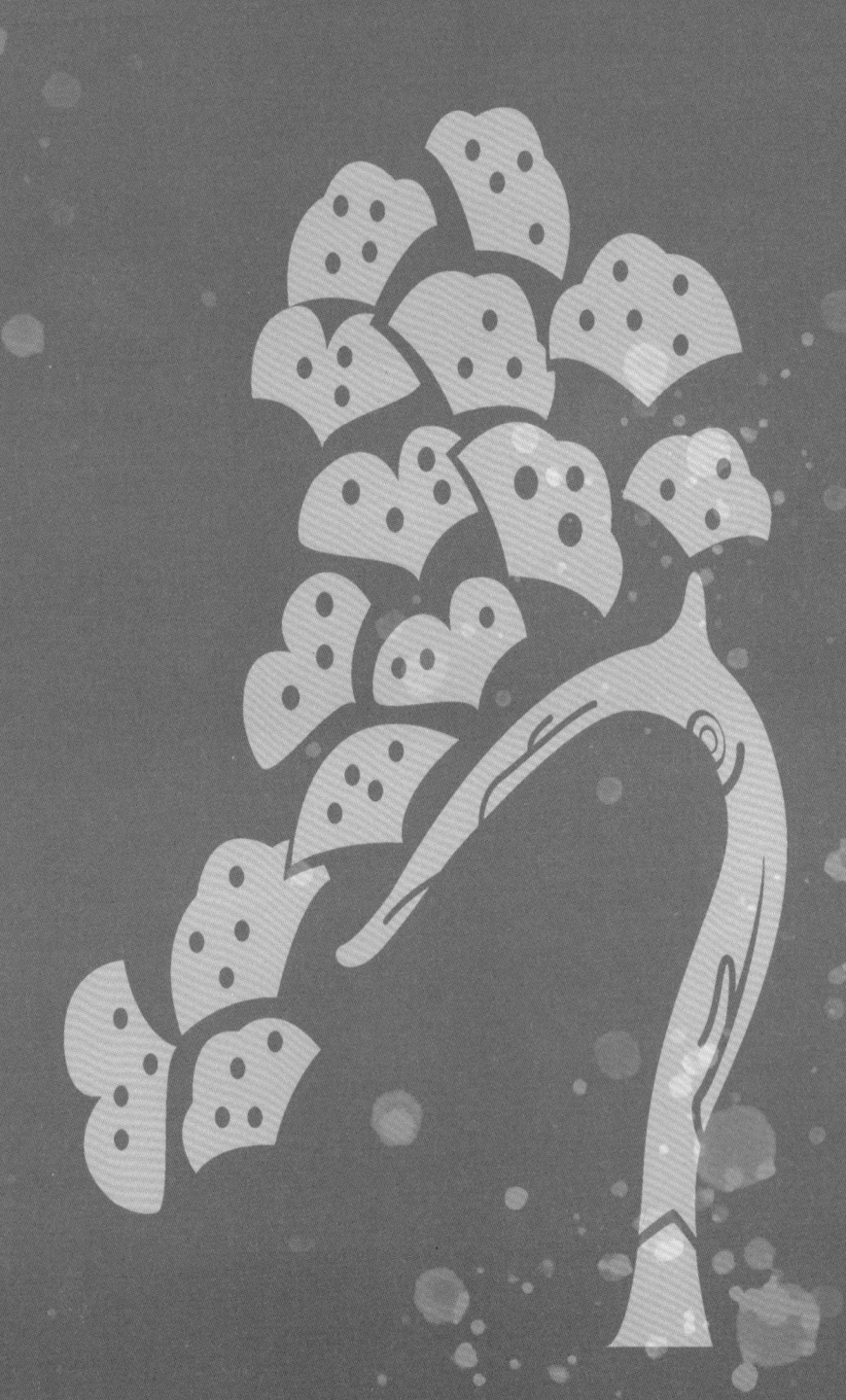

제8장

우리나라를 지켜온 신목

우리나라를 지켜온 신목

　우리나라는 나무를 하늘 신이 내려오는 매개체이자 나라와 마을을 수호하는 수호신으로 믿었다. 이를 수목숭배신앙이라고 부르며, 산악신앙과 밀접한 관계가 있다.[1] 수목숭배신앙은 신목신앙이라고도 불리는데, 신목은 신석기시대부터 현재까지 신의 분신이자 하늘의 신이 땅으로 내려오는 통로로 인식되어 신성하게 생각했고, 조선시대부터는 신목을 신의 대리인이자 마을과 집을 지키는 수호신으로 믿었다. 상고시대부터 고대까지의 신목신앙은 고조선의 신단수신앙, 고구려의 목수신신앙, 마한의 소도신앙 등이 있다.[2]

　고조선 신단수는 『삼국유사』와 『제왕운기』에서 환웅이 천계에서 지상으로 내려올 때 통로로 사용한 나무이자, 웅녀가 아이를 갖게 해 달라고 빈 나무이기도 하다.[3] 고구려가 숭배한 수신隧神은 『삼국지』 「위서」 <동이전>과 『삼국사기』에 자세히 적혀 있다.[4]

1　산악신앙은 크고 작은 산에 종교적인 의미를 부여해 숭배하는 것을 말한다.
2　이은창, 「신라신화의 고고학적 연구(Ⅰ)」, 『신라문화제학술발표회논문집』 11, 동국대학교 신라문화연구소, 1990.
3　이선행, 「한국고대신목신앙에 대한 역철학적 고찰」, 『동방학』 21, 2011.
4　수신은 고구려시대에 숭배했던 신으로 고구려 사람들은 국토신 또는 생산신으로 받아들였다. 수신에게 제사를 드릴 때 주로 나무로 신의 모형을 만들어 사용했다.

> 10월에 지내는 제천행사는 동맹이라고 한다. … 고구려 동쪽에 큰 굴이 있는데 이를 수혈隧穴이라고 부른다. 고구려는 10월에 온 백성이 모여 수신을 맞이하여 나라의 동쪽 위에서 제사를 지내는데, 나무로 만든 수신을 신의 자리에 모신다.
>
> 『삼국지』 권30, 「위서」 30, <동이전>.

> 고구려에는 신묘 2곳이 있는데, 하나는 부여신을 모시며 나무를 깎아 부인상을 만들어 모셨다. 다른 하나는 고등신高登神[5]을 모시는데, 고등신은 시조로 부여신의 아들이라 한다. 함께 관사를 두고 사람을 보내어 지키고 보호하는데 대개 부여신을 하백의 딸, 고등신을 주몽이라 한다.
>
> 『삼국사기』 권32, 「잡지」 1, 제사.

고구려는 신을 모실 때 나무로 목상木像을 만들었다. 석상이 아니라 목상을 만든 것은 당시 신의 형상을 표현할 수 있는 재료는 나무라고 믿었기 때문이다. 마한도 나무를 천신의 형상 또는 제사를 지내는 곳으로 생각했다. 마한의 신목신앙은 『삼국지』 「동이전」 에 기록되어 있다.

> 씨 뿌릴 때가 되면, 귀신에게 제사 지내고 무리 지어 노래하고 춤을 추며 술을 마신다. 춤은 수십 명이 함께 일어나 돌아가며 땅을 밟는다. 춤 모양새가 목탁을 가지고 추는 춤인 탁무鐸舞와 비슷했다. 10월 농사가 끝나면 씨 뿌릴 때처럼 제사를 지내고 춤추며 논다. 나라마다 각각 천신에 제사 지내는 제사장인 '천군天君'이 있다. 여러 나라마다 특별한 읍이 하나 있는데, 이를 '소도蘇塗'라고 한다. 이곳은 천신에게 제사를 지내는 장소로 큰 나무를 세우고, 방울과 북을 매달

---

5 고등신은 주몽을 나타낸 목각신상을 말한다.

아 귀신을 부르는 제사를 지낸다.

『삼국지』 권30, 「위서」 30, <동이전>.

마한은 큰 나무를 통해 귀신을 부르는 제사인 소도제蘇塗祭를 지냈다. 소도제에 사용된 큰 나무, 대목은 현재까지 이어지는 솟대 신앙의 기원이다. 솟대신앙은 긴 나무 막대기 위에 나무새를 달아 마을의 액막이와 풍년을 기원하는 신앙으로 전라도에서는 소주, 소줏대, 강원도는 솔대, 경상도는 별신대 등으로 부른다.

신목신앙은 고려·조선시대에도 이어졌는데, 그 형태가 고대와는 달랐다. 고대는 특정 나무를 신으로 모시기보다는 큰 나무를 신목이라고 믿었고, 고려·조선시대에는 신성시하는 특정 나무를 지정하여 나라를 지키는 신, 마을을 지키는 신, 사람이 나무신이 되는 등 다양한 형태의 역사와 전설을 만들어냈다.

고려·조선시대에는 중국의 영향을 받아 중국에서 신으로 모신 특정 품종의 신목을 그대로 믿기도 했고, 수천 년이 지나도 그 자리를 지키는 나무에 특별한 힘이 생긴다고 생각하여 지역·마을마다 늙은 노목을 신으로 받들기도 했다. 이 시대에는 큰 나무만을 신령한 존재로 보지 않고, 나무의 특성, 철학자들의 인식, 지역 역사를 결합하여 고대와 다른 새로운 수목신앙을 창조했다. 이 시기에는 주로 소나무, 복숭아나무, 오얏나무, 대나무, 느티나무, 은행나무, 회화나무, 향나무, 팽나무, 버드나무 등을 신성하게 여겼다. 이 나무들은 현재 각 지역에서 보호수로 지정하여 국가적으로 관리를 하고 있는데, 그 수가 총 12,924그루이다.

보호수는 오래된 나무를 보존하기 위해 지정한 나무로, 노목, 거목, 회귀목稀貴木[6], 명목名木[7], 보목寶木[8], 당산목堂山木[9], 정자목亭子木[10], 호안목護岸木[11], 기형목畸型木[12], 풍치목風致木[13] 등이 있다. 보호수로 지정된 나무들은 모두 100년 이상의 역사를 가졌고, 각 지역과 마을에서 수호신으로 모시고 있다. 그렇다면 각 나무마다 역사 속에 어떻게 기록되어 있고, 어떤 능력을 가졌으며, 어떤 설화가 남아있는지 알아보기로 한다.

---

6 회귀목은 진귀한 나무를 말한다.
7 명목은 위인이나 유명한 사람 또는 왕족이 심은 나무이거나 전설이 있는 나무를 말한다.
8 보목은 역사적으로 의미가 있거나 전설이 있는 나무를 말한다.
9 당산목은 당산신으로 지정된 나무이다.
10 정자목은 향교, 서당, 별장, 정자 등에 피서목으로 심은 나무를 말한다.
11 호안목은 해안이나 강, 하천을 보호할 목적으로 심은 나무를 말한다.
12 기형목은 기괴한 형태의 관상 나무를 말한다.
13 풍치목은 방풍, 방호의 효과를 주는 나무를 말한다.

우리나라를 지켜온 신목

박달나무

　우리나라 최초의 신목으로 알려진 박달朴達나무는 자작나무과에 속하는 나무로 「단군신화」에서 등장하는 신단수로 알려져 있다. 「단군신화」의 신단수는 환인의 아들 환웅이 세상에 내려올 때 길로 사용한 나무이자 웅녀가 아이를 갖게 해달라고 기도한 나무이다. 고대에는 자식을 얻고자 할 때 노목이나 암석에 기도하는 풍속이 있었는데, 고조선의 경우 박달나무가 하늘 세계와 연결하는 나무이자 인간의 기도를 들어주는 존재라고 믿었다. 『세종실록지리지世宗實錄地理志』에 박달나무가 단군신화의 신단수라고 명확하게 나타나 있다.[14]

　　2000년 전, 신이 박달나무 아래에 내려왔다. 나라 사람들이 그를 임금으로 삼아 평양에 수도를 세웠다. 이름은 단군이라고 한다.

　　　　　　　　　　　　　　　　　　　　『세종실록지리지』, 「평안도」, 평양부.

　박달나무가 신단수이자 신목으로 숭배된 것은 다른 나무들에 비해 단단하고 강인해 나무 중에 으뜸이라고 알려져 있기 때문이다. 박달나무로

14　『세종실록지리지』는 『세종실록』의 부록에 수록된 지리서이다.

만든 가구나 도구는 오래 사용해도 손상이 적고 단단하여 방망이나 빨랫방망이, 방아 등 단단한 돌에 찧는 도구로 사용되었고, 고려시대에는 박달나무로 배도 만들었다.[15] 조선시대에는 창[16], 물레방아나 맷돌에 쓰이는 동력장치인 수차의 재료로 사용했으며[17], 왕족 자택의 자재로도 쓰였고[18], 박판이라는 악기를 제작하는 데 사용되었다.[19]

박달나무 제봉문집목판, 광주광역시 유형문화재 제20호, 국가문화유산포털 소장

15 『선화봉사고려도경』 권34, 「바닷길」, 객주.
16 『선조실록』 권103, 선조 31년 8월 10일.
17 『정조실록』 권50, 정조 22년 11월 30일.
18 『가례도감의궤 영조정순왕후별공작』, 실입질.
19 『경모궁의궤』 권2, 「도설」, 악기도설.

소나무

　소나무는 송松, 솔나무, 송목松木, 육송陸松, 송유송松油松, 여송女松, 자송雌松, 청송靑松 등으로 불리는 나무로 우리나라에서 가장 다양하게 사용되는 목재이다. 특히 옛날 문헌에서 소나무를 언급할 때 송 또는 송목이라고 적었다. 소나무의 한자인 송松은 나무 목木과 공평할 공公이 결합된 글자로 여기서는 제후諸侯를 상징한다.[20] 송이라는 한자가 제후를 상징하는 이유는 진시황秦始皇(재위 BC 247-BC 210) 때문이다. 사마천司馬遷(BC 145-BC 86)의 『사기史記』[21]에 중국 진나라 황제 진시황이 갑자기 비를 만났는데, 그때 비를 피하게 해준 소나무가 고마워 공작 벼슬을 내렸다는 일화가 기록되어 있다.[22]

　우리나라에서는 소나무를 영목靈木 또는 상서목祥瑞木으로 숭앙하여 국가에서 소나무를 관리했기 때문에 함부로 벌목하거나 불을 내면 엄벌을 내렸다. 옛사람들은 소나무에게 마을 또는 집안에 출입하려는 악귀를

....
20　제후는 왕의 형제 또는 친척으로, 왕에게 일정한 영토를 하사받아 다스리는 사람을 말한다. 제후 계급은 공公·후侯·백伯·자子·남男으로 나뉜다.
21　『사기』는 중국 전한의 사마천이 상고시대부터 한나라 무제 태초(BC 104-101년)까지의 중국과 주변 민족의 역사를 담은 역사서이다.
22　강판권, 『나무열전-나무에 숨겨진 비밀, 역사와 한자』, 글항아리, 2016.

막아주는 능력이 있다고 믿어 산모가 출산한 후 산모와 신생아를 보호하기 위해 대문에 거는 금줄에 솔잎을 꽂았다.

소나무는 악귀를 쫓는 능력 때문에 벽사 나무로도 불렸으며, 도교에서는 불로장생과 무병장수의 상징으로 길상의 대표 민화인 십장생도에 등장한다. 우리나라 역사 속에서 소나무가 처음으로 신성한 나무라고 언급된 시기는 고대 고구려이며, 신라, 고려, 조선시대까지 역사 기록 문헌과 회화 작품에서 소나무에 대한 애정이 여실히 드러난다. 그렇다면 고구려시대부터 조선시대까지 소나무를 왜 신성한 나무로 믿었으며, 어떻게 기록하는지 살펴보자.

고구려

고구려시대 소나무는 죽은 자의 영혼을 지켜주는 존재이자 벗으로 인식되어 무덤가에 사용되었다. 이를 도래솔이라고 부른다. 도래솔의 시초는 고구려 제9대 왕 고국천왕故國川王(재위 179-197)의 왕후인 태후 우씨于氏(?-?)의 이야기에서 전래된다.

태후 우씨의 이야기[23]

고국천왕의 왕후 우씨는 고국천왕이 후사 없이 죽자 시동생 연우를 제10대 산

---

23 『삼국사기』 권17, 「고구려본기」 5, 동천왕 8년 9월.

상왕으로 추대한 후 그와 결혼하여 다시 왕비가 되었다. 세월이 흘러 산상왕이 죽고 동천왕이 즉위한 후 228년 3월에 우씨는 왕태후가 되었고, 7년이 지난 234년 9월에 죽었다. 우씨는 목숨이 끊어지려 할 때 신하들에게 유언을 남겼다.

"내가 도의에 어그러진 행동을 했으니 무슨 면목으로 지하에서 국양國壤[24]을 보겠느냐. 만일 신하들이 차마 계곡이나 구렁텅이에 나의 시신을 버리지 못하겠다면 나를 산상왕릉 옆에 장사를 지내주라고 전해다오."

신하들은 우씨의 바람대로 장사를 지냈다. 그리고 며칠이 지난 후 무당이 신하들 앞에 나타나 말했다.

"국양왕께서 저에게 찾아와 말씀하시기를 '어제 우씨가 산상왕에게 가는 것을 보고 분하고 화가 나서 결국 우씨와 싸웠다. 우씨와 싸운 이유를 생각해보니 너무 부끄러워 차마 백성들의 얼굴을 볼 수 없다. 그러니 네가 조정에 이 사실을 알려 내 무덤을 물건으로 가리라고 전하라.' 라고 하셨습니다."

이 말을 들은 신하들은 고국천왕릉 앞에 소나무를 일곱 겹으로 심었다.

고국천왕의 소나무설화에서 고국천왕은 부끄러운 모습을 감추기 위해 무덤 주위에 소나무를 둘러 가리라고 무당을 통해 전했다. 무덤 주변을 둘러싼 소나무는 처음에는 무덤을 숨기는 용도였으나 점차 무덤 수호로 역할이 바뀌었다. 고구려에서 소나무는 무덤 밖뿐만 아니라 각저총 씨름도, 진파리 1호분 쌍수도, 장천 1호분, 오희분 4호묘 등 무덤 안 고분벽화에서도 등장했다.

....
24 국양은 고구려 고국천왕 이름이다.

국립중앙박물관 소장

우리나라를 지켜온 신목

신라

신라는 소나무를 불교적 상징으로 여겼다. 그 이야기는 신라시대 승려인 원효元曉(617-686)[25]가 겪은 신비로운 일에서 확인할 수 있다.

원효와 소나무[26]

원효가 남쪽 교외에 도착하니 논 가운데에서 흰 옷을 입은 한 여인이 벼를 베고 있었다. 원효가 벼를 달라고 희롱하자, 여인이 장난으로 벼가 흉작이라고 대답하였다. 원효가 또 길을 가다 다리 밑에 도착하자, 다른 여인이 월수백月水帛을 빨고 있었다.[27] 원효가 여인에게 마실 물을 청하니 여인은 더러운 물을 떠서 주었다. 원효는 이를 엎질러 버리고 냇물을 떠서 마셨다. 때마침 들 가운데 소나무 위에 앉아있는 파랑새 한 마리가 원효에게 "원효는 그만두시오."라고 하고는 숨어버리고 나타나지 않았다. 그 소나무 아래에 벗은 신발 한 짝이 있었다.

원효가 절에 도착하니 관세음보살 상 자리 아래에 이전에 본 적 있는 신발 한 짝이 있었다. 그제야 앞에서 만난 여인들이 관세음보살임을 알았고 소나무는 관세음보살이 지상으로 내려온 통로였음을 깨달았다. 이후 사람들은 원효가 본 소나무를 관음송觀音松이라고 하였다. 원효가 성굴聖崛에 들어가서 다시 관세음보살의 참모습을 보고자 했지만, 풍랑이 크게 일어 들어가지 못하고 돌아갔다.[28]

---

25 원효는 당나라로 유학 가던 중 동굴에서 해골에 담긴 물을 마시고 깨달음을 얻은 신라의 승려이다.
26 『삼국유사』 권3, 「탑상」 4, 낙산이대성 관음 정취 조신.
27 월수백은 월경할 때 차는 헝겊을 말한다.
28 성굴은 강원도 양양 바다 가운데 있는 동굴을 말한다. 이곳에서 의상이 동해 수호용에게 여의주를 받았다고 한다.

원효는 신라에서 유명한 절에 방문하기 위해 여행을 하다 두 여성을 만나고, 소나무 한 그루와 파랑새를 마주쳤다. 원효가 만난 여성들과 소나무는 관세음보살로 원효의 성품을 시험하고자 변신한 모습이었다. 관음세보살의 시험에서 부정적인 행동을 한 원효는 결국 관세음보살에게 인정받지 못했다. 관세음보살은 길거리에서 쉽게 만날 수 있는 나무이자 불교의 상징 나무인 소나무로 변신하여 원효의 행동을 지켜보았다.

진표 율사의 소나무[29]

진표 율사律師[30]는 아버지와 함께 발연수鉢淵藪라는 절에 도착해 같이 불도佛道를 닦으며 효를 다했다.[31] 진표 율사가 세상을 뜰 때 옆이 독쪽 큰 바위 위에 올라 죽으니 제자들은 시신을 옮기지 않고 공양하고, 해골이 흩어져 떨어질 때에서야 흙을 덮어 묻고 그곳을 무덤으로 삼았다. 무덤에서 푸른 소나무가 자랐지만 세월이 오래 지나자 말라 죽었다. 그 자리에 또 나무 한 그루가 났고 후에 다시 한 그루가 났는데 그 뿌리는 하나였다. 지금도 무덤에 소나무 두 그루가 있다. 소나무에 기도하러 온 사람이 소나무 아래에서 뼈를 찾았지만, 뼈를 그대로 두었다. 나는[32] 법사의 뼈가 없어질 것을 염려하여 1197년 9월 소나무 밑에 가서 뼈를 모아 통에 담으니 3홉가량 되었다.[33] 나는 큰 바위 아래에 난 소나무 두 그루 밑에 돌을 세워 뼈를 안장했다.

---

29 『삼국유사』 권4, 「의해」 5, 관동풍악발연수석기.
30 율사는 불교 신자가 지켜야 할 수행 규범을 지키며 따르는 승려를 말한다.
31 불도는 부처의 깨달음을 알기 위해 수행하는 것을 말한다.
32 여기서 '나'는 일연의 제자인 무극無極(?-?)으로, 『삼국유사』에는 무극이 기록했다(無極記)는 부분이 누 군데 있다.
33 3홉은 0.5L 정도이다.

율사의 무덤에 난 소나무는 불경을 익히고 해탈한 승려의 혼이 깃든 나무로, 불교 교리를 상징한다. 여기서 소나무는 죽어서도 다시 살아나는 '회생'과 세상에서 모든 걸 깨달은 자를 표현한다. '원효와 소나무'와 '율사의 소나무'에서 나오는 소나무는 모두 불교에서 강조하는 부처의 가르침을 상징하고 불교를 믿는 자들을 시험하거나 그들에게 뜻을 전하는 역할로 등장한다.

고려

고려시대에는 소나무를 신성한 능력을 가진 나무에서 더 나아가 마을의 상징 나무로 인지했다. 고려의 건국 신화를 기록한 「고려세계」에 소나무 설화가 적혀있다.

『고려사』 「고려세계」

호경虎景[34]이 옛 부인을 잊지 못하고 밤마다 늘 꿈같이 와서 교합하여 아들을 낳으니 강충康忠이라 했다.[35] 강충은 외모가 단정하고 근엄하며 재주가 많았는데, 서강西江 영안촌永安村의 부잣집 딸인 구치의具置義를 아내로 맞아 오관산五冠山 아래 마하갑摩訶岬에서 살았다. 그 때 신라의 감간監干[36] 팔원八元이 풍수에 밝았는

34　호경은 고려 태조왕건의 5대조로 전설 속의 인물이다.
35　강충은 신라 말기의 지방세력가이자 태조 왕건의 4대조이다.
36　감간은 신라시대 벼슬이다.

데, 부소군扶蘇郡에 이르러 고을이 부소산扶蘇山 북쪽에 있을 뿐 아니라 산의 형세는 빼어나나 나무가 없는 것을 보고는 강충에게 고했다.

"만약 고을을 산의 남쪽으로 옮기고 소나무를 심어 바윗돌이 드러나지 않도록 하면 삼한三韓을 통합할 인물이 태어날 것이오."

이에 강충이 고을 사람들과 더불어 산의 남쪽으로 거처를 옮기고 온 산에 소나무를 심고 고을의 이름을 송악군松嶽郡이라 고쳤다.

왕건의 조상인 강충康忠(?-?)은 마을에 소나무를 심으면 삼한을 통일할 인물이 태어날 거라는 말에 따라 마을에 소나무를 심고 이름을 소나무 송자가 들어간 송악군松岳郡으로 바꿨다. 송악군은 훗날 고려의 수도인 개성이 되었나. 이는 왕건이 탄생 비화가 소나무와 이어지고 있음을 강조하며 한반도의 대표적 신목인 소나무를 통해 하늘의 뜻을 받아 고려를 건국했음을 알리고 있다. 태조 왕건이 즉위한 후에도 소나무는 왕을 상징하는 나무였는데, 더 나아가 용을 상징하는 나무로 인식되었다.

송함홍宋含弘(?-?) 등이 왕에게 말했다.

"삼수三水[37] 가운데 있는 동서남북 사방 아래로 상제上帝가 아들을 진마辰馬에 내려보냈다. 진마는 진한辰韓과 마한馬韓을 일컫는 말이다. 뱀의 해에 두 마리 용이 나타났다. 한 마리는 푸른 나무 사이에 몸을 숨기고 다른 한 마리는 검은 쇠黑金의 동쪽에서 모습을 드러낸다. 푸른 나무는 곧 소나무松이니, 송악군 사람으로서 용을 이름으로 삼은 자의 자손이 군주가 될 만 하다는 말이다.

---
37   삼수는 함경남도 압록강 상류에 위치한 지역명이다. 삼수는 고구려, 발해의 관할지에 속했다.

『고려사절요』 권1, 「태조신성대왕」, 태조 1년 6월 15일.

태조 왕건의 둘째 아들인 정종定宗(고려 제3대 왕, 재위 945-949)대에 수도에 소나무를 심었다.

2월 경진 초하루 상서공부尙書工部[38]에서 아뢰기를, "송악松岳의 동쪽과 서쪽 기슭에 소나무를 심어 궁궐의 기운을 왕성하게 하십시오."라고 하자, 이를 허락했다.

『고려사』 권6, 「세가」 권6, 정종 7년 2월 1일.

소나무는 점차 국가에서 관리하는 나무가 되어 현종顯宗(고려 제8대 왕, 재위 1009-1031)대에는 소나무를 베는 것도 국가에서 관리하여 함부로 벌목하는 것을 금지하는 형법이 생겼다.

1013년(현종 4년) 3월 교서敎書에 아래와 같은 내용이 기록되었다.
"『예기禮記』에 이르기를 '나무 한 그루를 베는 것도 적당한 시기에 하지 않으면 효孝가 아니다.'라고 하였고, 『사기』에 이르기를 '소나무와 잣나무는 모든 나무 중에서 으뜸간다.'라고 하였다. 근래에 들으니 백성들이 소나무와 잣나무를 베는데 있어 적당한 시기에 하지 않는 경우가 많다고 한다. 지금부터 공가公家에서 써야 할 것을 제외하고 시기를 위반하여 소나무를 베는 것은 일절 금

---

38 상서공부는 고려시대 중앙관청이다.

지하라."라고 하였다.

『고려사』 권85, 「지」 권39, <형법> 2, 금령, 편년 금령 1013년 3월.

이때부터 소나무는 본격적으로 나라에서 관리하는 나무가 되었다. 나무 중 으뜸인 소나무는 왕실 외 백성들이 사용할 수 없는 나무로 지정되었다.

조선

조선시대의 소나부는 고대부터 이어진 신목의 성향에 국가의 상징이 더해져 나무 중 왕으로 믿어졌다. 그래서 국가에서 이뤄지는 모든 제사의 축하문을 기록하는 판은 모두 소나무로 만들었다.[39] 국가를 상징하는 나무가 된 소나무는 태조대부터 국가의 허락 없이 벌목이 금지되었다.

> 왕이 서운관書雲觀의 관원을 불러 종묘를 지을 땅을 물으니 관원이 답하기를, '성 안에는 좋은 땅이 없고, 고려 왕조 종묘가 있던 옛터가 가장 좋습니다.'라고 했다. 이에 왕은 '망한 나라의 옛터를 다시 쓰자는 것인가?'라고 했다. 이에 판중추원사 남은南誾(1354-1398)이 '옛 궁궐을 헐어버리고 새 종묘를 세우는 것이 어찌 불가능하겠습니까?'라고 했다. 왕은 '고려 왕조의 종묘가 있는 고을의 소나무를 베지 말라.'라고 말했다.
>
> 『태조실록』 권2, 태조 1년 9월 30일.

---
39 『태종실록』 권30, 태종 15년 7월 26일.

이 기록은 태조가 즉위하던 해 고려 종묘의 소나무를 베지 말라고 명한 것으로 소나무를 함부로 자르지 않는 모습을 보였다. 태종대에는 송악산 소나무 솔잎을 갉아먹는 송충이를 잡기 위해 만여 명을 동원했다.[40] 그리고 태종은 소나무를 개인적으로 베는 것을 금지하기도 했다.

> 유한우劉旱雨(?-?)를 의금부義禁府에 가두었다. 유한우는 일찍이 태조의 잠저潛邸[41]에서 시종하였고, 또 제릉齊陵[42]의 땅을 잡는 여러 일을 모두 책임졌다. 임금이 유한우를 왕후릉 앞에 제사를 지내기 위해 지은 집 근처에 살게 하고, 겸하여 왕릉 일을 자세히 살피게 했는데, 이때 유한우가 금산禁山 안의 소나무를 베어서 개인적으로 사용한 것이 발각되어 3일 동안 가두었다가 석방했다.
> 『태종실록』 권34, 태종 17년 11월 23일.

세종대에도 소나무를 베는 것을 금지시키어 금령으로 논의했다.

> 병조에서 왕에게 전하길 "금산의 소나무를 베거나 가지를 치는 사람을 금지하기가 어려운데, 삼가 형률 법조문을 고찰하여 『당률소의唐律疏議』[43]의 「기훼기물가색조棄毁器物稼穡條」에서 기록하길 '나무와 농작물을 훼손하고 베는 자는 절도죄에 준하여 죄를 논의한다.'[44] 하였으니 지금부터 소나무 가지를 벤 사람은 전례에 의하여 금령禁令을 어긴 죄로써 논할 것이며, 그 벤 것이 서까래를 만들 정도의 양이거든 그의 집안 어른이 이 사실을 알고 있는지 또한 모르고 있

---

40 『태종실록』 권5, 태종 3년 4월 21일.
41 잠저는 왕이 왕위에 오르기 전 살던 집을 말한다.
42 제릉은 태조 정비 신의왕후의 무덤이다.
43 『당률소의』는 중국 당나라 형법전이다.
44 『당률소의』 권27, 잡율, 기훼기물가색.

지를 상고하여, 이 형률로써 논할까 합니다."⁴⁵하니, 그대로 따랐다.

『세종실록』 권18, 세종 4년 윤 12월 22일.

무단 소나무 벌목 문제로 결국 의정부議政府에서는 소나무 금벌법을 만들었다.⁴⁶ 소나무 금벌법은 산지기들의 무단 소나무 벌목을 처벌하는 법이다.

의정부에서 아뢰기를, "소나무의 금벌법禁伐法은 상세하여 빠진 것이 없사오나, 오직 산지기의 수효가 적은데 병조에서는 산지기에게 세금으로 햇불용으로 쓰는 나무를 거두고, 이에 산지기는 마을 사람들에게 쌀을 거둬 산 밑 사람들이 소나무를 베는 일이 있어도 전혀 막지 않고 있습니다. 이는 옳지 못한 일입니다. 이제부터는 성실한 사람을 골라 산지기를 더 징히고 햇불 나무를 거두는 것을 일체 금지하고, 나누어 준 산명山名과 인명人名을 사헌부에 공문을 보내어 항상 상세하게 조사해 파헤쳐 형벌을 내려야 합니다. 30개 기둥 이상을 벌목한 자는 장물臟物⁴⁷로 계산하여 죄를 논해 다른 지역의 교도소에서 일하게 하고, 병조낭청兵曹郞廳⁴⁸도 또한 일을 나누어 처리하여 엄중히 살펴 형벌을 내려야 합니다. 만일 맡은 관할 내에 1백 개 기둥 이상을 작벌한 자가 있으면 즉시로 현직에서 파면하소서."

『세종실록』 권93, 세종 23년 7월 14일.

소나무 금벌법은 세종대부터 고종대까지 이어졌다. 조선시대에는 소

45　서까래는 지붕판을 만들고 지붕을 지탱하는 가늘고 긴 각재를 말한다.
46　의정부는 조선시대 최고 회의기관이다.
47　장물은 범죄 행위로 취득한 물건을 말한다.
48　병조낭청은 비변사, 선혜청, 준천사, 오군영과 같은 군사 기관의 실무관직을 말한다.

나무를 귀중한 자산이자 왕실 목자재로 여기고 국가의 특별한 행사나 제사가 있을 때 사용했기 때문에 민간에서 쉽게 쓸 수 있는 나무가 아니었다. 소나무의 가치가 높아진 것은 고대부터 이어지는 신성함 때문이었다. 소나무는 신선과 은둔의 상징이기도 해서 조선시대에는 소나무와 신선을 함께 그리거나 산신인 호랑이와 소나무를 함께 그려 넣은 회화작품이 많았다.[49]

조선시대 소나무의 신성함을 드러내는 이야기는 경상북도 칠곡군 가산면 송학리에서 전해지는 이몽룡 설화가 있다.

이몽룡과 소나무[50]

칠곡군 가산면 송학에 살고 있던 인동 출신 절충장군折衝將軍[51] 장천락張天洛이 하루는 낮잠을 자고 있었는데, 꿈에서 같은 마을에 살고 있는 영천 출신 이재천李載天의 집 뜰에 있는 소나무를 타고 용이 승천하는 꿈을 꿨다. 꿈에서 깬 장천락은 이를 기이하게 생각해 하인을 이재천의 집으로 보내 무슨 일이 생기지 않았는지 살펴보라고 했다. 하인이 이재천 집에 다녀와서 이재천 집에 막 아들이 태어났다고 말했다.

하인의 말을 듣고 장천락은 태어난 아이가 크게 될 인물임을 알고 기뻐했다. 이후 장천락은 아이의 이름을 몽룡夢龍이라고 지어주고 직접 글을 가르쳤으며 몽룡이 성장하자 사위로 삼았다. 이후 이몽룡은 조선 정조때 과거에 급제해 제주진濟州鎭

---

49 강판권, 『세상을 바꾼 나무』, 다른, 2011.
50 『칠곡향지』 5, 칠곡향토사학회, 2005.
51 절충장군은 조선시대 정3품 무신 품계명이다.

병마절제도위감목사兵馬節制都尉監牧使를 지냈다.

이 이야기의 소나무는 용이 하늘로 올라가기 위한 수단이자, 태몽에서 큰 인물을 상징하는 나무로 묘사된다. 이처럼 우리나라의 소나무는 신이한 능력을 가짐과 동시에 사람의 미래를 상징하는 존재로 인식되었다.

신목으로 숭배된 소나무는 마을신인 당산신 중 당산할배를 상징하는 나무로도 사용되었다. 충청남도 당진시에 당산신으로 모시는 소나무에 관한 전설이 전해지고 있다.

이형래와 남산봉 소나무 전설[52]

충청남도 당진시 면천면 자개리에 사는 이명호의 조부 이형래는 축지법에 능했고 큰 호랑이를 타고 덕산과 가야산을 한숨에 다니며 몇십 리, 몇백 리 밖까지 눈 깜짝할 사이에 왔다 갔다 했다. 이형래는 호랑이를 타고 다니다가 집에 오면 남산봉 소나무에 호랑이를 묶어 놓곤 했다. 그러면 호랑이는 소나무 그늘 아래서 낮잠을 자기도 하고 때로 마을을 지긋이 내려다보곤 했다.

어느덧 세월이 흘러 이형래가 늙어 자리를 지키다 죽자 호랑이가 주인의 묫자리를 찾아주려고 넓고 양지 바른 쪽에 앉아 움직이지 않았다. 이를 알아챈 가족들이 호랑이 앉은 자리를 이형래의 묘로 삼았다. 이곳이 지금의 면천면 자개리 새텃말이다.

---

52 『당진군지』, 당진군지편찬위원회, 1997.

호랑이는 이형래의 기일이 되면 찾아와 옛 주인을 그리워하듯 집 뒤의 커다란 바위에 앉았다가 사라졌다. 가족들은 이형래를 찾아오는 호랑이를 위해 개를 잡아줬다. 3년 후 호랑이는 더 이상 이형래의 묘에 나타나지 않았다. 마을 사람들은 호랑이가 산신이 되어 하늘세계로 갔다고 생각하여 호랑이를 묶어놨던 남산봉 소나무 아래에서 호랑이를 위해 산신제를 지냈다.

국립중앙박물관 소장

우리나라를 지켜온 신목

국립중앙박물관 소장

우리나라를 지켜온 신목

오얏나무

오얏나무는 지금의 자두나무로 옛날에 주로 사용한 이름이다.[53] 오얏나무는 중국에서 재배되는 귀한 과일나무였다. 오얏을 한자로 표기한 이 李는 우리나라 성씨를 나타내는 한자이기도 하다. 오얏 이가 성씨로 사용된 것은 노자의 탄생 비화에서부터 출발한다.

『노자老子의 탄생설화』

기원전 603년(주정왕周定王 3년)에 노자老子(?-?)의 어머니가 오얏나무 아래에서 노자를 낳았다. 『유서類書』에 이르기를 "노자의 어머니가 밤에 하늘에서 떨어지는 오색 진주를 삼켜 임신했다. 임신한 지 81년 만에 오얏나무 아래에서 노자를 낳았는데, 그는 어머니의 왼쪽 겨드랑을 찢고 나와 오얏나무를 가리키며 '저 나무의 이름이 나의 성이다.' 라고 말했다. 노자는 신장이 8척 8촌(2m 66cm)이며 살갗이 황색이고 눈썹이 아름다우며 귀가 길고 눈이 크며 이마가 넓고 이빨이 성기며 입이 네모지고 입술이 두꺼웠다. 이마에는 삼오三五[54]의 이치에 통달했다고 적혀있고 일

---
53 오얏나무는 순수 우리말이며, 한자로는 자도라고 부른다. 보랏빛에 복숭아를 닮았다는 뜻인 자도는 자두로 변형되어 지금까지 이어지고 있다.
54 삼오는 도덕의 근본이 되는 왕과 신하가 지켜야 할 군위신강君爲臣綱, 부모와 자식이 지켜야

월각日月角[55]이 또렷하며 코에는 두 개의 기둥이 보이고 귀에는 불교 해탈의 상징인 삼문三門이 있다. 발로는 음양과 오행을 밟고 손에는 십문十文[56]을 잡고 있었다." 했다.[57]

노자의 본명은 이이李耳로, 이씨의 시초로 알려져 있다. 노자의 탄생 설화에 등장하는 오얏나무의 한자가 노자의 성으로 후대까지 이어졌고, 중국 성인 이씨가 우리나라로 넘어오면서 대표 성씨로 자리잡았다. 오얏나무는 중국에서만 자라는 나무였다가 1500년 전에 우리나라에 들어오면서 특정 지역에서 키우게 되었다.

백자투각이화문향로, 국립중앙박물관 소장

할 부위자강父爲子綱, 부부가 지켜야 할 부위부강夫爲婦綱의 3강三綱과 사람으로서 지켜야 할 도리인 부자유친父子有親, 군신유의君臣有義, 부부유별夫婦有別, 장유유서長幼有序, 붕우유신朋友有信의 5륜을 줄여서 쓰는 말이다.
55 일월각은 좋은 관상 중 대표적인 얼굴형을 말한다. 관상에 일월각이 보이면 장수하고 복이 많다고 한다.
56 십문은 열가지의 학문이나 예술을 말한다.
57 『오주연문장전산고』, 「경사편」 1, <도장류> 1, 도장총설.

신라

우리나라 역사 속에서 오얏나무는 최치원의 설화에서 처음 언급되었다.

최치원 탄생[58]

최치원은 하늘의 명을 받아 500년 만에 땅으로 내려왔고, 어머니의 뱃속에서 70년 동안 있다가 태어났다. 최치원이 태어날 때 집안에 상서로움이 돌아서 땅에서 연꽃이 피어났다. 최치원은 부여받은 자질이 신령스러워 태어나자마자 오얏나무를 손으로 가리켰다.

최치원의 탄생 설화는 노자의 설화를 그대로 따라한 것으로, 최치원을 신라의 노자처럼 받든 자들이 남긴 기록으로 보인다. 최치원의 성이 이씨가 아닌데도 오얏나무를 그대로 쓴 이유는 무엇일까?

신라에서 오얏나무는 노자의 상징이자 신에게 선택받은 나무라고 인식하고 있었다. 그리하여 최치원이 하늘의 명을 받아 태어났으며 신령한 자질을 타고났다는 근거로 오얏나무를 제시했다.

---

58 『동명집』 권10, 「여어」, 최 학사 고운 비의 서.

조선

조선시대에 오얏나무는 왕의 정통성을 상징하는 나무였다. 세종의 아들 수양대군은 조카 단종의 왕위를 빼앗고 세조가 되었다. 조카를 폐위시키고 왕위에 올라 정통성이 떨어졌던 세조는 왕이 된 것이 하늘의 뜻이라고 증명하기 위해 오얏나무를 사용했다.

예조에서 왕에게 아뢨다.

"어태실御胎室[59]이 성주星州[60]의 대군大君과 여러 군君의 태실胎室[61] 곁에 있으며, 또한 의물儀物[62]도 없으니, 청컨대 장소를 가려서 신주를 다른 곳으로 옮기고 신황先土의 옛 예법에 의하여 의물을 설치하게 하소서."

하였으나, 윤허하지 않는 대신 표석標石을 없애고 비석을 세워 구별하도록 했다.[63] 비석에는 아래의 글이 적었다.

"공손히 생각하건대, 우리 세종장헌대왕世宗莊憲大王께서 즉위한 지 21년에 유사有司[64]에 명해 땅을 점치게 하고 대군과 여러 군의 태를 성주 북쪽 20리 선석산禪石山[65]의 산등성이에 갈무리하게 하고 각각 돌을 세워 이를 표시했는데, 주상의 성태聖胎도 또한 그 가운데 들어 있어 표하여 이르기를, '수양대군首陽大君

---

59 어태실은 왕의 태(탯줄이나 태반)을 묻는 곳을 말한다.
60 성주는 경상북도 남서부에 위치한 군이다.
61 태실은 왕족의 탯줄이나 태반을 넣는 곳을 말한다.
62 의물은 의식에 쓰이는 도구나 물건을 말한다.
63 표석은 시신을 매장하고 나서 위치를 표시할 때 세우는 돌이다.
64 유사는 모임에서 사무를 맡는 직책을 말한다.
65 선석산은 경상북도 성주군 월항면과 칠곡군의 북삼읍 보손리, 약목면 남계리 경계에 있는 산이다.

의 실室'이라 했다. … 비석에 기록되길, '아아! 빛나는 오얏나무, 천 가지 만 잎 사귀라. 산매자꽃 함께 비치는데 홀로 빼어나 밝게 빛난다. 용이 날아 하늘에 오르니 세상이 맑고 편하며, 우뚝한 신공神功[66]은 제도를 갖추고 밝게 했다. … 선산禪山이 높고 맑아 아름다우니, 천지天地처럼 오래도록 빛나리라.'고 했다."

『세조실록』 권29, 세조8년 9월 14일.

조선후기 영조대부터는 복숭아나무와 더불어 오얏나무를 왕후를 상징하는 나무로 인식했다.

영조 계유년 12월 13일 한성漢城의 사가에서 왕후가 탄생하였는데, 이해 가을에 그 후원後園에 있던 복숭아나무와 오얏나무가 갑자기 모두 다시 꽃이 피었으므로 가족들이 이상하게 여겼더니, 얼마 후에 왕후가 탄생하였다. 왕후는 덕스러운 모습이 천부적으로 타고나 정숙하고 유순하였으며 거동이 법칙이 있었다. 9세 때 간택에 선발되자 영조가 매우 가상하게 여기어 「5세五世 동안 옛 가풍家風을 계승하였으니 이는 나라의 종통宗統이 될 만하다.[67]」라는 여덟 글자를 손수 써서 하사하였다. 10세가 되던 해 2월에 세손빈世孫嬪으로 책봉되었고, 병신년에 중전의 자리에 오르고, 경신년에 우리 전하가 왕위를 계승하자 왕대비로 삼아 존호尊號 올리기를 논하였다.

『순조실록』 권24, 순조 21년 8월 7일.

위의 두 사료를 살펴보면, 조선시대에는 왕의 정통성과 왕후의 고귀함을 상징하기 위해 오얏나무를 활용했음을 알 수 있다. 이는 조선왕조

---

66 신공은 신령한 공덕이다.
67 종통은 집안의 계통을 말한다.

의 성씨인 이李가 오얏나무를 뜻하여 오얏나무가 조선 왕족을 상징한다고 생각했기 때문이다.

대한제국

대한제국은 조선의 정통성을 잇고 굳건한 왕실을 백성에게 알리기 위해 오얏나무 꽃인 이화꽃을 공식적인 황실의 상징으로 삼았다. 이화꽃이 그려진 깃발을 국가의 권위를 나타내는 휘장인 국장國章으로 사용했고, 창덕궁의 인정문에 다섯 개의 이화 문장을 새겨 넣었다. 이 외에도 대한제국 왕실의 생활용품 대다수에 이화꽃문양을 새겨 사용했다.

은제이화문합, 국립고궁박물관 소장

금빛박자명이화형장식, 국립고궁박물관 소장

우리나라를 지켜온 신목

창덕궁 인정전

우리나라를 지켜온 신목

은행나무

　은행나무는 선비들에게 쉼터가 되어준 정자나무이자 마을을 지키는 수호 나무로도 사용되었고, 공자가 제자를 가르쳤던 자리에 있던 나무로 공자와 학문을 상징한다. 그런데 중국에서 성리학을 상징하는 나무는 은행나무가 아니라 살구나무였다. 중국의 기록에 따르면, 공자가 생전 제자들을 가르친 자리에 있던 나무는 살구나무라고 적혀있다. 조선시대에는 중국과 동일하게 살구나무를 성리학의 상징으로 인식하는 학자와 은행나무를 성리학의 상징이라고 믿었던 학자들이 있었다.

　그래서 성균관에 은행나무를 심을 때, 큰 의견 다툼이 있었다. 하지만 최종적으로 조선의 성리학이 은행나무와 더 잘 맞는다고 판단하여 은행나무를 심었다. 그렇다면 왜 우리나라에서는 살구나무가 아닌 은행나무를 심었을까? 은행나무가 선정된 정확한 이유는 아직 알려진 바가 없다. 대신 유력한 이유로는 공자에 대한 기록에 담긴 중국 고전 문헌에 공자가 제자들과 함께 학문을 다지던 나무가 행杏이라고 적혀 있는데, 이 한자가 살구나무와 은행나무를 모두 지칭했다.

　행나무를 살구나무와 은행나무로 보던 조선학자들이 결국 은행나무로 결정한 것은 은행나무가 살구나무보다 훨씬 오래 산다는 점 때문으로 추측된다. 또 장수를 중요시했던 조선시대 학자들은 은행나무의 특징인 장수처럼 성리학이 오랫동안 이어지길 바라는 마음으로 성리학의 상징으로 은행나무를 선택했던 것으로 보인다.[68]

이러한 결과로 우리나라에서는 은행나무를 안식의 나무, 또는 성균관을 상징하는 나무로 인식했다. 공자를 모시는 성균관에는 커다란 은행나무 두 그루가 있다. 성균관 안에 있는 명륜당明倫堂 앞의 은행나무는 1962년 천연기념물 59호로 지정되었다. 명륜당 외에도 전주향교, 대흥향교, 익산향교, 서산향교, 횡성향교, 도동서원, 임고서원, 동락서원 등 조선시대 대표 성리학 학교에 은행나무가 심어져 있다.

우리나라에서 가장 나이가 많은 은행나무는 경기도 양평군 용문면 심점리의 양평 용문사 은행나무이다. 이 나무의 나이는 1100년으로 추정되며, 신라 경순왕敬順王(신라 제56대 왕, 재위 927-935)의 아들인 마의태자麻衣太子(?-?)가 나라를 잃고 금강산으로 가다가 심은 나무라는 전설과 의상대사가 짚던 지팡이를 땅에 꽂았더니 은행나무가 되었다는 전설이 전해지고 있다.

---

68 강판권, 「중국과 한국의 수목인식과 격의: 살구나무와 은행나무를 중심으로」, 『국제중국학연구』 70, 2014.

우리나라를 지켜온 신목

성균관 은행나무

우리나라를 지켜온 선록

성리학의 상징인 은행나무는 백성들 사이에서는 마을을 지켜주고 안식처가 되어주는 나무였다.

은행나무의 전설[69]

약 1천년 전 충청남도 아산시 염치읍 방현리에 한 부부가 작은 오두막에서 살고 있었다. 하루는 나무를 하러 산에 올라간 남편이 밤이 되도록 돌아오지 않자, 혼자 있던 부인이 무서워 눈물을 흘렸다. 그런데 자정 무렵에 문 너머로 남편의 목소리가 들렸다. 하지만 부인은 평소와 다른 남편의 목소리에 이상하게 생각했다.

"내 남편은 손에 점이 있습니다. 손을 보여주세요."

그러자 문 틈으로 하얀 백지장 같은 손이 들어왔다. 그 손은 남편을 가장해 부인을 해치려 한 늑대 손이었다. 부인은 이를 알아차리고 있는 힘을 다하여 손을 잡고는 품고 있던 은장도로 마구 찔렀다. 놀란 늑대는 그대로 부인을 죽였다.

남편은 나무를 하고 돌아오는 길에 구덩이에 빠져 갇혔다가 마을 사람들의 도움으로 집으로 돌아왔지만, 집에서 기다리는 건 죽은 부인이었다. 남편은 부인이 왜 죽었는지 마을 사람들에게 이야기를 전해 듣고 슬퍼했다. 남편은 죽은 부인을 위해 은행나무를 심었다. 남편은 부인의 시신을 화장하고 뼛가루를 은행나무 주변에 뿌렸다. 이후 은행나무가 자라나 마을 사람들의 안식처가 되었는데, 비가 오고 눈이 내리면 은행나무는 죽은 부인이 그리워 운다고 전해진다.

---

69 『온양아산 마을사』 1, 온양문화원, 2000.

회화나무

학자수學者樹로도 불리는 회화나무는 유교의 상징으로 학자들의 무덤에 심으며 정자나무로도 많이 사용되었다. 회화나무 가지는 다른 나무와 달리 자유롭게 뻗어 나간 모습이기 때문에 자유로운 기상을 통해 학문을 성취할 수 있다는 선비정신에 비유되었다.

회화나무는 홰나무 또는 괴목槐木이라고도 불린다. 괴는 나무 목木자와 귀신 귀鬼자가 합쳐진 단어로 회화나무의 옹두리가 귀신 머리와 닮았다고 하여 붙여진 이름이다.[70] 그래서 회화나무를 조선시대 궁궐의 마당이나 출입구에 많이 심었고 서원이나 향교 등 학생들이 공부하는 학당에도 회화나무를 심었다.[71]

우리나라의 회화나무는 길상목으로 집안의 번창을 기원하여 집에 회화나무를 심으면 큰 학자와 큰 인물이 나온다고 믿었다. 중국에서는 주나라때부터 회화나무를 삼괴구극三槐九棘이라고 하여 집에 회화나무 3그루를 심으면 집안에 3정승이 난다고 믿었다.[72]

---

70 옹두리는 나뭇가지가 부러지거나 상한 곳에 혹처럼 불퉁하게 튀어나온 걸 말한다.
71 노송호·심우경, 「향교와 서원의 입지 및 외부공간 분석을 통한한국적 교육환경 모색」, 『한국전통조경학회지』 24, 2006.
72 삼괴구극은 중국 주나라때 만들어진 한사성어로, 회화나무는 정승을, 가시나무는 고위관료

우리나라에는 회화나무 설화가 다수 존재한다. 첫 번째로 소개할 회화나무 설화는 광명시에서 전해진 이야기이다.

회화나무대감 설화[73]

박삼분은 광명시로 시집와서 61년 동안 회화나무를 '회나무대감님'이라 부르며 농사 때나 추수 때, 집안에 경사가 생기거나 나쁜 일이 생길 때마다 정화수를 떠놓고 빌었다. 어느 날 벼락으로 회화나무 가지가 장독 위에 떨어져 깨진 일이 있었는데, 이후 시어머니가 병이 났다. 박삼분이 돼지머리, 삼색 시루떡을 담아 밤마다 부뚜막에서 빌자 시어머니의 병이 나았다.

다음 날, 흙으로 만든 담을 없애고 회화나무 뿌리를 잘라 담장을 만들자 할아버지가 쓰러졌다. 이에 놀라 오류동 만신을 불러서 굿을 했다. 만신이 도투마리 경을 읽고 굿하고 나서야 할아버지가 일어났다.[74] 머슴 박씨가 자기가 나무를 잘라서 이렇게 됐다며 회화나무에게 절한 후 정성을 다해 키웠다. 머슴 박씨의 노력으로 회화나무는 잘 자라게 되었다.

를 비유하여 사용했다. 즉 삼괴구극은 정승 3명과 고위관료 9명을 세웠다는 뜻을 갖고 있다. 삼괴구극 한자성어는 주나라때 조정 뜰에서 회화나무 세그루와 가시나무 아홉 그루를 심고 그 아래에 삼공과 구경九卿이 왼쪽 오른쪽 나누어 앉았다는 말에서 유래되었다.
73   『광명·철산동지』, 광명시, 2008.
74   도투마리는 베를 짜는 틀을 말한다.

두 번째로 소개할 회화나무 설화는 안동에서 전해지고 있다.

안동 회화나무 전설

과거 공부를 하던 한 청년이 회화나무 두 그루를 심어 정성 들여 가꾸고, 나무에 과거 급제를 빌었다. 과거에 합격한 청년은 나무에 급제를 고하면서 청색, 홍색 천을 둘러주었다. 그 후 마을 주민들은 청년이 심은 회화나무를 신목으로 삼고 해마다 정월 보름에 제사를 지냈다. 세월이 흘러 일제강점기시대 때 중앙선을 건설한 일본인이 회화나무 한 그루를 베자, 그 자리에서 즉사했다. 이 일로 마을에서는 나무를 더욱 받들었다.

1973년 안동댐 건설 때 삼부토건회사가 안동댐 진입로 입구 중앙에 있던 회화나무를 없애기 위해 당시 10만원이라는 거금을 상금으로 내걸고 회화나무를 벨 사람을 구했다. 한 사람이 상금을 받기 위해 나무에 톱을 댔는데 갑자기 얼굴이 새빨개지며 피를 토했고, 또 한 사람은 눈이 멀어 장님이 되었다고 한다. 이 일로 회화나무를 베려는 사람이 없어 도로 한 가운데에 나무를 세워둔 채 진입로를 개설했다. 지금도 이 나무에 정성을 들이면 소원을 성취한다고 하여 사람들이 찾고 있다.

우리나라를 지켜온 신목

창덕궁 회화나무, 문화재청 소장

우리나라를 지켜온 신목

향나무

향나무는 측백나무과에 속하는 나무로 상나무 또는 노송나무라고도 한다. 한자로는 향이 나는 나무라 하여 향목香木 또는 목향木香, 백진柏槇, 향백송香柏松 등으로 표기한다. 향나무는 중심부에서 강한 향기가 나 향을 향료로 사용되었다. 향나무에서 나는 향은 부정을 없애고 정신을 맑게 한다고 하여 천지신명과 연결하는 통로라고 보고 제사 의식에 사용되었다. 고려 말에서 조선 초 사이에는 천상과 지하를 연결하는 향나무를 땅에 묻는 매향 의식이 성행했다.

불교 속 향나무

향나무는 불교에서도 불교 세계와 연결하는 나무로 인식되었다. 향나무가 불교와 관련된 이야기는 『삼국유사』에 기록되어 있다.

포산의 두 스님[75]

신라 때 관기觀機·도성道成이라는 뛰어난 스님 두 명이 있었는데, 함께 포산包山에 은거하였다.[76] 두 사람의 거처는 서로 10리쯤 떨어져 있었지만, 거리와 상관없이 두 사람은 매일 만났다. 도성은 항상 높은 바위 위에서 수행을 했다. 어느 날, 도성이 갈라진 바위 틈으로 뛰어 하늘로 올라가던 중 죽고 말았다. 이를 알게 된 관기는 도성을 따라 세상을 떠났다. 두 사람의 죽음을 애도한 사람들이 그들이 죽은 자리에 절을 지었다.

982년(태평흥국太平興國[77] 7년)에 성범成梵(?-?)이라는 스님이 이 절에서 살다가 만일미타도량萬日彌陀道場을 열고, 50여 년 동안 정성을 다하니 상서로운 일이 일어났다.[78] 신의 있는 남자 20여 명이 해마다 향나무를 주워 절에 바쳤다. 그들은 매번 산에 들어가 향나무를 새쉬해 깨끗이 씻고 펼쳐 말렸다. 그런데 신기하게도 향나무는 밤이 되면 촛불처럼 빛을 냈다. 빛나는 향나무를 본 마을 사람들은 향나무가 빛나는 이유가 죽은 두 성인의 영적인 힘이 남아서 생긴 일이라 생각해 향을 모으기 위해 모인 무리인 향도香徒를 찾아가 두 성인을 모신 절에 공양을 해야 한다고 말했다.

『삼국유사』에 기록된 포산의 두 스님 이야기는 수행 중 죽은 도성과 그의 죽음에 충격 받고 죽은 관기의 영혼이 향나무를 통해 세상에 신비로운 힘을 전하고 있다고 믿은 내용이다. 이 이야기 외에도 불국사와

....
75 『삼국유사』 권5, 「피은」 8, 포산이성.
76 포산은 경상북도 현풍의 비슬산琵瑟山(대구 달성군과 청도군 사이에 있는 산)의 옛 이름이다.
77 태평흥국은 중국 송나라 제2대 황제인 태종 때의 연호이다.
78 미타도량은 아미타불의 극락정토에 태어나길 바라는 마음으로 아미타불에게 절하는 의식을 말한다. ※ 만일미타도량은 만일 동안 아미타불에게 제사를 드리는 의식을 말한다.

석불사 창건 설화에서 향나무를 불교의 상징나무로 소개한다.

불국사와 석불사의 창건[79]

경상북도 경주의 모량리 마을에 경조慶祖라는 여성에게 대성大城이란 이름을 가진 아이가 있었다. 모자는 가난하여 복안福安이라는 부자에게 품팔이를 하며 살아갔다. 이 집에서는 모자를 위해 밭을 나누어 주고, 옷과 밥을 살 수 있도록 돈을 줬다. 어느 날 흥륜사興輪寺[80]의 점개漸開스님(?-?)[81]이 복안의 집에 찾아와 법회를 여는데 금품을 바쳐 선행을 쌓으라고 권유했다. 복안이 베 50필을 바치자, 점개스님은 천신이 항상 보호하고 안락한 삶을 살게 해줄 것이며 장수할 거라고 축원했다. 대성은 이를 듣고 어머니에게 찾아가 전생에 착한 행실을 쌓은 게 없어서 현세를 어렵게 살고 있는데 지금 절에 공덕을 쌓지 않으면 내세에도 어려움을 얻을 것이니 품팔이 밭을 절에 바치면 어떻겠냐고 말했다. 어머니가 좋다고 말하자, 대성은 점개스님에게 밭을 줬다.

얼마 지나지 않아 대성이 살해당했는데, 이날 밤 재상 김문량金文良(?-711)이 사는 집에 하늘로부터 '모량리에 대성이라는 아이가 있는데 그 아이를 네가 맡아라.'라는 말이 들렸다.[82] 이에 놀란 집안 사람들은 모량리로 가 대성을 찾았다. 하지만 대성이라는 아이는 이미 죽어 있었다. 그날, 김문량의 부인이 출산했는데, 아이 손이 6일 동안 펴지지 않다가 7일째 펴졌는데, 손 안에는 금으로 된 쪽지에 '대성'이라는 글자가 적혀있었다. 이를 본 김문량은 죽은 대성의 어머니를 데려와 함께 살

---

79 『삼국유사』 권5, 「효선」 9, 대성효이세부모신문대.
80 흥륜사는 고구려 승려 아도가 창건한 사찰로 경상북도 경주시에 있다.
81 점개는 신라 제35대 경덕왕 때 덕이 높은 스님이다.
82 김문량은 성덕왕聖德王(신라 제33대 왕, 재위 702-737)때 아찬阿湌(6두품)으로 있었던 자이다.

았다.

하늘의 사랑을 받고 태어난 대성은 커서 현생의 부모를 위해 불국사佛國寺를 창건하고 전생의 어머니를 위해 석불사石佛寺를 창건했다. 대성은 두 절에 성스러운 스님을 모셔와 머물게 했고, 거대한 불상을 세워 부모에게 효도했다. 어느 날, 석불石佛을 조각하려고 큰 돌 하나를 불상을 모시는 곳의 뚜껑으로 만들었는데, 돌이 갑자기 셋으로 조각났다. 대성은 돌을 쓸 수 없어지자 포기하고 잠에 들었다. 대성이 잠든 사이 천신(부처)이 내려와서 조각난 돌로 불상을 만들고 돌아갔다. 잠에서 깨어난 대성은 천신이 왔다 갔음을 깨닫고 서둘러 남쪽 고개로 뛰어가 향나무를 불에 태워 천신에게 바쳤다. 이로 인해 천신이 내려와 석상을 만들고 간 자리를 향령香嶺이라 불렀다.

이 설화 속에서 향나무는 대성이 자신을 도우러 내려와 석상을 만들고 간 천신(부처)에게 감사를 전하기 위해 사용된 나무로 나온다. 이처럼 향나무는 불교설화 속에서 신성한 나무로 표현되었다.

마을을 지키는 향나무

향나무는 몇 마을에서 마을을 수호하는 신목이다. 경기도 김포시 양촌읍 마산동에서는 향나무를 도대감 나무라고 하여 초하루와 보름에 떡과 음식을 차려놓고 제사를 지내면 가정이 부유해진다고 믿는다. 또 향나무의 죽은 가지를 만지거나 집안에 들이면 가정에 액운이 생긴다는 설도 전해지고 있어서 이 마을에서는 향나무를 해치지 않으며 신성한 나무로 보호하고 있다.

경기도 과천시 과천동 광창마을에는 함열 남궁씨 가문이 대대로 살아왔다. 함열 남궁씨 집안 사람들은 향나무를 신목으로 여겨 매월 초삼일에 가정의 평온과 무병장수를 위해 기도해 집안의 길흉화복을 다스린다고 전해진다.

서산 송곡서원 향나무, 문화재청 소장

우리나라를 지켜온 신목

복숭아나무

복숭아나무는 이른 봄, 잎이 나기 전에 꽃을 피우는 나무라서 봄의 전령이라고도 불린다. 무속에서 복숭아나무를 신령하게 여기는데, 이는 나쁜 기운을 없애고 귀신을 물리치는 힘을 가진 나무이기 때문이다. 복숭아나무의 신이한 능력은 주로 민간신앙에서 두드러지게 나타난다. 우리나라 민간신앙에서 복숭아나무는 악귀를 물리치고 전염병을 치료하며 집을 지키고 신병이나 정신병을 치료하는 능력을 발휘한다.[83] 특히 악귀를 물리치는 능력이 가장 강조되어 복숭아나무 가지로 만든 방망이로 귀신을 물리치는 설화나 정월 초하루에 복숭아나무 판자를 둬 귀신을 쫓는 풍습이 대대로 전해져 내려왔다.

복숭아나무는 조선시대에, 특히 왕실에서 악귀를 물리치는 데 자주 사용되었다. 연산군대에는 역병을 일으키는 귀신을 쫓기 위해 복숭아나무로 만든 칼과 복숭아나무 판자를 썼다.

---

83 안병국, 「복숭아나무의 민간신앙」, 『온지논총』 15, 2006.

"해마다 3월과 8월에 역질 귀신을 쫓을 때 복숭아 나무 칼과 복숭아 나무 판자를 쓰게 하라."

『연산군일기』 권61, 연산군 12년 1월 25일.

광해군대에는 복숭아나무 가지를 귀신을 쫓는 용도와 함께 역모죄를 지은 대신의 기운을 지우는 용도로도 사용했다.

변경윤邊慶胤(1574-1623)이 상소를 올렸다.
"전하께서는 속히 역모를 꾸민 이산해의 죄를 바로잡아 불충한 무리들을 경계하고, 남은 졸개들을 물리쳐 사림의 기풍을 북돋우소서. 그리고 또 복숭아나무 가지로 귀신의 기운을 없애고, 맑은 물로 더러운 자취를 깨끗이 씻는 한편, 전하께서도 각성하시고 분발하시어 마음을 바로잡고 덕을 갈고 닦아 궁내 깊숙한 곳을 맑게 하소서."

『광해군일기』 권2, 광해군 즉위년 4월 14일.

조선시대에는 복숭아나무 가지를 사용해 귀신을 물리치는 제사가 있다. 제사에 대한 기록은 『용재총화』에 적혀있다.

섣달 그믐날에 어린아이 수십 명을 모아 진자[84]로 삼아 궁중에서 제사를 지내어 악귀를 쫓아낸다. 민간에서도 이 행사를 하는데 진자를 따로 두지 않고 녹색 죽엽·붉은 형지荊枝·익모초益母草·줄기도동지(桃東枝, 복숭아나뭇가지)를 한데 모아 빗자루를 만들어 대문欂戶을 두드리고, 북과 방울을 울리면서 문 밖으로 몰

....
84　진자는 섣달 그믐날 밤에 대궐에서 악귀와 귀신을 쫓아내기 위해 하는 의식을 진행하는 사람을 말한다.

아내는 흉내를 내는데, 이를 방매귀放枚鬼라 한다.

성현, 『용재총화』 권2.

매년 섣달 그믐날에 악귀를 쫓아내는 제사는 궁궐과 민간에서 모두 복숭아나무 가지를 사용해 지냈다. 옛사람들은 악귀가 돌림병을 몰고 온다고 믿었고, 정신병은 귀신이 빙의해 생기는 거라 믿어 제사로 귀신을 달래주거나 위협하여 퇴치하면 병을 쫓을 수 있다고 생각했다. 이때 정신병과 전염병을 치료하는 주술사가 사용한 도구가 복숭아나무 가지였다. 사람들은 주술사가 환자의 신체를 구타해 환자의 몸 속에 들어간 귀신에게 고통을 주어 병을 치료한다고 믿었다.[85]

귀신을 퇴치하는 신성한 도구로 사용된 복숭아나무와 달리 복숭아는 도교의 신선 사상에서 불로장생의 선과로 인식되었다. 이에 관한 이야기가 우리나라 민담으로 전해진다.

천도복숭아를 따 온 효자[86]

눈먼 어머니를 모시고 머슴으로 살던 남자가 있었다. 어느 날 왕이 병에 걸려서 천도복숭아를 구해 오는 사람에게 많은 상금과 벼슬을 약속하자, 남자는 자신을 말리는 어머니를 뿌리치고 천도복숭아를 구하러 나섰다.

남자는 몇 날 며칠을 걸어서 사람이 살지 않는 신이한 산에 도착했다. 그는 무작

---
85 안병국, 「복숭아나무의 민간신앙」, 『온지논총』 15, 2006.
86 『한국구비문학문학대계』, 한국정신문화연구원, 1980-1988.

정 산으로 올라가다가 우연히 만난 세 명의 여성이 길을 알려 주어 겨우 천도복숭아가 있는 곳을 찾아냈다. 남자가 임금에게 바칠 것, 어머니에게 줄 것 그리고 백성이 먹을 것까지 천도복숭아 세 개를 챙기니 나무가 사라졌다. 산에서 내려가는 중에 올라가다가 만난 여성들이 그를 따라가겠다며 나서서, 할 수 없이 데리고 집으로 돌아와 셋 모두를 부인으로 삼았다. 남자가 왕에게 천도복숭아를 바치니 병이 금세 나았다. 다른 하나를 어머니께 드리니 "천도복숭아? 어디 좀 보자."라며 눈을 번쩍 떴다. 남은 한 개는 백성이 모두 나눠 먹었고 남자는 왕에게 받은 상금으로 행복하게 살았다.

국립중앙박물관 소장

우리나라를 지켜온 신목

우리나라를 지켜온 신목

버드나무

　　버드나무는 들이나 냇가에 흔히 자라는 나무로 버들, 뚝버들이라고 불린다. 버드나무는 예부터 벽사력을 지닌 신성한 나무로 냇가를 건너는 나그네가 안전하게 이동하도록, 떠나는 사람이 목적지에 빨리 도착해 잘 정착해 살 수 있도록 도와주는 주술을 거는 능력을 가졌다고 알려져 있다. 역사 속 버드나무는 조상의 흔적으로 소개된다.

　　198년(나해이사금 3년) 여름 4월에 시조묘始祖廟 앞에 쓰러져 있던 버드나무가 스스로 일어났다.

　　『삼국사기』 권2, 「신라본기」 2, 나해이사금 3년 4월.

　　253년(첨해이사금 7년) 여름 4월에 용이 궁의 동쪽 연못에 나타났다. 금성金城 남쪽에 누워있던 버드나무가 스스로 일어났다. 5월부터 7월까지 비가 오지 않아 시조묘와 명산에 빌며 제사지내니 곧 비가 왔다. 흉년이 들어 도적이 많았다.

　　『삼국사기』 권2, 「신라본기」 2, 첨해이사금 7년 4월.

　　신라 사람들은 왕족의 조상이 죽으면 버드나무가 되어 세상으로 돌아와 풍년이 들게 해준다고 믿었다. 이후 왕실에서 점차 민간으로 넘어가

전 지역에서 버드나무를 신목으로 받아들였다. 버드나무를 수호신으로 삼은 마을들은 나무를 벌목하거나 가지를 꺾으면 재앙이 온다고 믿었고, 마을 수호신에게 드리는 제사인 동제를 지내며 버드나무에게 마을의 평안을 빌었다. 우리나라에서 버드나무를 신목으로 둔 마을은 대다수 세종시에 모여 있다. 세종시에 전해지는 버드나무 이야기 몇 가지를 소개하고자 한다.

번암리의 버드나무[87]

옛날 번암리 마을 앞에 버드나무 수십 그루가 숲을 이루면서 마을을 감싸고 있었다. 예로부터 마을 전면이 트여 있으면 마을의 기운이 빠져나간다고 하였는데 번암리 마을 앞에 있는 버드나무들이 기운을 가두는 역할을 한다고 믿었다. 어느 날 마을 사람 누군가가 이 버드나무를 베었다. 버드나무가 베이자마자 주민들은 점차 가난해지기 시작하였다. 땅이나 집을 팔고 떠나는 이도 있었다. 마을의 기운이 기울어지면서 많은 주민이 이사를 하였으며, 현재는 토박이 주민이 많이 남아있지 않다고 한다.

---
[87] 『조치원읍지』, 조치원읍지편찬위원회, 2012.

매화나무

　매화나무는 봄을 알리는 꽃나무로 희망과 회춘을 상징하며 대나무, 난초, 국화와 함께 사군자로 불려 선비의 지조를 상징하는 나무이다. 그래서 조선시대 선비들은 매화를 주제로 여러 예술 작품을 남겼다. 또한 매화나무는 추위를 이기고 꽃을 피운다고 하여 불의에서 승리한 꽃나무라고도 하며, 여인의 순결과 정절을 뜻해 양반의 여인들을 상징했다. 그래서 양반가 부인의 초상화나 미인도의 배경에 매화나무가 자주 등장한다. 매화꽃은 순결, 절개, 재생을 상징하는 꽃이자 쾌락, 행복, 장수, 순리 등의 오덕을 간직하고 있는 꽃이기도 하다.

국립중앙박물관 소장

우리나라를 지켜온 신목

대나무

대나무는 매화, 난초, 국화와 함께 사군자로 일컬어져 절개와 정절을 상징하는 나무로 인식되었다. 우리나라 관용어 중 '대쪽 같은 사람'은 불의나 부정적인 일에 일체 타협하지 않고 지조를 지키는 사람을 대나무의 올곧음에 비유한 말이다. 무속에서는 대나무를 신령한 나무로 여겼다. 그래서 제주도에서는 대나무로 무구를 만들어 사용하기도 하고, 단오제 때 대나무로 만든 무구를 들고 무구춤을 추기도 한다.[88] 우리나라에서 대나무에 관한 무속적인 기록은 297년 신라 유례이사금儒禮尼師今(신라 제14대 왕, 재위 284-298)대부터 시작되었다.

옛 이서국伊西國[89]이 금성을 공격해왔다. 신라 측에서 군사를 이끌고 방어했지만 물리치지 못했다. 갑자기 이상한 군사 여럿이 금성에 들어왔는데 모두 대나무 잎을 꽂고 있었다. 이상한 군사들은 우리 군사와 함께 이서국 군사를 공격해 격파했는데, 후에 그들이 어디로 갔는지는 알 수 없었다. 이후 이상한 군사들이

---

88 강소전, 「제주도 굿의 무구(巫具) '기메'에 대한 고찰: 중요무형문화재 제71호 '제주 칠머리당 영등굿' 기능보유자 김윤수 심방의 기메 제작사례를 중심으로」, 『한국무속학』 13, 2006.
89 이서국은 삼한시대 부족국가로 신라 초기에 복속된 경북 청도군에 있었던 작은 국가이다.

썼던 대나무 잎 수만 장이 죽장릉竹長陵에 쌓여 있는 것을 보았다.[90] 이로 인해 나라 사람들은 "선왕先王[91]이 음병陰兵[92]으로 싸움을 도왔다."고 했다.

『삼국사기』 권2, 「신라본기」 2, 유례이사금 14년 1월.

유례이사금대에 이서국사람들이 와서 금성을 공격했다. 우리가 막으려 했지만 견딜 수 없었다. 홀연히 이상한 병사가 나타나 도와줬는데 모두 대나무잎을 귀에 꽂고 있었다. 그 군사는 우리 병사와 힘을 합쳐 적군을 공격해 격파했다. 적군이 물러간 후에 이상한 병사들이 사라졌는데, 그들이 돌아간 곳을 알 수 없었다. 다만 대나무의 잎이 미추왕릉 앞에 쌓여 있음을 보고, 선왕의 도움 있었음을 알았다. 이로 인해 미추왕릉을 죽현릉竹現陵이라 했다.

『삼국유사』 권1, 「기이」 1, 미추왕 죽엽군.

유례이사금대 이서국의 군사와 전투 중 대나무 잎을 꽂고 있던 알 수 없는 군사들이 신라를 도와 승리한 후 사라졌다. 이 군사들은 미추이사금이 저승에서 다스리는 군사들로, 신라 왕이 죽어 저승 왕이 되었음을 드러내는 부분이다. 위의 기록은 신라 왕이 신이한 능력이 있음을 알리는 설화이자 대나무가 저승과 이승을 연결하는 신라의 대표적 신목임을 나타내는 중요한 내용이다. 『삼국사기』에서는 미추왕릉을 죽장릉竹長陵, 『삼국유사』에서는 죽현릉竹現陵이라 부르는데 모두 대나무 잎을 꽂은 군사들이 나왔다는 뜻을 이름에 담아 무덤 이름에 죽竹자를 넣었다.

---

90 죽장릉은 경주 미추왕릉의 다른 명칭이다.
91 이때의 선왕은 미추이사금을 말한다.
92 음병은 저승에 사는 귀신 군사를 말한다.

우리나라를 지켜온 신목

만파식적[93]

신문왕神文王(신라 제31대 왕, 재위 681-692)의 이름은 정명政明이며, 성은 김씨다. 681년 7월 7일에 왕위에 올랐다. 부왕인 문무왕文武王(신라 제30대 왕, 재위 661-681)을 위해 동해에 감은사感恩寺를 세웠다. 문무왕이 왜병을 진압하고자 이 절을 처음으로 짓다가 다 끝마치지 못하고 죽어 바다의 용이 되었다는 기록이 절에 남아있다. 아들 신문왕이 왕위에 올라 682년에 금당 섬돌 아래에 용이 들어와 살 수 있게 구멍 하나를 뚫었다. 이 섬돌은 문무왕의 유골을 간직한 곳으로 대왕암大王岩이라고 하고, 절은 감은사라고 했으며, 뒤에 용이 나타난 것을 본 곳은 이견대利見臺라고 했다. 이듬해 5월 초하루에 해관海官 파진찬波珍湌[94] 박숙청朴夙淸(?-?)이 아뢨다.

"동해에 작은 산 하나가 물에 떠서 감은사로 오는데, 물결을 따라서 왔다 갔다 합니다."

왕은 이를 이상히 여겨 일관日官[95] 김춘질金春質(?-?)에게 점을 치도록 했다. 김춘질이 왕에게 아뢨다.

"돌아가신 부왕께서 지금 바다의 용이 되어 삼한三韓을 수호하고 계십니다. 김유신金庾信도 하늘의 아들로서 인간 세상에 내려와 대신이 되어 나라를 지키고 있습니다. 두 성인이 나라를 지킬 보배를 내어주시니, 만약 폐하께서 해변으로 나가시면 큰 보배를 얻게 될 것입니다."

왕이 기뻐하여 그 달 7일에 이견대로 행차하여 그 산을 바라보면서 사자를 보내 살펴보도록 했더니, 산의 형세는 거북의 머리 같고, 그 위에는 한 줄기 대나무가 있

....
93 『삼국유사』 권2, 「기이」 2, 만파식적.
94 파진찬은 신라 관직 17관등 중 4위이다.
95 일관은 삼국시대 천문관측 점성을 담당하는 관직이다.

었다. 산은 낮에 둘이 되고 밤에는 하나가 되었는데, 일설에는 밤낮으로 합치고 갈라지는 모습이 대나무와 같았다고 한다. 대신이 왕에게 이 사실을 알리자, 왕은 감은사로 갔다.

이튿날 오시午時[96]에 대나무가 산과 하나가 되자 천지가 진동하며 비바람이 몰아쳐 7일 동안 세상이 어두워졌다. 16일이 되어서야 바람이 잦아들고 물결도 평온해졌다. 왕이 배를 타고 그 산에 들어가니 용이 검은 옥으로 만든 허리띠를 산에 가져다 바치고 있었다. 왕이 이를 보고 용 옆에 앉아서 물었다.

"이 산과 대나무가 갈라지고 합해지는 것은 무엇 때문인가?"

용이 대답했다.

"이것은 비유하자면, 한 손으로 치면 소리가 나지 않고 두 손으로 치면 소리가 나는 것과 비슷합니다. 이 대나무는 합한 후에야 소리가 납니다. 어진 왕이 이 대나무를 가지면 소리로 천하를 다스릴 수 있습니다. 대왕께서 이 대나무를 가지고 피리를 만들어 불면 천하에 평화가 올 것입니다. 대왕의 아버님께서는 바닷속 큰 용이 되셨고, 유신은 다시 천신天神이 되시고 대왕께 선물을 보내고자 저를 보내셨습니다."

왕은 기뻐하며 용에게 오색 비단과 금과 옥으로 보답하고 사자를 시켜 대나무를 베어 산에서 나오자 산과 용은 순식간에 사라졌다. 왕이 감은사에서 하룻밤 보내고, 17일에 기림사祇林寺 서쪽 냇가에 이르러 수레를 멈추고 점심을 먹었다.[97] 태자 이공理恭 즉 효소왕孝昭王(신라 제32대 왕, 재위 692-702)이 대궐을 지키고 있다가 이 소식을 듣고는 말을 달려와서 하례하고 천천히 살펴보고 말했다.

"이 옥으로 만든 허리띠의 여러 쪽들이 모두 진짜 용입니다."

"네가 어떻게 그것을 아는가?"

"쪽 하나를 떼어서 물에 넣어보면 아실 것입니다."

---

96 오시는 오전 11시부터 오후 1시까지를 말한다.
97 기림사는 경상북도 경주시 함월산에 있는 절이다.

우리나라를 지켜온 신목

왕이 왼쪽의 둘째 쪽을 떼어 시냇물에 넣으니 용이 나타나 하늘로 올라가고, 그곳에 연못이 생겼다. 이후 연못은 용연龍淵이라고 불렀다. 왕이 행차에서 돌아와 산에서 구한 대나무로 피리를 만들어 월성月城[98]의 천존고天尊庫[99]에 간직하였다. 이 피리를 불면 적병이 물러가고 병이 나으며, 가뭄에는 비가 오고 장마는 개며, 바다에서 불면 바람이 잦아들고 물결이 평온해졌다. 대나무 피리는 만 가지 능력을 가졌다고 하여 만파식적萬波息笛이라고 부르고 국보로 삼았다.

신라에서 대나무는 불교의 신성한 나무로 묘사되었다. 대나무의 불교 설화는 『삼국유사』에 전해진다.

의상과 대나무 설화[100]

옛날 의상이 처음으로 당나라에서 돌아와 관세음보살의 본체가 이 해변의 굴 안에 산다는 말을 들었다. 그곳은 낙산洛山이라고 불리는 곳이었다.

관세음보살이 재계齋戒[101]한지 7일째 새벽에 좌구座具[102]를 물 위에 띄웠더니 용신팔부龍神八部[103]시종이 굴 속으로 관세음보살을 이끌었다. 의상이 공중을 향해 예배를 드리니 하늘에서 수정염주 한 꾸러미를 내어주어 이를 받아 물러났다. 동해東海 용 역시 여의주 한 알을 주어 의상이 받들고 나왔다. 다시 7일을 재계하고 나서

....
98 월성은 경주시 인왕동에 있는 신라의 성으로 101년 이후 신라 왕들이 살던 궁궐이다.
99 천존고는 신라때 국가 보물을 보관하던 창고이다.
100 『삼국유사』 권3, 「탑상」 4, 낙산이대성 관음 정취 조신.
101 재계는 제사를 올리기 전에 몸과 마을을 깨끗하게 하기 위해 부정적인 일을 금하는 것을 말한다.
102 좌구는 스님이 항상 가지고 다니는 방석이다.
103 용신팔부는 불법을 수호하는 신들로 천·용·야차夜叉·아수라阿修羅·가루라迦樓羅·건달파乾闥婆·긴나라緊那羅·마후라가摩睺羅迦를 말한다.

관세음보살의 진짜 모습을 보았다. 관세음보살이 말하기를, "산 맨 위에 한 쌍의 대나무가 솟아날 것이니, 그 땅에 부처의 집을 지어라."고 하였다. 의상이 그 말을 듣고 굴 밖으로 나와보니 대나무가 땅에서 솟아있었다.

　의상이 대나무로 금당을 짓고 관세음보살의 상을 빚어 모시니 원만한 모습과 고운 자질이 마치 하늘에서 내려온 것 같았다. 관세음보살이 세상에 내려오자 대나무는 없어졌다. 그제야 그 땅이 관세음보살의 진실한 본체임을 알았다. 이로 인해 대나무가 있던 자리의 절 이름을 낙산이라고 하고, 법사는 받은 두 구슬을 성전에 모셔두고 떠났다.

국립중앙박물관 소장

우리나라를 지켜온 신목

국립중앙박물관 소장

우리나라를 지켜온 신목

제9장

마을을 지키는 나무들

느티나무

느티나무는 우리나라에서 신령스러운 나무이자 많은 사람이 사랑하는 나무 중 하나로 규목槻木·궤목樻木·거櫸라고 불린다. 느티나무의 느티는 신성의 징조라는 뜻인 늦과 수목의 형상이 위로 솟구친다는 뜻인 티가 어우러진 우리말 '느틔'의 변형이다. 또 느지는 조짐이나 징조를 뜻하는 함경남북도 방언이다.[1]

우리나라는 나이가 많은 나무를 노수거목老樹巨木이라고 부르며 신령한 나무로 받들었다. 우리나라에서는 300년에서 1000년 이상 산 느티나무가 많아서 다른 나무보다 신령한 나무로 여기는 마을이 많았다. 그리하여 수령이 오래된 느티나무가 있는 마을에서는 느티나무를 마을신으로 믿어 풍요와 안전을 기원했다.

느티나무는 마을마다 각각 다른 전설이 전해진다. 대다수의 전설은 전염병이 돌 때 나무에 기도를 했더니 전염병이 말끔히 사라지거나, 젊은이들이 갑자기 죽었을 때 나무에 제사를 지냈더니 마을에 평화가 돌아온다는 이야기이다. 마을의 안전을 담당한 느티나무의 전설 몇 가지를

---
[1] 한상엽, 「괴정에 잔존하는 수목을 통해 본 괴목 문화변용 연구」, 우석대학교 박사학위논문, 2019.

소개하고자 한다.

논산 연산면 천호리와 북면 화악리 느티나무[2]

황산[3]에서 후백제군을 제압한 뒤 부처 덕분이라고 생각한 왕건은 부처의 은혜를 기리기 위해 개태사開泰寺를 지었다.[4] 왕건은 절을 다 지은 후 공이 큰 두 사람에게 느티나무를 하나씩 주었다. 두 사람은 의형제를 맺고 느티나무를 가져다 각각 자기 마을에 심었다.

의형제 중 형은 나이가 서른이 넘었는데도 자식이 없었다. 그래서 그는 왕이 준 느티나무를 자식처럼 정성껏 보살폈다. 그러던 어느 날 밤, 꿈에 노인이 나타나 "그대의 정성이 갸륵하여 내가 선물 하나를 주겠다." 하고는 사라졌다. 그 뒤 아내가 아이를 가져 옥동자를 낳았다. 형은 아기가 임금이 내려 준 느티나무로 인해 태어났다고 생각하여 벼슬에 올라 나라를 위해 열심히 일하도록 정성껏 키웠다.

동생 역시 왕이 내려 준 느티나무를 정성껏 가꾸었다. 세월이 지나 나무는 거목으로 성장했다. 수백 년이 지난 후, 임진왜란 때 일본장군이 이 나무 밑에서 휴식을 취했다. 일본장군은 나무에 오기 전 마을을 쑥대밭으로 만들고 개태사의 불상을 부수는 등 악행을 저질렀다. 그는 느티나무 밑에서 승리를 축하하는 잔치를 벌였다.

이때 느티나무를 심었던 의형제 동생의 후손이 일본장군의 모습을 보고, "신이시여, 저 악한 자들에게 벌을 내려 주소서."라고 기도를 올렸다. 그들의 간곡한 기도가 하늘에 닿았는지 맑게 개었던 하늘에 시커먼 비구름이 몰려오더니 폭풍우가 쏟아졌다. 비와 함께 엄청난 천둥소리가 나면서 나무에 벼락이 떨어졌다. 천둥으로 나

---

2 『놀뫼의 전설』, 논산문화원, 1991.
3 황산은 충청남도 논산지역 옛 지명이다.
4 개태사는 충청남도 논산시 연산면에 있는 절이나.

무 아래 있던 일본장군과 군졸들은 벼락으로 죽었다. 일본인들과 함께 벼락 맞은 느티나무는 밑둥치가 불에 타 속 부분이 텅 비게 되었다.

지금도 연산면 천호리와 북면 화악리에 있는 느티나무 두 그루에서 신묘한 분위기가 느껴지고, 마을 사람들은 봄에 느티나무 잎이 잘 피면 풍년이 들고 잘 피지 않으면 흉년이 된다고 믿었다.

충청남도 논산시 노성면 읍내리 느티나무[5]

노성면 읍내리에는 조선 중종 때 이산현 동헌 마당에 심은 450년 묵은 느티나무가 있다. 이 느티나무는 노여움을 잘 탄다고 알려져 있다. 200여 년 전, 한 사람이 노성군 현감(縣監)으로 부임했다. 그는 마을에 늘어진 느티나무 가지를 보고 나졸들에게, '축 늘어진 느티나무 가지를 당장 베어 버려라.' 라고 말했다. 나졸들은 현감의 명을 거역할 수 없어 나뭇가지를 베어 버렸다. 사흘 후, 느티나무 가지를 자른 나졸의 집에 불이 나 일가족이 타 죽었다.

이후에도 몇 번 가지를 자른 적이 있었는데 그때마다 사람이 죽거나 집이 무너졌다. 심지어 비가 많이 와서 노성천이 터지는 등 불상사가 일어나기도 했다. 그래서 동네 사람들은 이 느티나무를 두려워했다.

오랜 세월이 지난 지금도 느티나무의 가지를 자르거나 베면 반드시 마을에서 사람이 죽거나 불상사가 일어난다고 생각해 나뭇가지에 손을 대지 않고 마을의 수호신으로 간주하고 있다.

....
5 『놀뫼의 전설』, 논산문화원, 1991.

민간에서 느티나무가 수호신 역할을 수행했다면, 왕족이나 양반에게 느티나무는 삼공과 학자를 상징했다. 삼공은 영의정, 좌의정, 우의정이라는 정1품 관직을 부르던 칭호로 왕 다음으로 높은 자리이다. 조선시대에는 느티나무를 삼공을 상징하는 자연물로 여겨 삼공의 묘에 느티나무를 심었다.[6] 또 우리나라 조선시대 지방교육기관인 향교와 서원은 느티나무를 상징수로 삼았다. 대표적으로 순흥향교, 파주향교, 과천향교, 회연서원, 자운서원이 있다. 자운서원은 느티나무를 상징수로 삼는 대표적인 서원으로, 율곡 이이를 모신 자운서원의 강인당 앞에 느티나무가 두 그루 살고 있다. 자운서원의 느티나무는 350년이 넘어 서원 내 나무 중 가장 나이가 많다.[7]

주로 신성하게 여겨진 나무들은 약재료나 식재료도도 시용되었는데, 조선시대에 전쟁이나 흉년 등으로 식량이 없어진 상황에서 백성들은 느티나무잎으로 국을 끓여 굶주림을 해결했다.[8]

---

6 김장생, 『사계전서』 권16, 「경서변의」, 왕제.
7 강판권, 「중국과 한국의 수목인식과 문화변용-회화나무와 느티나무를 중심으로」, 『대구사학』 118, 2015.
8 홍만선, 『산림경제』 권3, 구황.

마을을 지키는 나무들

부여 가림성 느티나무, 문화재청 소장

마을을 지키는 나무들

팽나무

팽나무는 느릅나무과로 달주나무, 매태나무, 평나무라고도 불린다. 우리나라에서 팽나무는 전라남도, 전라북도, 경상남도, 경상북도 등에 주로 분포하고 당산목으로 섬겨진다. 당산목으로 모셔지는 팽나무는 곡창지대를 지켜온 나무로 농사의 풍흉작을 미리 점치는 능력을 가지고 있다. 봄에 팽나무잎이 일제히 싹트면 풍년이고 그렇지 못하면 흉년이라고 하며, 어떤 마을에서는 싹트는 방향으로 풍년, 흉년을 점친다고 한다. 이외에도 전염병을 막아주는 능력, 환자를 치유하는 능력, 아들을 점지하는 능력을 가졌다고 알려져 있다.

우리나라에는 팽나무와 관련된 설화가 부산과 제주도에서 전해진다.

부산 기장군 일광면 원리의 팽나무[9]

일광면 원리 김화익 집에는 수령이 약 200년 이상 되는 팽나무가 있었다. 김씨가 16세가 되던 해 모친 송씨가 팽나뭇가지가 농작물에 그늘을 만든다는 이유로 머

---
9 『일광면지』, 일광면지편찬위원회, 2006.

슴에게 베어버리라고 했다. 주인의 명대로 톱을 들고 나무에 올라간 머슴이 가지를 자르려 하자 머리가 아파 일을 할 수 없어 나무에서 내려왔는데 곧바로 쓰러졌다. 이 소식을 들은 송씨는 팽나무 목신木神이 노했기 때문에 머슴이 쓰러졌다고 생각하여 두 손을 모아 주문을 외우고 머슴을 팽나무 밑에 눕혀놓고 냉수를 머리에 뿌렸다. 그렇게 했더니 머슴을 고통스럽게 한 두통이 사라졌다. 4년 뒤 새 머슴이 들어와 다시 팽나뭇가지를 베려고 하자 이전과 똑같은 일이 일어났다. 이에 집안사람들은 팽나무에 목신이 있다고 굳게 믿었다.

고창 수동리 팽나무, 문화재청 소장

음나무

　음나무는 엄나무로도 불리는 나무로 음력 정월 대보름에 악귀나 잡귀, 역귀가 집에 들어올 수 없도록 막는 나무다. 음나무는 줄기나 가지가 날카로워 잡귀나 병마가 이를 보면 도망친다고 한다. 그래서 음나무의 가지를 거실 문 밖의 윗쪽이나 대문 위에 걸어두었다. 또 음나무는 전염병을 낫게 해주는 능력까지 있어 무주군 설천면 삼곡마을에서는 음나무를 당산나무로 모시고 있다. 이곳의 음나무는 350년이 넘는 천연기념물 제 306호로 날카로운 가시로 마을의 사악한 기운을 쫓아버린다고 하여 마을 사람들이 수호신수守護神樹로 받들며 제사를 지내고 있다.[10]

　이외에도 김포시 대곶면 거물대리에서 음나무를 신목으로 삼고 있으며, 안성시 대덕면 신령리에서는 가정의 행복과 무병장수를 비는 나무로, 남양주의 가재마을에는 귀신을 쫓고 액운을 막아주는 나무로 모시고 있다.

10　『한국문화상징사전』, 한국문화상징사전편찬위원회, 1992.

창원 신방리 음나무, 문화재청 소장

갈참나무

갈참나무는 참나무에 속하는 나무로 재잘나무, 톱날갈참나무, 근갈참나무 등으로 불린다. 갈참나무의 열매는 도토리 또는 굴밤이라 부르며 구황식량이자 겨울식량으로 사용된다. 갈참나무의 열매 수에 따라 그해 농사가 결정된다는 설이 전해진다. 갈참나무 꽃이 필 5월에 비가 많이 내리면 풍년이 되고, 꽃이 핀 후 꽃받이가 생기지 못해 도토리가 나오지 않으면 흉년이 든다고 한다. 갈참나무는 식량을 제공하는 귀중한 나무였기 때문에 우리나라에서 신성한 나무로 섬겼고, 몇 마을에서는 당산나무로 모셨다.[11]

경기도 가평군 청평면 상천리에서는 갈참나무를 훼손하면 마을에 병이 돈다고 믿어 마을의 평화를 위해 신목으로 모시고 있다. 또 경북 영주시 단산면 병산리도 갈참나무를 당산나무로 모시고 있다. 이곳 갈참나무는 600년 정도 된 것으로 추정하고 있는데, 창원 황씨의 황전 선생이 1426년(세종 8년) 선무랑宣務郎[12] 통례원通禮院[13] 봉례奉禮[14] 벼슬을 하고 있

---

11 이정석, 『새로운 한국수목대백과도감』, 학술정보센터, 2010.
12 선무랑은 조선 종6품 하계문신 품계이다.
13 통례원은 국가의 의례를 관장하던 관청이다.
14 봉례는 통례원의 정4품 관직이다.

을 때 심었다는 이야기가 전해지고 있다. 이 마을에서는 매년 정월 대보름에 갈참나무 아래에 모여 마을의 평화와 풍년을 비는 제사를 지낸다고 한다.[15]

영풍 병산리 갈참나무, 문화재청 소장

15   성문출판사 편집부, 『경상북도문화재도록』 2, 동해문화사, 1995

제10장

인간계와 천상계를 잇는 성체, 꽃

인간계와 천상계를 잇는 성체, 꽃

고대부터 자연물은 하늘과 신에 바치는 제물 또는 공물로 사용되거나 신 그 자체로 인식되었다. 나무는 신이 땅에 내려오는 통로, 제의의 장소였고, 꽃은 신께 드리는 진귀한 제물로써 하늘을 상징하고 나무를 대신하여 인간계와 천상계를 연결했다. 고대에는 신께 드리는 제물로 생명체나 곡물 등을 바쳤다가 점차 아름답고 진귀한 제물을 바치기 위해 꽃을 사용하기 시작했다.

불교가 전파된 후로는 불교의 예식 중 하나로 부처를 모시는 불당에 꽃을 바치는 불전헌화 문화가 전래되면서 꽃을 통해 신앙심을 표현하거나 성스러운 장소를 정화해 소망을 기원했다. 특히 신라에서는 불교가 국교로 지정되면서 궁중에서 꽃꽂이를 하기도 했다. 삼국시대에 꽃은 종교적인 의미로 사용되어 백성들이 쉽게 사용하지 못했다. 대신 혼인, 49재, 장례식 등과 같이 큰 행사에서는 사용이 가능했다.

고려시대부터는 꽃이 극락을 상징했고 종교적인 상징물에서 벗어나 예술작품으로 사용되었다. 조선시대에는 유교의 영향으로 품위와 격을 중요시해 깨끗함을 상징하는 꽃을 사용했고 가정의 화목, 부귀와 장수, 장생불사와 같은 의미로도 사용했다.[1] 조선시대에는 유학자, 백성, 궁중에서 사용하는 회화법이 생겨 문인화, 민화, 궁중 회화로 표현되었다.

국립중앙박물관 소장

---

1 홍호기, 「한국 전통 꽃 예술의 변천과 특징에 관한 연구」, 서울시립대학교 박사학위논문, 2006.

모란

    모란은 권위, 부귀, 명예, 길상, 번영, 창성, 화복, 만남 등을 상징하는 꽃이다. 궁궐과 민간에서 다양하게 사용된 꽃으로 목단화牧丹花라고도 불린다. 모란이 우리나라에 유입된 시기는 신라로, 선덕왕善德王(신라 제27대 왕, 재위 632-647)때 당나라 태종太宗(당나라 제2대 황제, 재위, 626-649)이 선덕왕에게 모란도와 모란 씨를 선물했다는 기록에서 처음 모란이 언급되었다.

신라

선덕왕과 모란 이야기는 『삼국사기』와 『삼국유사』에 전해진다.

선덕왕과 모란[2]

    선덕왕이 왕위에 즉위했다. 이름은 덕만이고, 진평왕의 첫째 딸이다. 선덕왕이

---

2   『삼국사기』 권5, 「신라본기」 5, 선덕왕 1년; 『삼국유사』 권1, 「기이」 1, 선덕왕 지기삼사.

즉위하기 이전, 당나라에서 덕만공주에게 모란꽃 그림과 꽃씨를 보냈다. 선덕왕이 선물을 보고 말했다.

"이 꽃은 비록 아름답지만, 향기가 없을 것입니다."

"네가 그것을 어찌 아느냐?"

"꽃을 그렸지만 나비가 없습니다. 여자가 뛰어나게 아름다우면 남자들이 뒤따르고, 꽃에 향기가 있으면 벌과 나비가 따르지요. 이 꽃은 아름답지만 그림에 벌과 나비가 없으니 향기가 없는 꽃임이 틀림없습니다."

당나라 태종이 선덕왕을 모욕하기 위해 모란을 보냈지만, 선덕왕은 오히려 '향기가 나는 왕의 절'이라는 뜻을 가진 분향사라는 절을 만들며 모란을 선덕왕의 상징으로 바꿔버렸다. 신라시대 때에는 모란을 꽃의 왕이라는 뜻으로 화왕이라고 불렀다. 신문왕神文王(신라 제31대 왕, 재위 681-692)대 화왕花王에 관한 이야기가 전해진다. 화왕 이야기는 『삼국사기』 「열전」 설총편에 기록되어 있다.

설총의 화왕계[3]

신문왕이 한 여름 빛이 잘 드는 방에 설총薛聰(655-?)과 함께 있었다.

"오늘은 계속 내리던 비가 그치고, 첫 여름의 훈훈한 바람도 서늘해졌구나. 날이 좋아졌지만 울적한 마음은 풀어지질 않는구나. 그대는 틀림없이 재미있는 이야기를 알고 있을 터, 나를 위해서 이야기해주지 않겠는가?"

---

3 『삼국사기』 권46, 「열전」 6, 설총.

설총은 지루함을 해결할 재미있는 이야기를 해달라는 신문왕에게 말했다.

"예. 신이 듣건대 옛날 화왕花王(모란)이 처음 세상에 나타나자 이를 정원에 심고 푸른 장막을 둘러 보호했습니다. 봄을 맞아 아름다움을 드러낸 화왕은 정원에 심어진 꽃 중 가장 뛰어났습니다. 아름다운 화왕을 보기 위해 고운 꽃들이 찾아와 뵙길 원했습니다. 어느 날 아름다운 사람이 나타났는데, 붉게 빛나는 얼굴과 가지런한 치아에 아름답게 차려입고 아름다운 자태로 나와 말했습니다. '저는 눈처럼 흰 모래를 밟고, 거울처럼 맑은 바다를 마주하며 봄비에 목욕하며, 맑은 바람을 맞는 자로 이름은 장미라고 합니다. 왕의 덕을 듣고 잠자리를 모시고자 하오니 왕께서는 저를 받아 주시지 않겠습니까?'

또 한 남자가 나타났습니다. 남자는 베옷을 입고 가죽 띠를 둘렀으며, 흰 머리에 지팡이를 짚고, 구부정한 모습으로 와서 말했습니다.

'저는 성 밖 큰 길가에 살면서 아래로는 들판을 내려다보고, 위로는 산의 경치를 보며 사는 꽃으로, 이름은 백두옹白頭翁(할미꽃)이라고 합니다. 주위에 거느리고 있는 자들이 제공하는 물품이 풍족하고 맛있는 음식과 차와 술로 정신을 맑게 해도, 몸을 건강하게 해줄 약과 독을 없앨 아픈 침이 있어야 합니다. 그러니 명주실, 삼麻실과 같이 좋은 것이 있다고 하더라도 골풀과 누런 띠처럼 거친 것을 버릴 수 없고, 모든 군자들은 빈곤해질 때를 대비한다고 하지요. 왕께서도 똑같은 뜻이 있으신지 모르겠습니다.'

어떤 사람이 화왕에게 '두 사람이 왔는데 누구를 받아들이고 누구를 보낼 것입니까?'라고 물었습니다. 화왕은 '장부의 말이 도리에 맞으나 아름다운 사람을 얻는 것도 어려운 일. 어떻게 할까?'라고 말했습니다. 장부가 화왕에게 다가가 말했습니다.

'저는 왕께서 총명하시어 도리와 정의를 아실 것으로 생각했기 때문에 왔습니다. 하지만 이제 보니 아닌 듯합니다. 무릇 임금인 자는 간사하고 아첨하는 자를 가까이하고, 정직한 사람을 멀리 두지요. 이런 까닭에 맹자는 불우하게 일생을 마쳤고, 한나라 때 명신인 풍당馮唐은 중랑서장中郞署長 벼슬에만 머물며 승진하지 못하고 백발노인이 되었습니다. 옛날부터 이러했는데 제가 어떤 대답을 드리는 것이 올바르겠습니까?'

화왕이 장부의 말을 듣고 '내가 잘못했구나! 내가 잘못했구나!' 라고 했답니다."

설총의 말에 왕이 정색하고 낯빛을 바꾸며 말했다.

"그대의 우화 속에는 실로 깊은 뜻이 있구나. 이를 기록하여 왕의 교훈으로 삼도록 하라."

왕은 설총의 말에 감동하여 그에게 높은 벼슬에 내렸다.

이 이야기는 설총이 신문왕에게 꽃 중의 왕인 모란의 우화를 전한 내용이다. 여기서의 모란은 단순히 꽃이 아닌 왕 또는 황제를 비유한 것으로 설총이 신문왕에게 전하고 싶은 이야기를 우화로 전하기 위해 의인화했다.

고려

고려시대에는 신라시대와 똑같이 모란꽃을 왕의 성덕에 비유하고 모란꽃의 기품을 왕의 상징으로 사용했다. 고려시대에도 모란꽃을 꽃 중의 왕이라는 의미로 받아들였고, 모란도를 왕과 왕후를 뜻하는 그림으로 의미를 더 확장하여 왕족이 사용하는 도자기류에도 모란문을 새겼다. 모란은 왕의 상징 외에도 불교를 상징하는 불화佛花와 부처에게 바치는 헌공화獻供花로 사용되었다. 그래서 불교가 국교였던 신라와 고려에서는 절에서 쓰는 종, 와당, 탑 등에 모란문을 새겼다.

조선

조선시대, 특히 18세기부터 모란도가 유행했다. 모란도는 부귀영화, 권력, 평화를 뜻했다.[4] 모란병풍은 주로 왕이 거처하는 침전, 왕실의 혼례인 가례나 왕세자를 책봉하는 예식인 책례冊禮와 같은 잔칫날, 제례나 상례와 같은 의례 때에도 사용했다.

모란은 오직 왕실만이 사용할 수 있는 꽃으로 민간에서는 절대 쓸 수 없지만, 혼례식이 있는 날만큼은 왕처럼 대접받으라는 의미로 백성에게도 사용을 허가했다. 모란병풍은 고가의 물품이라 일반 백성들은 쉽게 구할 수 없었다. 그래서 왕실에서는 백성들을 위해 왕실의 의복과 식품 등을 관리하는 관청인 제용감濟用監에서 모란병풍을 빌려주었다.

19세기부터는 모란을 민간에서도 자유롭게 사용하게 되어 괴석모란도, 화조모란도 등 다양한 모란병풍이 등장했다. 이때 조선사회는 부귀를 선망했기 때문에 부귀의 상징인 모란을 표현한 작품을 즐겼다. 민화 중 가장 유교적인 문자도文字圖에서도 부귀의 상징인 모란이 자주 표현

....
4 최소연, 「조선후기 궁중정재에 나타난 모란의 이미지에 대한 연구」, 경기대학교 석사학위논문, 2009.

되었고, 책장에 서책과 각종 문방구, 화훼 등을 그린 그림인 책가도冊架圖에도 자주 등장했다.

민간에서는 망자를 저승으로 인도할 때도 모란을 사용했다. 상을 치를 때 모란으로 장식하고, 제사를 지낼 때 모란병풍을 사용했다. 또 사찰에서 죽은 자들의 극락왕생을 비는 명부전에 모란병풍을 설치했다. 조선시대에는 모란을 삶과 죽음의 경계를 넘나드는 상서로운 꽃이라 생각하여 다양한 범위에서 활용했다.

무속 속 모란

모란은 무속에서 신을 상징하거나 신의 뜻을 전하는 꽃으로 묘사되어, 무당이 굿을 할 때 모란꽃 모양으로 만든 지화를 들고 신을 부르기도 했다. 무속신화 속 모란 이야기는 「창세가」에서 전해진다.

「창세가」의 모란꽃 대결[5]

하늘과 땅이 서로 한 몸이었을 때 미륵이 태어나 하늘과 땅을 분리하고 땅 네 귀퉁이에 거대한 구리기둥을 세워 하늘을 떠받쳤다. 이후 하늘과 땅은 서로 합쳐지지 않았다. 이때는 세상이 지금과 달라서 해와 달이 각각 두 개씩이었다. 미륵은 달을

---
5   손진태, 『조선신가유편』, 박이정, 2012.

하나 떼어 북두칠성과 남두칠성을 만들고, 해 하나를 떼어서 큰 별과 작은 별을 만들었는데 큰 별은 임금과 대신, 작은 별은 백성의 별이다.

미륵은 입을 옷이 없어서 온 땅으로 뻗어나가는 칡을 베어 실을 만들고 하늘 아래에 베틀을 걸어 거대한 옷을 직접 지어 입었다. 또 불이 없기 때문에 생쌀을 씹어 먹다가 풀메뚜기, 풀개구리, 생쥐를 거쳐 물의 근본과 불의 근본을 알아낸 뒤부터 쌀로 밥을 지어먹게 되었다.

또 옛날에는 세상에 인간이 없었는데 미륵이 한 손에 은 쟁반, 한 손에 금 쟁반을 들고 하늘에 축사하니 하늘에서부터 벌레가 떨어졌다. 은 쟁반에 벌레 다섯, 금 쟁반에 벌레 다섯이 떨어져 은 쟁반에 떨어진 벌레는 여자가 되고 금 쟁반에 떨어진 벌레는 남자가 되어 서로 부부가 되었다. 이때부터 세상에 인간이 번성했다.

미륵이 평화롭게 세상을 다스리고 있을 때였다. 석가가 찾아와 인간 세상을 차지하는 내기를 걸었다. 내기는 총 세 번 시행했는데, 처음 두 내기는 미륵이 이겼다. 초조해진 석가는 마지막 내기에 사활을 걸었다. 같은 방에 누워 잠들었을 때 모란꽃이 누구 무릎에 피어나는지 내기를 걸었는데, 미륵은 깊이 잠들었지만 석가는 일부러 선잠을 자다가 미륵의 무릎에 모란이 피었을 때 모란을 훔쳐 자기 무릎에 심었다. 미륵은 석가가 부정을 저지른 사실을 알았지만 진 것은 진 것이라 인간 세상에서 물러났다. 부정한 방법을 쓴 석가가 인간 세상을 차지했기 때문에 이후부터 세상에 부정한 일이 생겼다.

이 설화는 무속 신화인 「창세가」에 실린 이야기로, 세상에 질서와 부정한 일이 생기게 된 이유를 밝히는 이야기이다. 이 설화의 모란은 세상을 지배하는 통치권을 상징한다. 즉 모란은 무속에서도 왕의 권위와 통치를 상징한다.

인간계와 천상계를 잇는 성체, 꽃

국립고궁박물관 소장

국화

　국화는 흔히 장례식이나 제례 때 사용하는 꽃이지만, 예로부터 불로장수를 상징하던 꽃이다. 국화의 다른 이름은 갱생更生, 장수화長壽花, 수객壽客, 부연년傅延年, 연령객延齡客 등으로, 모두 장수와 관련된 의미를 갖고 있다. 국화는 본래 중국이 원산지로, 장수라는 뜻도 중국에서 유래했다. 중국에서는 신선들이 국화를 먹기 때문에 늙지 않는다고 믿어 국화꽃잎으로 차를 만들거나 꽃잎을 곱게 말려 베게 속이나 이불 속에 넣어 사용하기도 했다. 이는 우리나라에도 전해져 국화를 차로 마시거나 한약재로 사용하고 있다.

　2천여 종류가 넘는 국화는 본래 약용으로 재배되고, 종류도 크게 여름, 가을, 겨울에 피는 꽃으로 나누어진다. 빛깔은 황색, 백색, 짙은 남색, 자주색, 붉은색, 분홍색 등이 있다. 국화는 빛깔이 아름답고 향기가 맑아 멀리까지 전해진다고 한다. 국화는 군자의 상징으로 절개를 지키며 세상을 피해 조용히 사는 선비에 비유된다. 국화는 대나무, 매화, 난초와 함께 사군자로 불린다.

　우리나라에는 음력 9월 9일 국화절(중앙절)이라는 명절이 있다. 국화절은 중국에서 유래한 명절로, 국화가 피는 곳에 찾아가 국화주를 마시며 시를 짓거나 그림을 그리며 하루를 즐기는 날이다. 우리나라에서는 신라시대부터 이어진 행사이며 고려 때에는 국가 행사로 정해졌고 조선시대부터 임금도 참석하는 명절이 되었다. 국화절은 농촌이 바쁠 9월에 있어 추수를 기념하는 역할도 했다. 국화절에는 국화전, 국화만두, 국화주를 마신다. 국화절에 국화주를 마시면 무병장수한다고 하여 궁중에서는 축하주로 자주 마셨다. 또 국화주를 마시면 노화가 늦게 온다고 믿었다.

국립중앙박물관 소장

인간계와 천상계를 잇는 성체, 꽃

연꽃

　연꽃은 더러운 곳에서 고고하게 피어나는 아름답고 존귀한 꽃으로 불교에서는 인간의 정신세계와 관련된 종교적 진리의 깨달음뿐만 아니라 인간의 병을 고치는 약재로서 불교의 수행 덕목의 하나인 보시布施와도 상통하고 있다.[6] 고대 인도부터 연꽃을 연화문이란 문양으로 사용했고, 이후 연화문은 이집트, 그리스를 거치면서 다양하게 변화되었다. 연화문은 불교에서 깨달음과 극락세계의 장엄함을 나타내는 문양으로 불교와 부처를 상징했고 생명의 창조와 번영을 중시하는 불교교리에 적용되어 초월과 정화를 상징하며 행복과 정신적인 여유를 표현했다.[7]

　연꽃은 불교의 상징으로 진흙탕 속에 피어 더러운 곳에 살아도 맑은 자태의 꽃이라는 뜻인 처염상정處染常淨이라 하고, 꽃과 열매가 동시에 이루어지는 특징이 있는 꽃이다. 그래서 연꽃은 불교에서 혼탁한 세상인 오탁악세五濁惡世에 피어나 존재하면서도 거기 물들지 않고 깨끗하여 중생이 윤회하는 세계인 삼계三界의 중생들을 교육하는 데 이용했다. 불교

6　보시는 보살이 지켜야 할 덕목으로 베푸는 일을 말한다.
7　박헌영, 「고구려 고분벽화의 연화문에 내제된 다양성 연구」, 『논문집』 7, 경희대학교 현대미술연구소, 2004.

의 연꽃은 인도의 고대신화와 힌두교에 기원을 두고 있는 세계연화사상에 영향을 받고 있다. 세계연화사상은 부처의 지혜를 믿는 사람이 아미타불의 세계인 서방정토西方淨土에서 극락왕생할 때 연꽃 위에서 보살로 태어난다는 뜻인 연화화생蓮華化生한다는 의미이다. 연꽃을 연화화생으로 기록한 경전인 『무량수경無量壽經』[8]과 『관무량수경觀無量壽經』[9]의 내용은 다음과 같다.

> 극락세계에 태어나고자 하는 사람은 근기根氣와 수행으로 등급이 나눠진다. 그 중 가장 우수한 사람들은 욕심을 버리고 출가하여 오로지 무량수불阿彌陀佛[10]을 생각하며 공덕을 쌓아 극락세계로 가고자 한다. 이 사람들이 죽을 때에는 무량수불이 사람들과 함께 그의 앞에 나타난다. 그러면 그는 부처님을 따라 다른 세계에서 환생하는데, 일곱 가지 보배(칠보七寶)가 장식된 연꽃 가운데서 사연스럽게 화생化生하여 불퇴전不退轉[11]의 자리에 머문다.
>
> 『무량수경』[12]

극락세계에는 여러 보물로 장식된 아름다운 연꽃이 온 불국토佛國土에 가득 피었는데, 보배로운 꽃송이마다 천백억 개의 꽃잎이 있고 꽃에서 빛나는 광명은

---

[8] 무량수경은 대승불교에서 극락세계에 머물면서 불법을 전파한 부처로 아미타불을 높여 부르는 명칭이다.
[9] 관무량수경은 대승불교에서 가장 중요하게 생각하는 경전으로 석가모니가 마가다국왕과 왕비에게 극락왕생의 가르침을 전한 내용이 기록되어 있다.
[10] 무량수불은 대승불교에서 극락세계에 머물면서 법을 전파한 부처를 말한다.
[11] 불퇴선은 수행할 때 뒤로 물러서거나 깨달음을 잃어버리지 않는 상태를 말한다.
[12] 경전연구모임, 『아미타경 무량수경 관무량수경』, 불교시대사, 2007.

서늘한 기운이 도는 빛깔로 이루어져있다.[13]

『무량수경』[14]

위제희부인韋提希夫人이 예배를 마치고 고개를 들자, 눈 앞에 찬란한 금빛이 감싼 부처님께서 찬란한 연꽃 위에 앉아 계셨다.[15]

『관무량수경』[16]

극락세계에는 보배연못이 있다. 보배연못의 물은 열네 줄기로 나뉘어 있고, 물줄기 하나하나에 황금빛의 개울이 있다. 개울 밑에는 눈부신 금강석이 깔려 있고 개울마다 60억개 보배연꽃이 피어 있다. 연꽃은 둥글고 탐스럽다. 보배연못의 물줄기가 연꽃 사이로 흐르는 물은 보배나무로 따라 흘러간다.

『관무량수경』[17]

보배나무 밑에는 연꽃 세 송이가 있고, 연꽃 위에는 부처님상과 보살상 두 개가 있다.

『관무량수경』[18]

극락 세계에 태어나 연꽃 속에서 결가부좌結跏趺坐[19]하고 연꽃이 봉오리 진 것을 생각하고 연꽃이 피는 것을 생각하라. 연꽃이 피어날 때 오백 가지의 광명

---

13 불국토는 부처가 있는 국토를 말한다.
14 경전연구모임, 『아미타경 무량수경 관무량수경』, 불교시대사, 2007.
15 위제희부인은 석가모니가 살아 있을 때 마가다국 빈바사라왕의 왕비이자 아도세왕의 어머니이다. 위제희부인은 왕자 아자타샤트루이가 빈비사라왕을 유폐해 감옥에 가뒀을 때 몰래 감옥에 찾아가 기도하던 중 석가를 만나 불교의 가르침을 받았다.
16 경전연구모임, 『아미타경 무량수경 관무량수경』, 불교시대사, 2007.
17 경전연구모임, 『아미타경 무량수경 관무량수경』, 불교시대사, 2007.
18 경전연구모임, 『아미타경 무량수경 관무량수경』, 불교시대사, 2007.
19 결가부좌는 스님이나 수행인이 앉는 자세 중 하나로 오른발을 왼쪽 허벅지 위에 얹고 왼발을 오른쪽 허벅지 위에 얹는 자세이다.

이 나와서 자신의 몸을 비춘다고 생각하고 안목이 열린다고 생각하라.

『관무량수경』[20]

연꽃은 불교의 정신세계와 불자들의 부처를 향한 신앙심을 짙게 투영하고 있는 상징물이다. 연꽃은 불교를 상징하는 꽃으로 불상을 봉안하는 자리인 연화좌蓮花座를 비롯하여 불교 경전인 『묘법연화경妙法蓮華經』이나 『화엄경華嚴經』 등 책표지에 사용되었다.

삼국시대

4세기 후반 중국에서 불교가 유입될 때 연꽃 문양도 함께 들어왔지만 본격적으로 등장한 시기는 불교조형물이 제작된 6세기경부터이다. 현재까지 알려진 삼국시대의 연꽃문양들은 벽화, 불교조형물, 공예품에 사용되었다. 주로 남아있는 유물은 지붕을 꾸미는 데 사용되는 수막새가 있다. 삼국시대에는 연꽃과 관련된 불교설화가 존재한다.

보천태자, 효명태자가 산속에 머물며 정진하다[21]

두 태자가 산 속에 들어가니 푸른 연꽃이 갑자기 땅 위에 피었다. 보천태자가 이

---
20 성전연구모임, 『아미타경 무량수경 관무량수경』, 불교시대사, 2007.
21 『삼국유사』 권3, 「탑상」 4, 대산오만진신.

를 보고 연꽃이 피어난 자리에 암자를 짓고 보천암寶川庵이라고 불렀다. 두 태자는 다시 동북쪽을 향해 6백여 보를 걸어가다가 북대北臺의 남쪽 기슭에 또 푸른 연꽃이 피어 있는 것을 보고 이번에는 효명태자가 암자를 짓고 부지런히 수행을 닦았다.

 하루는 두 태자가 다섯 봉우리를 올라가 세상을 살펴보고 있었는데, 청색방인 동대 만월산滿月山에 관세음보살이 나타나 있고, 적색방인 남대 기린산麒麟山에는 지장보살地藏菩薩[22]이 있었으며 백색방인 서대 장령산長嶺山에는 대세지보살大勢至菩薩이, 흑색방인 북대 상왕산象王山에는 대아라한大阿羅漢[23]이, 황색방인 중앙 풍로산風爐山 또는 지로산地盧山[24]에는 문수보살文殊菩薩[25]이 나타났다.

 이 설화는 보천태자와 효명태자가 연꽃을 두 번 보고 오대산을 지키는 보살들을 만났다는 내용이다. 보천태자와 효명태자는 정신왕淨神王의 아들로 오대산에서 수도한 스님이다.[26] 즉 설화에서 연꽃은 스님이 된 두 태자가 오대산의 보살을 만날 수 있게 한 꽃으로 표현되었다.

고려

 불교가 국교인 고려시대에는 연꽃 문양을 각종 불상과 석탑 및 부도를 비롯하여 동종이나 향로 등 여러 불교 조형물에 썼고, 불교용품 외 일

---

22 지장보살은 지옥에서 고통받는 중생을 구원하기 위해 지옥에 들어간 보살이다.
23 대아라한은 소승불교 수행자인 아라한 중 가장 나이가 많고 덕이 높은 자를 말한다.
24 만월산, 장령산, 기린산, 상왕산, 지로산은 강원도 오대산의 다섯 봉우리를 말한다.
25 문수보살은 대승불교에서 복과 지혜를 상징하는 보살이다.
26 정신왕은 신라 몇 대, 어떤 왕인지 기록되어 있지 않다. 『삼국유사』 저자 일연은 절이 세워진 시기가 성덕왕 때라는 기록을 바탕으로 정신왕이 신문왕의 본명 정명政明과 왕호 신문이 와전된 것으로 추측한다.

반 귀족들의 생활용품에까지 파급되는 양상을 보인다. 고려시대의 생활용품은 화병이나 그릇에 그림을 넣는 형식이 아니라 꽃이나 과일 등 특정 물품의 모양을 그대로 제작했다. 또 도자기에 구멍을 내어 화려하게 만드는 투각기법을 사용하여 기교를 뽐냈다. 고대와 달리 연꽃을 화려하게 표현한 것은 귀족들의 현세적 이상세계와 종교적 신념을 보여주기 위함이었다. 즉 고려시대의 연꽃은 귀족사회가 얼마나 불교에 귀의하고 있는지를 가늠하는 척도가 된다.[27]

조선

연꽃은 군자의 꽃이라는 의미로 군자화라고 칭해지며 양반들에게 큰 사랑을 받았다. 연꽃은 중국 북송시대의 유학자인 주돈이周敦頤(1017-1073)의 애련설愛蓮說에 영향을 받아 군자화로 자리 잡았다.[28] 애련설에서는 연꽃을 덕을 상징하는 꽃으로 설명하면서 덕성이 고결하여 더러움에 물들지 않고 곧으며 향기가 멀수록 맑다고 하여 군자의 꽃으로 추앙했다. 그리하여 유교에서는 연꽃을 세속에 물들지 않은 정신을 가진 군자와 고고한 선비를 표상하는 꽃이라 하여 조선시대 유학자나 선비들에게 끊임없이 지지를 받았다.

27　최윤철, 「고려청자에 표현된 연꽃문양의 유래에 대한 연구」, 『한국도자학연구』 6-2, 2010.
28　애련설은 중국 송나라의 철학자 주돈이가 연꽃을 군지에 비유하며 지은 글이다.

인간계와 천상계를 잇는 성체, 꽃

인간계와 천상계를 잇는 섬체, 꽃

난초

　난초는 도, 덕, 군자, 충정, 은연 등의 상징성을 갖는 꽃이다. 난초가 군자를 상징하게 된 이유는 공자가 쓴 의란조倚蘭操에서 비롯되었다. 제후의 초빙을 받았으나 임용되지 못하고 위나라에서 노나라로 돌아가던 길에 깊은 계곡에서 홀로 무성하게 핀 난을 발견한 공자는 "난은 임금이 맡을 향기가 있다. 지금 홀로 무성하게 피어야 되는데 잡초들과 함께 자생하고 있으니, 어진 사람이 때를 만나지 못해 필부들 무리에 섞여 있다."라고 했다.[29]

　난초가 도와 덕을 겸비하여 궁벽한 처지에서도 뜻을 잃지 않는 군자를 상징하는 것이 공자로 인한 것이라면, 난초가 충정과 지조를 지닌 군자를 상징하는 것은 굴원屈原(기원전 343-기원전 278)[30]에 의해서다. 충절과 절개로 삶을 마감했던 굴원이 쓴 장편 서정시 「이소離騷」에 난초가 자주 등장한다. 여기서 난초는 군주에 대한 충정과 이상정치를 추구하는 내용을 은유적으로 표현한다. 공자와 굴원에 의해 군자로 상징화된 난초

29　『악부시집』, 「금곡가사」, 의란조.
30　굴원은 중국 전국시대의 정치자이자 시인이다.

는 유교 사상을 추구한 조선시대에도 큰 인기를 얻었다.[31]

고려

고려 말에 성리학이 자리 잡으면서 성리학자들은 도와 덕을 겸비한 군자가 되기 위해 학문에 열중했다. 이때 군자의 상징인 난초가 고려인들에게 이상적 가치를 구현해주는 매개물이 되었다. 고려시대 대표적 문인 이규보李奎報(1168-1241)는 난초의 아름다움과 향기에 대해 예찬했고, 고려 말 성리학에 밝았던 이인복李仁復(1308-1374) 역시 난초를 군자의 상징이라 말했다.

조선

조선시대에는 왕실과 양반들 사이에서 성리학의 덕목과 군자상을 중시하여 난초와 관련된 미술이 유행했다. 이때 등장한 그림이 묵란화墨蘭花이다. 묵란화는 난초가 그려진 그림으로 조선시대 왕에게 큰 사랑을 받았다. 난화를 사랑했던 세종은 왕자였을 때부터 난초 그리기를 좋아했고, 문종文宗(조선 제5대 왕, 재위 1450-1452)은 세종이 그린 난초와 대나무 8족을 병풍으로 만들어 간직했다고 알려져 있다.[32] 성종成宗(조선 제9대 왕, 재위 1469-1494)은 궁궐에 화실을 마련해 화가들을 출입시켜 난초를 그리

---
31 강영주, 「조선 전반기 묵란화 연구」, 『강좌 미술사』 36, 2011.
32 강영주, 「조선 전반기 묵란화 연구」, 『강좌 미술사』 36, 2011

게 했다.[33]

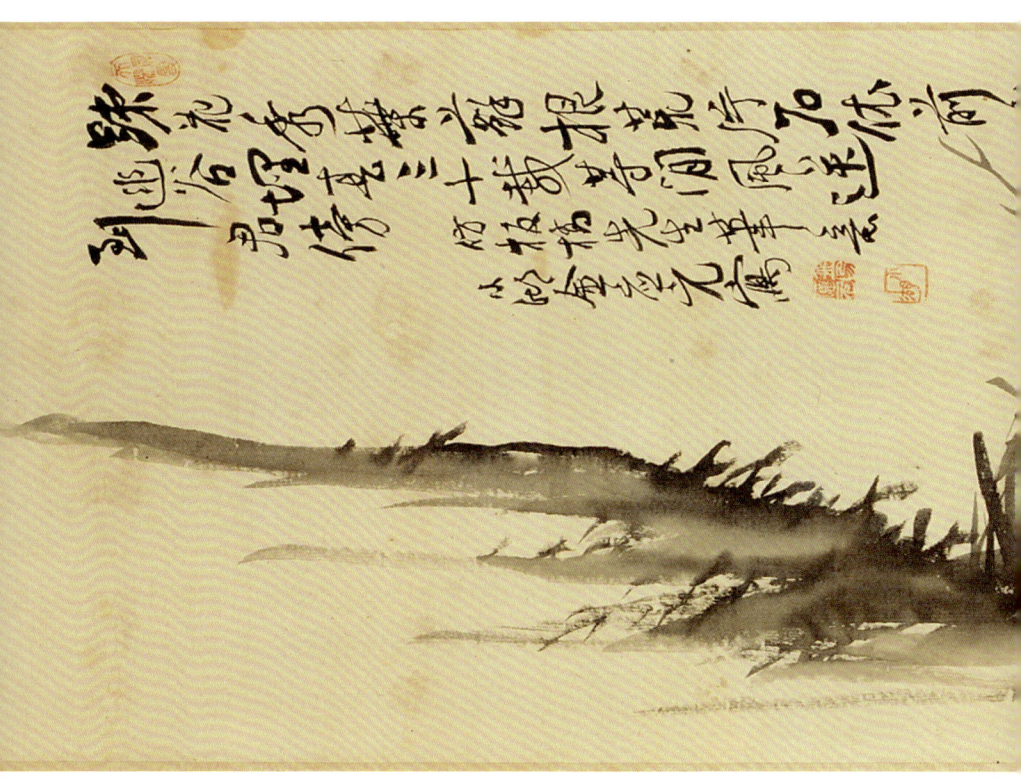

....
33 이선옥, 『조선왕실의 미술문화』, 대원사, 2005.

국립중앙박물관 소장

인간계와 천상계를 잇는 성체, 꽃

봉선화

 봉선화는 봉숭아, 봉새, 금봉화金鳳花, 은선자隱仙子라는 이름으로 불리는 꽃이며, 원산지는 인도, 말레이시아, 중국이다. 봉선화는 조선시대에 큰 사랑을 받았다. 중국 명나라 때 왕상진王象晉이라는 사람이 저술한 식물 백과사전 『군방보群芳譜』에서는 '줄기와 가지 사이에 꽃이 피어 머리, 날개, 꼬리, 발이 모두 일어서 있는 모양새가 봉황과 닮아 봉선화라는 이름을 붙였다.'라고 기록되어 있다. 이를 따라 우리나라에서도 봉선화라고 불렀다.

 조선시대에는 봉선화를 봉상화鳳翔花라고도 불렀다. 봉상화라는 명칭이 언제부터 사용됐는지는 확인할 수 없지만, 기록상 『동국이상국후집』에서 처음으로 봉상화라는 단어를 사용했다.[34] 이후 봉상화는 조선시대 선비들의 시 주제가 되어 봉황새와 난새를 표현하는 단어로 사용되었다.

---
34 『동국이상국후집』 권7, 고율시.

우리나라에는 봉선화 유래 설화가 전해진다.

봉선화 설화[35]

백제(혹은 고려) 때 한 여자가 선녀로부터 봉황 한 마리를 받는 꿈을 꾸고 딸을 낳아 봉선이라 이름 지었다. 봉선이는 곱게 자라 천부적인 거문고 연주 솜씨로 명성이 널리 알려져 임금님 앞에 나아가 연주하는 영광까지 얻게 되었다.

그러나 궁궐에서 집으로 돌아온 봉선이는 갑자기 병석에 눕게 되었다. 그러던 어느 날 임금님의 행차가 집 앞을 지나간다는 말을 들은 봉선이는 간신히 자리에서 일어나 있는 힘을 다하여 거문고를 연주하였다.

이 소리를 알아듣고 찾아간 임금님은 봉선이의 손에서 붉은 피가 맺혀 떨어지는 것을 보고 매우 애처롭게 여겨 무명천에 백반을 싸서 동여매 주고 길을 떠났다. 그 뒤 봉선이는 결국 죽고 말았는데, 그 무덤에서 이상스런운 빨간 꽃이 피어났다. 사람들은 그 빨간 꽃으로 손톱을 물들이고, 봉선이의 넋이 화한 꽃이라고 봉선화라 했다.

---
35 최영전, 『백화보』, 창조사, 1963.

목화

　목화는 열대지방과 온대지방에서 재배되는 꽃으로 양화涼花, 길패吉貝, 겁패劫貝, 면화, 초면草綿이라고도 불린다. 목화는 명주를 만드는 재료로 백성들에게 필수적으로 필요한 식물이다. 그래서 목화는 백성의 삶을 상징한다. 우리나라에서 목화는 신라에서 처음 재배하여 공물로 사용했다. 『삼국사기』 경문왕대의 기록에 따르면, 869년 신라가 당나라에 감사의 의미로 목화로 만든 천인 백첩포白疊布 40필을 진상했다. 고려시대 1363년(공민왕 12년)에는 원나라에 사신으로 갔던 문익점文益漸(1329-1398)을 통해서 전파되었다.

　　　목면木縣의 종자種子를 얻어 돌아와서 그의 장인 정천익鄭天益에게 부탁하여
　　　심게 했다. 처음에는 배양培養하는 기술을 알지 못해 거의 말라 죽고 1줄기만 남
　　　았는데, 3년 만에 번식에 성공했다.
　　　　　　　　　　　　　　　　　　『고려사』 권111, 「열전」 권24, <제신>, 문익점.

　문익점이 원나라에서 공식적으로 목화를 가져와 재배에 성공한 후, 우리나라에도 목화 직조기술이 전국으로 전파되었다. 그 결과, 목화는

백성의 삶에 큰 영향을 미치는 꽃이 되었다. 방직 생산에서 큰 비중을 차지하는 목화는 백성의 삶과 맞닿아 있는 꽃이었다. 영조의 계비인 정순왕후貞純王后(1745-1805)의 간택 일화에서도 목화에 대한 인식이 드러난다.

정순왕후와 목화[36]

정순왕후의 부친인 김한구는 가족과 가솔을 데리고 한다리라는 곳에서 살았는데, 재산을 탕진하고 서울로 올라와 남산골에서 살았다. 정순왕후가 어렸을 때 모친과 함께 계수나무 아래서 부엉이가 '부엉부엉' 우는 것을 듣고 있는데, 모친이 처량하다고 말하자 정순왕후가 "부엉이가 '부원군댁, 부원군댁' 하고 울지 않습니까. 좋은 일이 있을 징조입니다."라고 모친을 위로했다.

후일 영조가 왕비를 간택하게 되었는데, 김한구는 집안이 가난하여 딸이 간택 단자에도 들지 못했다. 어느 날, 영조가 세수하려다가 세숫대야에 무지개가 비치는 것을 보고 내관들에게 다른 한 끝이 이르는 곳을 찾아보라 하였는데 그 한쪽 끝은 다름 아닌 김한구의 집에 닿아있었다. 이에 김한구의 딸도 간택 단자에 들게 되었지만, 부친의 성명이 수 놓인 방석은 제일 말단자리에 있었다. 간택일 날 다른 규수들은 모두 방석을 깔고 앉았으나 정순왕후만이 방석 뒤에 앉았다. 왕이 그 연유를 물으니 부친의 이름을 어찌 깔고 앉느냐고 답하였다. 또 임금이 좋아하는 꽃을 물으니 정순왕후가 말하기를 목화꽃은 꽃이 져도 면화를 얻어 옷을 지어 입을 수 있으니 가장 좋은 꽃이라고 대답하였다. 이에 감탄하여 영조는 정순왕후를 왕비로 간택하게 되었다.

....
36 강효석, 『대동기문』, 1926.

철쭉

철쭉은 진달래과의 꽃으로 한국, 중국 일부 지역에서 피며, 개꽃나무, 철죽, 척촉화躑躅花로 불린다. 우리나라에서 철쭉은 고려-조선시대에 왕족과 양반만 키울 수 있는 꽃이었다. 철쭉이 언제부터 우리나라에 있었는지는 확인할 수 없지만, 신라시대부터 존재했던 것으로 보인다. 이는 신라시대 설화인 수로부인의 설화에서 확인할 수 있다.[37] 철쭉은 다른 꽃처럼 신비한 능력을 가지진 않았지만, 신의 환생으로 표현되거나 왕족에게 사랑받던 꽃으로 역사 속에 기록되어 있다.

고려

고려시대에는 궁궐 안에서 철쭉을 키웠다. 이에 관한 시가 『동문선』에 기록되어 있다.

어느 해에 꽃을 궁정 안에 심었나 何年移植玉墀中

---

37 수로부인의 설화는 앞서 '고대 역사 속 신령한 동물들'의 용 설명에서 소개했는데, 거기서 수로부인이 철쭉꽃을 보고 종자에게 구해달라고 말한다.

조물주가 만든 공이 지극하고 造物偏鍾剪刻功

고운 잎은 푸른 단장을 했는데 부질없네 綺葉未容粧嫩綠

연한 꽃은 벌써 붉은빛을 생겼구나 錦蕊先已撮生紅

가지 끝에 빗방울이 구슬처럼 맺혔네 幾番珠綴枝頭雨

전각에 바람이 불어 향기가 흩날리네 一陣香飄閣外風

궁중의 아가씨들이 꽃을 꺾을 때 想得宮娥攀折處

이슬에 물든 분홍 분이 손가락 끝에 묻었네 露和朱粉惹春蔥

『동문선』 권14, 「칠언율시」, 척촉화 응교.

조선

조선시대에는 태종대부터 철쭉꽃의 기록이 남아있다. 철쭉은 주로 2-4월에 피지만 9월-11월에 피기도 했다.[38] 철쭉 중 왜척촉倭躑躅(왜철쭉)이라고도 불리는 철쭉은 세종 23년에 일본에서 바친 철쭉으로 세종은 일본이 보낸 철쭉을 대궐 안뜰에 심으면서 일본에서 온 철쭉이란 의미로 이름 붙였다. 왜척촉은 한국 철쭉보다 꽃잎이 크고 빛깔이 석류꽃과 비슷하며 잘 시들지 않고 오래간다고 한다.[39]

---

38 『태종실록』 권6, 태종 3년 10월 3일; 『태종실록』 권6, 태종 3년 11월 29일; 『중종실록』 권40, 중종 15년 9월 12일; 『명종실록』 권31, 명종 20년 10월 25일; 『숙종실록』 권13, 숙종 8년 10월 23일.
39 홍만선, 『산림경세』 권2, 「양화」, 애철쭉

철쭉꽃 전설[40]

옛날 하동 금오산에 처녀 달님과 총각 별님이 서로 사랑하며 행복하게 살고 있었다. 인근에 살던 지신地神이 예쁜 달님을 얻고자 별님을 해치려고 악한 잡신에게 찾아갔다.

"별님을 죽여주면 하동의 넓은 들을 주겠다."

잡신은 지신의 말에 칼과 도끼를 들고 별님을 찾아가 공격했다. 이를 본 산새들이 남해에 있는 산신 호랑이 부부에게 소식을 전했다. 할아버지 호랑이는 할머니 호랑이에게 하던 일을 끝내고 갈 테니 먼저 가서 별님을 구해달라고 말했다. 할머니 호랑이가 금오산에 도착하기 전, 지신이 호랑이 부부가 온다는 걸 알고 남해를 육지에서 떨어트리는 도술을 부렸다. 할머니 호랑이가 제시간에 도착하지 못해 별님은 결국 잡신의 칼을 맞고 죽었다. 달님은 뒤늦게 별님이 죽었다는 걸 알고 자결하고 말았다. 별님이 죽은 자리에서 두 사람의 피가 흘러 하나가 되더니 철쭉꽃으로 변했다.

철쭉꽃 전설은 금오산에서 전해지는 연기설화이다. 이 이야기는 철쭉을 사랑으로 발생한 결과물로 표현했다. 이 전설로 철쭉은 신비로운 설화를 갖게 되었다.

---
40   『하동군지』, 하동군지편찬위원회, 1996.

문화재청 소장

인간계와 천상계를 잇는 성체, 꽃

해당화

해당화海棠花는 장미과의 꽃으로 주로 바닷가에서 핀다. 해당화는 향기롭고 화려하여 조선시대 선비들이 좋아했다. 해당화는 주로 관상용으로 사용되지만, 강원도에서는 마을을 지키는 수호신으로 모셨다. 강릉시 사천면의 한 마을에서는 마을을 수호하는 서낭신 중 할머니신의 신목을 해당화로 정하여 모시고 있고, 양양군, 고성군 등 바닷가 지역의 마을에서는 해당화를 서낭신으로 모시고 있다. 강원도 강릉시 주문진읍의 소돌마을에서는 해당화서낭당 전설이 전해지고 있다.

해당화서낭당 전설[41]

조선시대 소돌마을에는 해씨海氏 성을 가진 아가씨와 멀리서 고기 잡으러 온 봉씨鳳氏 성을 가진 청년이 있었다. 해씨와 봉씨는 서로 마음이 통해 사랑하게 되었다. 두 사람의 사랑은 금세 소돌마을에 소문이 나버려 해씨 부모가 알게 되었다. 해씨 부모는 두 사람의 사랑을 반대했다. 해씨와 봉씨는 현실에서 사랑을 이룰 수 없다면 저승에서라도 이루고 싶어 파도가 심한 날 소돌바닷가 바위 꼭대기에서 부둥켜

---
41 『한국 강릉지역의 설화』, 국학 자료원, 1999.

안은 채 바다에 몸을 던져 죽었다.

두 사람이 죽은 후, 소돌에는 재앙만 생기고 고기는 잡히지 않으며 농사도 흉년이 계속되었다. 소돌주민들은 이 모든 일이 해씨와 봉씨의 죽음 때문이라 생각하여 두 사람의 영혼을 달래주는 제사를 지내주기로 했다. 제사를 지내준 뒤 얼마 지나지 않아서 해씨와 봉씨가 뛰어내린 바위 위 작은 가시나무에 빨간 꽃이 피었고, 꽃이 진 다음 빨간 열매가 맺혔다. 그리고 바위꼭대기에 봉황이 나타났다. 사람들은 마을에 재앙도 없어지고 고기도 잘 잡히자 두 사람의 사랑이 맺어진 좋은 징조라 하여 바위를 마을을 지켜주는 수호신으로 정했다.

바위에 핀 꽃 이름을 해씨의 성씨를 따라 해당화라 불렀고 서낭당을 해당화서낭당으로 불렀다. 지금도 소돌마을의 번영을 위해 해당화서낭당에서 해마다 정월 초삼일과 시월 초하루에 제사를 지낸다.

인간계와 천상계를 잇는 섬체, 꽃

참고문헌

고대 역사 속 신령한 동물들

『삼국지』
『삼국사기』
『삼국유사』
『동국이상국집』

김열주, 『한국의 신화』, 일조각, 1982.

김동환, 「동이의 문화사상-삼족오를 중심으로」, 『국학연구』 13, 2009.
김주미, 「'해 속의 삼족오'의 구성 요소와 도상의 사상적 의미」, 『한국문화사학회 문화사학』 51, 2019.
김흥삼, 「『삼국유사』 「수로부인」조의 제의적 성격과 구조」, 『강원사학』 15, 2000.
윤용혁, 「공주지방 곰신앙 자료의 一整理-百濟時代의 熊神崇拜」, 『역사와 담론』 7, 1979.
이도학, 「한성말 웅진시대 백제왕위계승과 왕권의 성격」, 『한국사연구』 50, 1985.
이동철, 「수로부인 설화의 의미-기우제의적 상황과 관련하여」, 『한민족문화연구』 18, 2006.
이장웅, 「한국 고대 새 관념의 변화」, 『한국고대사탐구』 31, 2019.
서영대, 「삼국사기와 원시종교」, 『역사학보』 105, 1985.
신종원, 「단군신화에 보이는 곰의 실체」, 『한국사연구』 118, 2002.

나라와 우주를 수호하는 사신

『태종실록』
『세종실록』
『대당서역구법고승전』

김진순, 「고구려 후기 사신도 고분벽화와 고대 한 중 문화 교류」, 『선사와 고대』 30, 2009.

윤용혁, 「공주 송산리 6호분의 사신도 벽화에 대하여」, 『한국사학보』 33, 2008.
이준걸·김일권, 「고구려고분벽화를 통해 본 고구려의 천문학 발전에 대한 연구」, 『고구려발해연구』 4, 1997.
서길수, 「춤무덤의 사신도와 조우관에 대한 재검토-고구려의 닭 숭배 사상을 바탕으로」, 『역사민속학』 46, 2014.
------, 「高句麗·高麗의 나라이름(國名)에 관한 연구(1)-서녘(西方)에서 부르는 '계귀(鷄貴)'를 중심으로-」, 『고구려발해연구』 50, 2014.
최영주, 「고구려 고분벽화 사신도에 나타난 상징성 연구」, 단국대학교 석사학위논문, 1996.

백제 금동대향로의 신비로운 동물들

『삼국사기』
『동국이상국집』
『세종실록』
이유원, 『임하필기』

국립부여박물관, 『백제금동대향로』, 국립부여박물관, 2003.
김종대, 『33가지 동물로 본 우리문화의 상징세계』, 다른세상, 2001.
『백제금동대향로: 백제금동대향로 발굴 10주년 기념 특별전』, 국립부여박물관, 2003.

김양옥, 「한반도 청동기시대 문양의 연구 – 새와 사슴문양을 중심으로」, 『한국고고학보』 10-11, 1981.
김영하, 「고구려의 순수제」, 『역사학보』 106, 1985,
박경은, 「백제금동대향로의 도상과 상징성 연구」, 홍익대학교 박사학위논문, 2018.
염중섭, 「백제금동대향로의 산형에 대한 수미산적인 이해」, 『동아시아불교문화』 28, 2016.
이송란, 「신라 고분출토 공예품에 보이는 외래요소의 연원; 식리총 금동식이를 중심으로」, 『미술사학연구』 203, 1994.
이하우, 「한국 암각화의 북방요소 – 천전리 사슴표현을 중심으로」, 『한국암각화연구』 16, 2012.
사재동, 「백제김동대향로의 불교문화약식 고릴」, 『구하연구론츄』 6, 2010.

나라의 수호신, 십이지신

『삼국사기』
『삼국유사』
『태종실록』
『세종실록』
『인조실록』
『순조실록』

박영준, 『한국의 전설』, 한국문화도서출판사, 1972.
사회과학원 민속학연구실, 『조선의 풍습』, 학민사, 1993.
『순천사람들의 삶에 담긴 이야기 설화-문헌자료편』, 한국산업정책 연구원, 2018.
지관, 『가야산해인사지』, 가산불교문화연구원, 1992.
『전북 구비 문화 자료집』, 한국문화원 연합회·전라북도 지회, 2008.
천진기, 『십이지의 문화체계』, 국립민속박물관, 2003.
천진기, 『한국동물민속론』, 민속원, 2003.
『한국구비문학대계』, 한국정신문화연구원, 1980-1988.
한국문화상징사전편찬위원회, 『한국문화 상징사전 쥐』, 동아출판사, 1992. 현용준, 『제주도무속연구』, 집문당, 1986.
현용준, 『제주도무속자료사선』, 신구문화사, 1980.

강석근, 「한국 호랑이의 문화 상징적 가치와 의미」, 『국제언어문학』 42, 2019.
강석근, 「신라개와 신라개 이야기의 문화원형적 연구」, 『국제언어문학』 36, 2017.
금영진, 「한일 고전 빅 데이터를 이용한 오방색 십이지 동물 상징성 비교 연구 – 말을 중심으로」, 『동양학』 75, 2019.
김이숙, 「토끼의 민속과 상징」, 『열두 띠 이야기』, 집문당, 1995.
이난영, 『신라의 토우』, 세종대왕 기념사업회, 1976.
이종관·김만태, 「토끼설화에 나타난 동물담의 행태고찰- 한국구비문학대계를 중심으로」, 『인문사회 21』 9-5, 2018.
천진기, 「한국문화에 나타난 쥐의 상징성 연구」, 『쥐의 생태와 관련 민속』, 국립민속박물관 제29회 학술발표회, 1995.
-------, 「한국 띠동물의 상징체계 연구」, 중앙대학교 박사학위논문, 2002.
장방명, 「한중 토끼서사의 비교 연구」, 전남대학교 박사학위논문, 2020.
천진기, 「한국문화에 나타난 소의 상징성 연구」, 『소의 생태와 관련민속』, 국립민속박물관 제29회 학술발표회, 1995.
천진기, 「한국문화에 나타난 토끼의 상징성 연구」, 『토끼의 생태와 관련민속』, 국립민속박물관 제35회 학술발표회, 1998.
한상효, 「북한의 설화자료집 조선민화집의 수록 양상과 통일시대의 설화자료 통합방안 모색」, 『동방학지』 176, 2016.

태평성대를 알리는 신통한 동물, 사령

『삼국사기』
『제왕운기』
『동문선』
『태조실록』
『태종실록』
『세종실록』
『조천기』
『신증동국여지승람』
이익, 『성호사설』
장자, 『장자』
유향, 『설원』
윤기, 『무명자집』
이제현, 『역옹패설』

『조선향토대백과』, 평화문연구소, 2008.
『집현면지』, 집현면지편찬위원회, 2002.
『철원향토지』, 철원문화원, 2000.

강동원, 『화순의 전설』, 광일문화사, 1982.
권상로, 『한국지명전역혁고』, 동국문화사, 1961.

김종대·윤서옥, 「경기도 거북놀이의 전승과 새로운 계승 양상」, 『어문논집』 60, 2014.

『한국고대사탐구』 10, 2012.
김주미, 「삼족오·주작·봉황·도상의 성립과 친연성 고찰」, 『역사민속학』 31, 2009.
이필영, 「거북놀이의 성격과 의미」, 『역사민속학』 55, 2018.
주채혁, 「거북 신앙과 그 분포」, 『한국민속학』 6, 1973.
이재중, 「중세 기린 도상 연구」, 『역사민속학』 10, 2000.
 ------, 「기린고」, 『미술사연구』 16, 2002.

조선시대 신이한 동물들

『삼국유사』
『삼국사기』
『세종실록』
『명종실록』
『현종실록』
정두경, 『동명집』

강재철, 「한국 혼례에 나타난 제습속의 상징성 고찰」, 『비교민속학』 16, 1999.
김종대, 『우리문화의 상징세계』, 한영문화사, 2001.
천진기, 「지역상징동물연구」, 『우리문학연구』 32, 2011.

물 속 신통한 동물들

『한국의 무속- 서울, 황해도편』, 국립민속박물관, 1999.
윤열수, 『민화 이야기』, 디자인하우스, 1995.

김필래, 「한국문학과 민속에 나타난 잉어의 기능과 의미:설화를 중심으로」, 『한성어문학』19,
2000.
송화섭, 「동아시아 태평양의 두 고래 이야기: 포경과 경신 – 한반도 남해안을 중심으로」, 『도서
문화』 50, 2017.
------, 「동아시아 기경신앙의 관점에서 본 위도 대리 원당의 신형씨당신도와 문화적 다양성」,
『다문화콘텐츠연구』 32, 2019.
조원창, 「고대 한일 위세품에 보이는 물고기 문양의 계통과 전파」, 『지방사와 지방문화』 17,
2014.

우리나라를 지켜온 신목

『삼국지』
『삼국사기』
『삼국유사』
『고려사』
『고려사절요』
『태조실록』
『태종실록』

『세종실록』
『세종실록지리지』
『세조실록』
『연산군일기』
『선조실록』
『광해군일기』
『정조실록』
『순조실록』
『당률소의』
『선화봉사고려도경』
『경모궁의궤』
『가례도감의궤 영조정순왕후별공작』
김세렴, 『동명집』
이규경, 『오주연문장전산고』
성현, 『용재총화』

강판권, 『세상을 바꾼 나무』, 다른, 2011.
『광명·철산동지』, 광명시, 2008.
거창군사편찬위원회, 『거창군사』, 거창군, 1997.
『당진군지』, 당진군지편찬위원회, 1997.
『온양아산 마을사』 1, 온양문화원, 2000.
『연기군지』, 연기군지편찬위원회, 1988.
『조치원읍지』, 조치원읍지편찬위원회, 2012.
『칠곡향지』 5, 칠곡향토사학회, 2005.
『한국구비문학문학대계』, 한국정신문화연구원, 1980-1988.

강소전, 「제주도 굿의 무구(巫具) '기메'에 대한 고찰: 중요무형문화재 제71호 '제주 칠머리당 영등굿' 기능보유자 김윤수 심방의 기메 제작사례를 중심으로」, 『한국무속학』 13, 2006.
강판권, 「중국과 한국의 수목인식과 격의: 살구나무와 은행나무를 중심으로」, 『국제중국학연구』 70, 2014.
------, 『나무열전-나무에 숨겨진 비밀, 역사와 한자』, 글항아리, 2016.
노송호·, 「향교와 서원의 입지 및 외부공간 분석을 통한한국적 교육환경 모색」, 『한국전통조경학회지』 24, 2006.
안병국, 「복숭아나무의 민간신앙」, 『온지논총』 15, 2006.
이선행, 「한국고대신목신앙에 대한 역철학적 고찰」, 『동방학』 21, 2011.

마을을 지키는 나무들

김장생, 『사계전서』
홍만선, 『산림경제』

『놀뫼의 전설』, 논산문화원, 1991.
이정석, 『새로운 한국수목대백과도감』, 학술정보센터, 2010.
『일광면지』, 일광면지편찬위원회, 2006.

성문출판사 편집부, 『경상북도문화재도록』 2, 동해문화사, 1995.
『한국문화상징사전』, 한국문화상징사전편찬위원회, 1992.

강판권, 「중국과 한국의 수목인식과 문화변용-회화나무와 느티나무를 중심으로」, 『대구사학』 118, 2015.
김은영, 『신문화 지리지: 부산의 문화, 역사, 예술을 재발견하다』, 산지니, 2010.
한상엽, 「괴정에 잔존하는 수목을 통해 본 괴목 문화변용 연구」, 우석대학교 박사논문, 2019.

인간계와 천상계를 잇는 성체, 꽃

『삼국사기』
『삼국유사』
『고려사』
『태종실록』
『명종실록』
『중종실록』
『숙종실록』
『동문선』
『동국이상국후집』
곽무첨, 『악부시집』
유금 , 『사가시집』
성현, 『허백당보집』
홍만선, 『산림경제』

강효석, 『대동기문』, 1926.
경전연구모임, 『아미타경 무량수경 관무량수경』, 불교시대사, 2007.
이선옥, 『조선왕실의 미술문화』, 대원사, 2005.
손진태, 『조선신가유편』, 박이정, 2012.
최영전, 『백화보』, 창조사, 1963.
『하동군지』, 하동군지편찬위원회, 1996.
『한국 강릉지역의 설화』, 국학 자료원, 1999.

강영주, 「조선 전반기 묵란화 연구」, 『강좌 미술사』 36, 2011.
박헌영, 「고구려 고분벽화의 연화문에 내제된 다양성 연구」, 『논문집』 7, 경희대학교 현대미술연구소, 2004.
최소연, 「조선후기 궁중정재에 나타난 모란의 이미지에 대한 연구」, 경기대학교 석사학위논문, 2009.
최윤철, 「고려청자에 표현된 연꽃문양의 유래에 대한 연구」, 『한국도자학연구』 6-2, 2010.
홍훈기, 「한국 전통 꽃 예술의 변천과 특징에 관한 연구」, 서울시립대학교 박사학위논문, 2006.

한 권으로 읽는 신령한 동식물사록

초판 발행		2023년 05월 01일

지 은 이		강예달
펴 낸 곳		금림

ISBN 979-11-970987-9-6

출판등록		2020년 06월 25월 제2020-000036호

메일	teamkumrim@gmail.com

파본은 구매하신 곳에서 교환해드립니다.
이 책은 저작권법에 따라 보호받는 저작물이므로 무단전재와 복제 및제배포를 금합니다.